英語の「語脳」をつくる　接頭辞と接尾辞の完全ガイド

英語の「語脳」をつくる
接頭辞と接尾辞の完全ガイド

by Reiko Sakai

KOKUSAI GOGAKUSHA

Foreword

英語の勉強をする人は、皆、英単語に悩みます。
辞書なしで分かり使える語には限りがあるので、豊かな語彙に富む英文エッセイを読むには、電子辞書に頼らざるを得なくなります。　また、英文を書くにあたっては、和英辞典で該当する語を探すしか手立てがないというのが、日本人一般の英語学習者が抱えている問題です。

特に、辞書なしで学術的なテキストを読み、聞き、エッセイを書かなければならないTOEFLの受験などにおいては、語彙力のなさは、致命的なものとなります。

日本人が英語の母国語話者並みに、語を認識して自由自在に使いこなすことは、果たして不可能でしょうか？

実は、可能です。
英単語にはとてもよく整った語形成の規則があります。それを知ることは、頭の中に英語語形成のネットワークを張り巡らすことになります。それによって、一つのことを知っただけで、幾つもの単語の意味が分かるようになるだけでなく、必要に応じて、自分で語を作ることさえ出来ます。英語の語を自由自在に操れるようになるのです。

March, 2009
Reiko Sakai

接頭辞
Prefixes

✓ 接頭辞による語形成について

　接頭辞は原則的に語の意味を変えるものです。語は、それに接頭辞の意味が加わることによって新たなものになります。したがって、接頭辞付加の語形成は、いわば、語の最大利用術と言えるものです。

　ほとんどの接頭辞は2品詞又は3品詞にまたがって使われています。各ページで、それぞれの接頭辞が、どの品詞につき、どのように語の意味を変えているかを見ることによって、母国語話者並みの造語力の基礎が身につきます。なかには接頭辞でありながら変則的に語の品詞を変えてしまうものも幾つかあるので気をつけましょう。

✓接頭辞のリスト

1.	a-	10	39.	mal- (2)	48
2.	anti- (1)	11	40.	mis- (1)	49
3.	anti- (2)	12	41.	mis- (2)	50
4.	be- (1)	13	42.	multi- (1)	51
5.	be- (2)	14	43.	multi- (2)	52
6.	by-	15	44.	non- (1)	53
7.	co- (1)	16	45.	non- (2)	54
8.	co- (2)	17	46.	out- (1)	55
9.	counter- (1)	18	47.	out- (2)	56
10.	counter- (2)	19	48.	over- (1)	57
11.	counter- (3)	20	49.	over- (2)	58
12.	de- (1)	21	50.	over- (3)	59
13.	de- (2)	22	51.	post- (1)	60
14.	dis- (1)	23	52.	post- (2)	61
15.	dis- (2)	24	53.	pre- (1)	62
16.	dis- (3)	25	54.	pre- (2)	63
17.	dis- (4)	26	55.	pre- (3)	64
18.	en- (1)	27	56.	pro-	65
19.	en- (2)	28	57.	re- (1)	66
20.	ex-	29	58.	re- (2)	67
21.	extra-	30	59.	semi- (1)	68
22.	fore- (1)	31	60.	semi- (2)	69
23.	fore- (2)	32	61.	semi- (3)	70
24.	hyper- (1)	33	62.	sub- (1)	71
25.	hyper- (2)	34	63.	sub- (2)	72
26.	il- (1)	35	64.	super- (1)	73
27.	il- (2)	36	65.	super- (2)	74
28.	im- (1)	37	66.	trans- (1)	75
29.	im- (2)	38	67.	trans- (2)	76
30.	in- (1)	39	68.	ultra- (1)	77
31.	in- (2)	40	69.	ultra- (2)	78
32.	inter- (1)	41	70.	un- (1)	79
33.	inter- (2)	42	71.	un- (2)	80
34.	inter- (3)	43	72.	un- (3)	81
35.	intra-	44	73.	un- (4)	82
36.	ir- (1)	45	74.	under- (1)	83
37.	ir- (2)	46	75.	under- (2)	84
38.	mal- (1)	47			

接頭辞 a- 「〜と関係ない」「非」
語形成 a- ⊕ 形容詞
☞ 形容詞の意味を変える

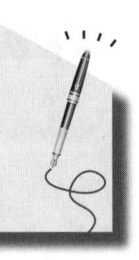

words

1 **a**moral
善悪の判断ができない
a- + **moral**（道徳的な）

2 **a**formal
無定形の
a- + **formal**（形式の）

3 **a**septic
無菌の、防腐性の
a- + **septic**（菌の）

4 **a**symmetrical
非対称の
a- + **symmetrical**（対称の）

5 **a**social
非社交的な
a- + **social**（社交的な）

6 **a**tonal
無調の
a- + **tonal**（調子がある）

7 **a**political
政治嫌いの、政治に無関心な
a- + **political**（政治的な）

8 **a**grammatical
文法を意識していない
a- + **grammatical**（文法的な）

9 **a**typical
非典型的な
a- + **typical**（典型的な）

10 **a**religious
非宗教的な
a- + **religious**（宗教的な）

接頭辞 anti- (1)「反対」「坑」「非」「防止」
語形成 anti- ⊕ 形容詞
■☞ 形容詞の意味を変える

words

1. **anti**static
   (繊維などの)静電気防止の
   anti- + static (静電気の)

2. **anti**viral
   坑ウイルス性の
   anti- + viral (ウイルスの)

3. **anti**personnel
   人員殺傷用の
   anti- + personnel (人員の)

4. **anti**-Semitic
   反ユダヤ主義の
   anti- + -Semitic (ユダヤ主義の)

5. **anti**nuclear
   核兵器反対の
   anti- + nuclear (核兵器の)

6. **anti**bacterial
   抗菌性の
   anti- + bacterial (細菌の)

7. **anti**subversive
   破壊活動防止の
   anti- + subversive (転覆させる)

8. **anti**social
   非社交的な、付き合いが悪い
   anti- + social (社交的な)

9. **anti**warming
   温暖化防止の
   anti- + warming (温暖化の)

10. **anti**aging
    老化予防の
    anti- + aging (老化の)

anti- (2)

接頭辞 anti- (2)「反対」「予防」「反〜/坑〜」
語形成 anti- ⊕ 名詞
■☞ 名詞の意味を変える

words

1. **anti-Semitism**
   反ユダヤ主義、ユダヤ人排斥
   anti- + Semitism (ユダヤ主義)

2. **antiwhaling**
   捕鯨反対
   anti- + whaling (捕鯨)

3. **antidisaster**
   災害防止
   anti- + disaster (災害)

4. **antipiracy**
   著作[特許]権侵害防止
   anti- + piracy (海賊)

5. **anticorruption**
   汚職防止、不正防止
   anti- + corruption (汚職、不正行為)

6. **antiterrorism**
   テロ活動防止
   anti- + terrorism (テロ活動)

7. **antihacker**
   ハッカー防止
   anti- + hacker (ハッカー)

8. **antiseasickness**
   船酔い防止
   anti- + seasickness (船酔い)

9. **antiabortion**
   中絶反対
   anti- + abortion (中絶)

10. **antinuclear**
    核兵器反対
    anti- + nuclear (核兵器)

接頭辞 be- (1) 「～にする」
語形成 be- ⊕ 名詞

☞ 変則的に名詞を他動詞にする。名詞は語形成の過程を経ていない原子語に限られる。

words

✔ 変則的接頭辞 be- で語形成された語は他動詞になるので、次の例で分かるように多くの場合に、その過去分詞形を形容詞として使う。

ex They are bedeviled with problems.
彼らは様々な問題に悩まされている。

1 **befoul**	汚す、体面を傷つける	**be-** + **foul** (いやな事)
2 **bespectacle**	眼鏡をかけさせる	**be-** + **spectacle** (眼鏡)
3 **begrudge**	うらやむ、ねたむ	**be-** + **grudge** ([～に対する]恨み)
4 **befriend**	懇意(こんい)にする、世話をする、力を貸す	**be-** + **friend** (友)
5 **befuddle**	惑わせる	**be-** + **fuddle** (混乱状態)
6 **bejewel**	宝石を散りばめたように飾る	**be-** + **jewel** (宝石)
7 **becloud**	判断力[鑑識眼]などを曇らす	**be-** + **cloud** (雲)
8 **bewitch**	魔法にかける、魅了する	**be-** + **witch** (魔女)
9 **behead**	(囚人を)打ち首にする	**be-** + **head** (頭)
10 **bedevil**	疑惑、心配事などでひどく苦しめる	**be-** + **devil** (悪魔)

接頭辞 be- (2)「まわりに」「強意」
語形成 be- + 動詞
☞ 変則的に動詞を他動詞にする

words

1. **be**set
   (…を〜で) 包囲する、(…を〜で) 悩ませる
   be- (まわりに) + **set** (置く)

2. **be**smear
   〜に (油などを) べたべた塗りつける
   be- (まわりに) + **smear** (汚す)

3. **be**moan
   〜を悲しむ [嘆く]
   be- (強意) + **moan** (嘆く)

4. **be**dazzle
   〜の目をくらませる、〜に強烈に印象づける
   be- (強意) + **dazzle** (まぶしくさせる)

5. **be**siege
   (軍隊が場所を) 包囲する
   be- (強意) + **siege** (包囲する)

6. **be**reave
   (死・事故などが) 人から肉親などを奪う
   be- (強意) + **reave** (〜から奪う)

接頭辞 **by-**「副次的」「付随的」
語形成 **by-** ⊕ 名詞
☞ 名詞の意味を変える

words

1. **by-blow**
   偶然の一撃
   by- + **blow**（一撃）

2. **by-election**
   補欠選挙
   by- +（選挙）

3. **bylaw**
   内規、準則、細則
   by- + **law**（法規範）

4. **bypass**
   自動車用迂回路
   by- + **pass**（回路）

5. **by-product**
   副産物
   by- + **product**（産物）

6. **by-street**
   裏通り
   by- + **street**（通り）

7. **by-talk**
   余談
   by- + **talk**（話）

8. **byway**
   人通りが少なく引っ込んだ道
   by- + **way**（道）

9. **byword**
   決まり文句
   by- + **word**（言葉）

10. **by-play**
    本筋から離れて行われる行動
    by- + **play**（演技）

接頭辞 CO- (1) 「共に」「パートナーとして共同で」

語形成 CO-⊕動詞
■☞ 動詞の意味を変える

words

1 <u>co</u>host　　　共同開催する
　　　　　　　　　　co- + host (開催する)

2 <u>co</u>operate　　協力する
　　　　　　　　　　co- + operate (働く)

3 <u>co</u>exist　　　共存する
　　　　　　　　　　co- + exist (存在する)

4 <u>co</u>prosper　　共に繁栄する
　　　　　　　　　　co- + prosper (繁栄する)

5 <u>co</u>edit　　　共同で編集する
　　　　　　　　　　co- + edit (編集する)

接頭辞 CO- (2)「共同で〜する人」「補助」
語形成 CO- ⊕ 名詞
☞ 名詞の意味を変える
cor-/ col-：co- の異形

words

1. **co**author
   共著者
   co- + **author**（作家）

2. **co**producer
   共同製作者
   co- + **producer**（製作者）

3. **co**worker
   仕事上の同僚
   co- + **worker**（働く人）

4. **co**habitation
   同棲
   co- + **habitation**（居住）

5. **co**education
   男女共学
   co- + **education**（教育）

6. **co**housing
   共同住居住まい
   co- + **housing**（住居）

7. **co**pilot
   副操縦士
   co- + **pilot**（操縦士）

8. **co**operation
   協力
   co- + **operation**（働き）

9. **co**incidence
   偶然の一致
   co- + **incidence**（出来事などの発生）

10. **cor**relation
    相関関係
    co- + **relation**（関係）

counter- (1)

接頭辞 **counter-** (1)「反〜の」「逆の」「対抗の」

語形成 **counter-** ⊕ 動詞
　☞ 動詞の意味を変える

words

1. **counterattack**
   反撃する
   counter- + **attack**（攻撃する）

2. **countercheck**
   再照合する
   counter- + **check**（照合する）

3. **counterappeal**
   逆訴する
   counter- + **appeal**（上訴する）

4. **countercharge**
   反論する
   counter- + **charge**（説示する）

5. **counterbalance**
   効力を消す
   counter- + **balance**（均衡をたもつ）

6. **counteract**
   妨害する、対抗する
   counter- + **act**（行なう）

7. **counterdiscriminate**
   逆差別する
   counter- + **discriminate**（差別する）

8. **counterplot**
   敵の裏をかく
   counter- + **plot**（陰謀を企てる）

9. **countersign**
   副署する
   counter- + **sign**（署名する）

10. **counterpunch**
    反撃する
    counter- + **punch**（一発くらわせる）

接頭辞 counter- (2) 名詞の示すものと反対や逆の作用

語形成 counter- ⊕ 名詞
■☞ 名詞の意味を変える

words

1. **countermeasure** 対策
   counter- + measure (方策)

2. **counterevidence** 反証
   counter- + evidence (証拠)

3. **counterterrorism** 報復テロ
   counter- + terrorism (テロ行為)

4. **counterculture** 反体制文化
   counter- + culture (文化)

5. **counterstroke** 打ち返し、反撃
   counter- + stroke (打撃)

6. **countermove** 反対[対抗]運動、報復行動
   counter- + move (動き)

7. **counteraction** 反作用
   counter- + action (作用)

8. **counterproposal** 代案
   counter- + proposal (提案)

9. **counterpart** 相補う2つの物の一方
   counter- + part (一部)

10. **counterargument** 反論
    counter- + argument (賛否の議論)

接頭辞 counter- (3) 「逆の」「反対の」「反」「報復の」「対抗の」「相殺する」

語形成 counter- ⊕ 形容詞
☞ 形容詞の意味を変える

words

1. **counterproductive** 逆効果の
   counter- + productive (成果のある)

2. **countercultural** 既成社会の価値観を破った
   counter- + cultural (既成文化の)

3. **counterintuitive** 直感に反する
   counter- + intuitive (直感的な)

4. **counteractive** 反対の作用をする、中和的な
   counter- + active (効力のある)

5. **counterdiscriminatory** 逆差別的な
   counter- + discriminatory (差別的な)

接頭辞 de- (1) 「解く」、その力を「弱める」
語形成 de- ⊕ 動詞
■☞ 動詞の意味を変える

words

1 **de**classify
(情報・書類などを) 機密種別からはずす
de- + **classify** (秘密区分をつける)

2 **de**regulate
規制を解除する
de- + **regulate** (規制する)

3 **de**compose
分解する、腐敗する
de- + **compose** (〜を構成する)

4 **de**militarize
非武装化する
de- + **militarize** (武装する)

5 **de**personalize
主観性を除く、没個性的にする
de- + **personalize** (個人のものとする)

6 **de**humanize
人間性を失わせる
de- + **humanize** (〜を人間らしくする)

7 **de**list
(ある証券の) 上場を廃止する
de- + **list** (株券を上場する)

8 **de**stabilize
不安定にする、動揺させる
de- + **stabilize** (安定にする)

9 **de**contaminate
汚染を除く
de- + **contaminate** (汚染する)

10 **de**sensitize
鈍感にする
de- + **sensitize** (敏感にする)

de- (2)

接頭辞 **de-** (2) 名詞が示すものを「分離する」「除去する」
語形成 **de-** ⊕ 名詞

☞ 変則的に名詞を他動詞にする。名詞は語形成の過程を経ていないものに限られる。

words

1. **<u>de</u>bone**
   チキン・アヒルなどの骨を取り除く
   de- + **bone** (骨)

2. **<u>de</u>frost**
   (冷凍食品などを) もどす、解凍する
   de- + **frost** (霜)

3. **<u>de</u>face**
   外観を損なう、表面を摩損する
   de- + **face** (顔)

4. **<u>de</u>grade**
   体面を傷つける、評判を落とす
   de- + **grade** (階級)

5. **<u>de</u>fame**
   中傷する、面目を失わせる
   de- + **fame** (名声)

6. **<u>de</u>fuse**
   (爆弾・地雷などから) 信管を除去する
   de- + **fuse** (信管)

7. **<u>de</u>value**
   価値を減じる
   de- + **value** (価値)

8. **<u>de</u>code**
   (暗号化された情報を) 解読する
   de- + **code** (暗号)

9. **<u>de</u>throne**
   王を退位させる
   de- + **throne** (王位)

10. **<u>de</u>list**
    目録から削除する
    de- + **list** (目録)

接頭辞 dis- (1) 「欠如」「否定」「反対」
語形成 dis- ⊕ 形容詞
　　　■☞ 形容詞の意味を変える

words

1 **dis**similar
異なった
dis- + **similar**（似通った）

2 **dis**honest
不正直な
dis- + **honest**（正直な）

3 **dis**agreeable
不愉快な、好みに合わない
dis- + **agreeable**（合う）

4 **dis**heartening
人の元気・希望・勇気を失わせる
dis- + **heartening**（勇気を与える）

5 **dis**orderly
乱雑な
dis- + **orderly**（整頓された）

6 **dis**tasteful
趣味の悪い
dis- + **tasteful**（趣味の良い）

7 **dis**loyal
不義の
dis- + **loyal**（忠実な）

8 **dis**proportionate
不均衡な、不釣合に大きい
dis- + **proportionate**（均衡のとれた）

9 **dis**organized
混乱している、散らかった
dis- + **organized**（整った）

10 **dis**satisfied
不満である
dis- + **satisfied**（満足した）

dis- (2)

接頭辞 dis- (2) 動詞が示すことを「止める」「除去する」

語形成 dis- + 動詞
■☞ 動詞の意味を変える

words

1. **dis**continue
   中止する
   dis- + **continue** (継続する)

2. **dis**satisfy
   不満を抱かせる
   dis- + **satisfy** (満足させる)

3. **dis**charge
   銃などを発射する、
   (人を義務などから) 解放する
   dis- + **charge** (弾を詰める)

4. **dis**qualify
   資格を剥奪する
   dis- + **qualify** (資格を与える)

5. **dis**affiliate
   除名する
   dis- + **affiliate** (会員にする)

6. **dis**appear
   (視界から) 消える、姿を消す
   dis- + **appear** (現れる)

7. **dis**unite
   分裂させる
   dis- + **unite** (一致させる)

8. **dis**please
   (人を) 不愉快にする、怒らせる
   dis- + **please** (人を喜ばせる)

9. **dis**connect
   〜との連絡 [接続] を絶つ、
   電話を止める
   dis- + **connect** (接続する)

10. **dis**orient
    方向をわからなくさせる
    dis- + **orient** (方向づける)

接頭辞 dis- (3) 名詞の示す特質の欠如
語形成 dis- + 名詞
■☞ 名詞の意味を変える

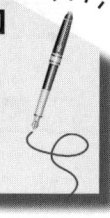

words

1 **dis**respect
無礼、不敬
dis- + **respect** (尊敬)

2 **dis**grace
不面目(ふめんぼく)、恥辱(ちじょく)を招く行為
dis- + **grace** (優雅さ)

3 **dis**ability
(病気・事故などによる) 無能力
dis- + **ability** (能力)

4 **dis**service
不親切、害
dis- + **service** (有益な活動)

5 **dis**pleasure
不機嫌、立腹
dis- + **pleasure** (喜び)

6 **dis**interest
無関心
dis- + **interest** (興味)

7 **dis**unity
不一致、不調和
dis- + **unity** (一致)

8 **dis**incentive
意欲をそぐもの
dis- + **incentive** (誘因)

9 **dis**comfort
不快感
dis- + **comfort** (快適さ)

10 **dis**order
無秩序、乱雑
dis- + **order** (秩序)

dis- (4)

接頭辞 dis- (4) 名詞の示すものを「取りのぞく」。

語形成 dis- ⊕ 名詞
■☞ 変則的に名詞を他動詞にする

words

1 **dis**figure
美観[体裁]を損なう
dis- + **figure**（肖像）

2 **dis**courage
(人を) 落胆させる
dis- + **courage**（勇気）

3 **dis**grace
(人の) 面目を汚す
dis- + **grace**（優雅）

4 **dis**card
不必要なものを捨てる
dis- + **card**（カード）

5 **dis**mantle
衣服をはぎとる、分解してバラバラにする
dis- + **mantle**（外被・おおい）

6 **dis**band
組織を解体[解散]する
dis- + **band**（一団）

7 **dis**bar
弁護士の資格を剥奪する
dis- + **bar**（法曹界）

8 **dis**member
(人の手足を) バラバラにする
dis- + **member**（人の体の一部）

9 **dis**color
変色させる
dis- + **color**（色）

10 **dis**credit
(人の) 信用を傷つける
dis- + **credit**（信用）

接頭辞 en- (1) 「〜に入れる」「〜の状態にする」

語形成 en- ⊕ 名詞

☞ 変則的に名詞を他動詞にする。
em-: en- の異形で b/m/p で始まる語の前につく。

words

1 **en**title
(人に) 何かの権利を与える
en- + **title** (肩書き)

2 **en**shrine
神聖なものとして祭る
en- + **shrine** (神社)

3 **en**courage
(人を) 勇気づける、励ます
en- + **courage** (勇気)

4 **en**act
(法令・条令を) 制定する
en- + **act** (法令)

5 **en**vision
(将来のことを) 心に描く
en- + **vision** (光景)

6 **en**trap
(動物を) わなにかける
en- + **trap** (わな)

7 **en**roll
(クラスなどに) 登録させる
en- + **roll** (名簿)

8 **en**cage
(動物などを) 檻に入れる
en- + **cage** (檻)

9 **em**power
(人に) (〜する) 権利 [権限] を与える
em- + **power** (権限)

10 **en**danger
危険にさらす
en- + **danger** (危険)

en-(2)

接頭辞 **en-**(2) 形容詞の表す状態にする。
語形成 **en-**⊕形容詞
■☞ 変則的に形容詞を動詞にする

words

1 **en**rich　　　　　〜の内容を豊かにする
　　　　　　　　　　en- + **rich**(金持ちの)

2 **en**dear　　　　　A(人)をB(人)にいとしいと思わせる
　　　　　　　　　　en- + **dear**(親愛なる)

3 **en**sure　　　　　〜を確実にする
　　　　　　　　　　en- + **sure**(確実な)

4 **en**able　　　　　〜出来るようにする
　　　　　　　　　　en- + **able**(〜できる)

5 **em**bitter　　　　にがにがしい思いをさせる
　　　　　　　　　　em- + **bitter**(苦い)

6 **en**large　　　　　拡大する
　　　　　　　　　　en- + **large**(大きい)

7 **en**noble　　　　　高尚にする
　　　　　　　　　　en- + **noble**(高貴な)

接頭辞 ex- 前の〜、元の〜
語形成 ex- ⊕ 名詞
☞ 名詞の意味を変える

words

1. **ex**-girlfriend — 前のガールフレンド
   ex- + **girlfriend** (ガールフレンド)

2. **ex**-abductee — 旧拉致被害者
   ex- + **abductee** (拉致被害者)

3. **ex**-worker — 元従業員、元社員
   ex- + **worker** (従業員・社員)

4. **ex**-wife — 別れた妻
   ex- + **wife** (妻)

5. **ex**-President — 前大統領
   ex- + **President** (大統領)

6. **ex**-rebel — 元反逆者、反乱軍兵
   ex- + **rebel** (反逆者)

7. **ex**-boss — 前の上司 (会社での)
   ex- + **boss** (上司)

8. **ex**-teacher — 元教諭
   ex- + **teacher** (教諭)

9. **ex**-criminal — 元犯罪者
   ex- + **criminal** (犯罪者)

10. **ex**-defector — 元脱国者
    ex- + **defector** (脱国者)

接頭辞 extra- 「〜外の」「範囲外の」「並外れた」

語形成 extra- ⊕ 形容詞
☞ 形容詞の意味を変える

words

1. **extra**sensory
   超感覚的な
   extra- + **sensory** (感覚の)

2. **extra**legal
   法の領域外の
   extra- + **legal** (法の)

3. **extra**judicial
   法廷の権限外の
   extra- + **judicial** (裁判の)

4. **extra**-atmospheric
   大気圏外の
   extra- + **atmospheric** (大気圏の)

5. **extra**professional
   専門外の
   extra- + **professional** (専門の)

6. **extra**fine
   極上の
   extra- + **fine** (質がよい)

7. **extra**ordinary
   非凡な、風変わりな
   extra- + **ordinary** (普通の)

8. **extra**territorial
   治外法権の
   extra- + **territorial** (領地の)

9. **extra**marital
   不倫の
   extra- + **marital** (婚姻の)

10. **extra**galactic
    銀河系外の
    extra- + **galactic** (銀河系の)

接頭辞 fore- (1) (空間・時間・条件など)「前もって」「先に〜」

語形成 fore- ⊕ 動詞
☞ 動詞の意味を変える

words

1. **fore**cast 予想する、予測する
   fore- + cast (目を向ける)

2. **fore**see 予知する、見越す
   fore- + see (見る)

3. **fore**run 前兆となる
   fore- + run (走る)

4. **fore**go 先行する、先立つ
   fore- + go (行く)

5. **fore**arm あらかじめ武装する
   fore- + arm (武装する)

6. **fore**taste 未来に起こることを前もって経験する
   fore- + taste (味わう)

7. **fore**tell 予告する
   fore- + tell (告げる)

8. **fore**warn 前もって警告する
   fore- + warn (警告する)

9. **fore**show 予告する、前兆として示す
   fore- + show (見せる)

10. **fore**close 排除する、締めだす
    fore- + close (閉める)

fore- (2)

接頭辞 fore- (2) （空間・時間・場所などで）前の

語形成 fore- ⊕ 名詞
☞ 名詞の意味を変える

words

1. **fore**foot
   （四足獣・昆虫などの）前足
   fore- + **foot**（足）

2. **fore**knowledge
   予知、先見の明
   fore- + **knowledge**（知識）

3. **fore**father
   先祖、祖先
   fore- + **father**（父）

4. **fore**word
   序文、はしがき
   fore- + **word**（言葉）

5. **fore**runner
   先駆者
   fore- + **runner**（走る人）

6. **fore**arm
   前腕
   fore- + **arm**（腕）

7. **fore**head
   額（ひたい）、前頭部
   fore- + **head**（頭）

8. **fore**deck
   前甲板
   fore- + **deck**（甲板）

9. **fore**ground
   前景
   fore- + **ground**（地面）

10. **fore**taste
    前触れ、前兆
    fore- + **taste**（味わい）

接頭辞 hyper- (1)「過度の」
語形成 hyper- ＋形容詞
☞ 形容詞の意味を変える

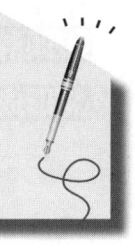

words

1 **hyper**sensitive　　神経過敏な、過敏症の
　　　　　　　　　　　hyper-＋sensitive（敏感な）

2 **hyper**acid　　　　胃酸過多の
　　　　　　　　　　　hyper-＋acid（酸性の）

3 **hyper**active　　　過度に活発な
　　　　　　　　　　　hyper-＋active（活発な）

4 **hyper**correct　　 几帳面すぎる、小うるさい
　　　　　　　　　　　hyper-＋correct（正確な）

5 **hyper**critical　　あら捜し的な
　　　　　　　　　　　hyper+critical（批判的な）

6 **hyper**sexual　　　性欲過度の
　　　　　　　　　　　hyper-＋sexual（性的な）

7 **hyper**cautious　　警戒心が強すぎる
　　　　　　　　　　　hyper-＋cautious（警戒心が強い）

8 **hyper**conscious　 意識過剰の
　　　　　　　　　　　hyper-＋conscious（意識のある）

9 **hyper**alert　　　 過度に油断のない
　　　　　　　　　　　hyper-＋alert（油断なく気を配っている）

10 **hyper**successful　度が過ぎた成功の
　　　　　　　　　　　hyper-＋successful（成功した）

接頭辞 hyper- (2) 「過剰な〜」
語形成 hyper- ⊕ 名詞
☞ 名詞の意味を変える

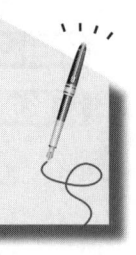

words

1. **hyper**criticism — 過剰批判
   hyper- + **criticism**（批判）

2. **hyper**tension — 過度の緊張
   hyper- + **tension**（緊張）

3. **hyper**acidity — 胃酸過多
   hyper- + **acidity**（酸性）

4. **hyper**consumerism — 過度の消費主義
   hyper- + **consumerism**（消費主義）

5. **hyper**sensitivity — 過敏症
   hyper- + **sensitivity**（感受性）

6. **hyper**ventilation — 過剰呼吸、過呼吸症
   hyper- + **ventilation**（通気）

7. **hyper**market — 郊外の大型スーパーマーケット
   hyper- + **market**（マーケット）

8. **hyper**individualism — 行過ぎた個人主義
   hyper- + **individualism**（個人主義）

9. **hyper**conservatism — 過度の保守主義
   hyper- + **conservatism**（保守主義）

10. **hyper**correction — 過度の訂正
    hyper- + **correction**（訂正）

接頭辞 il- (1) 否定、反対、不足
語形成 il- ⊕ 名詞

☞ 名詞の意味を変える。in- の異形。
名詞の語頭が l のときに使われる。

words

1 **il**literacy　　　　非識字、無学、無教養
　　　　　　　　　　il- + literacy（識字能力）

2 **il**legality　　　　不法、違法
　　　　　　　　　　il- + legality（合法性）

3 **il**legitimacy　　　不条理、非合法
　　　　　　　　　　il- + legitimacy（合法）

4 **il**legibility　　　判読不可
　　　　　　　　　　il- + legibility（判読可）

5 **il**logicality　　　不合理性、非論理性
　　　　　　　　　　il- + logicality（合理性）

il- (2)

接頭辞 **il-** (2)「不」「逆」「反対」
語形成 **il-** ⊕ 形容詞
☞ 形容詞の意味を変える
接頭辞 in- の異形

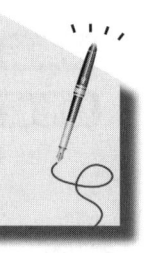

words

1 **il**literate
無教育の
il- + **literate**(教育のある)

2 **il**legal
不法の、違法の
il- + **legal**(法にかなった)

3 **il**legitimate
(子供が) 私生児の
il- + **legitimate**(合法の)

4 **il**legible
判読しがたい
il- + **legible**([字・印刷が] 判読できる)

5 **il**logical
筋の通らない、非論理的な
il- + **logical**(論理的な)

接頭辞 im- (1) 「否定」「反対」「不足」
語形成 im- ⊕ 名詞

■☞ 名詞の意味を変える。in- の異形。
語頭が b/m/p の語のときに使われる。

words

1 **im**patience
短気、不忍耐
im- + **patience** (忍耐)

2 **im**morality
不品行、不道徳な行為
im- + **morality** (道徳)

3 **im**balance
不均衡
im- + **balance** (均衡)

4 **im**perfection
不完全
im- + **perfection** (完全)

5 **im**permanence
永久的でないこと、はかないこと
im- + **permanence** (恒久不変・永続性)

6 **im**probability
起こりそうにないこと
im- + **probability** (見込み)

im- (2)

接頭辞 **im-** (2)「不」「逆」「反対」
語形成 **im-** ⊕ 形容詞

■☞ 形容詞の意味を変える。in- の異形
基本語の語頭が b, m, p のいずれかである語につく。

words

1 **im**mature 　　　　未熟な、未完成の
　　　　　　　　　　　im- + **mature**（成熟した）

2 **im**practical 　　　実行不可能な、実際的でない
　　　　　　　　　　　im- + **practical**（実際的な）

3 **im**possible 　　　不可能な
　　　　　　　　　　　im- + **possible**（可能な）

4 **im**perfect 　　　　不完全な
　　　　　　　　　　　im- + **perfect**（完全な）

5 **im**proper 　　　　妥当でない、適切でない
　　　　　　　　　　　im- + **proper**（適切な）

6 **im**moral 　　　　　不道徳な
　　　　　　　　　　　im- + **moral**（道徳にかなった）

7 **im**personal 　　　人間味のない、個人と関係ない
　　　　　　　　　　　im- + **personal**（個人の）

8 **im**memorial 　　　(記憶・記録にないほど) 古い
　　　　　　　　　　　im- + **memorial**（記念の）

9 **im**moderate 　　　中庸[節度]をかいた
　　　　　　　　　　　im- + **moderate**（節度のある）

10 **im**penetrable 　　突き通さない、理屈の通じない
　　　　　　　　　　　im- + **penetrable**（突き通す）

接頭辞 in- (1)「不」「逆」「反対」
語形成 in- ⊕ 形容詞
☞ 形容詞の意味を変える

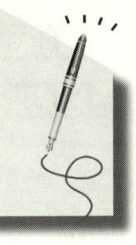

words

1. **in**competent
   能力のない
   in- + **competent**（能力のある）

2. **in**consistent
   一致しない、一貫しない
   in- + **consistent**（首尾一貫した）

3. **in**active
   不活発な
   in- + **active**（活発な）

4. **in**accurate
   的確でない、誤りのある
   in- + **accurate**（正確な）

5. **in**compatible
   気が合わない、和合しない
   in- + **compatible**（両立［共存］できる）

6. **in**credible
   信じられない、驚くべき
   in- + **credible**（信じられる）

7. **in**adequate
   不適当な、不十分な
   in- + **adequate**（適当な）

8. **in**surmountable
   （困難などが）克服できない
   in- + **surmountable**（乗り越えられる）

9. **in**feasible
   実行不可能な
   in- + **feasible**（実行可能な）

10. **in**excusable
    言い訳の立たない
    in- + **excusable**（言い訳ができる）

in- (2)

接頭辞 **in-** (2)「否定」「反対」「不足」
語形成 **in-** ⊕ 名詞
■☞ 名詞の意味を変える

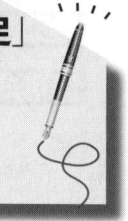

words

1 <u>in</u>decency
無作法
in- + **decency**（良識・習俗にかなっていること）

2 <u>in</u>attention
不注意
in- + **attention**（注意）

3 <u>in</u>experience
未経験、不慣れ
in- + **experience**（経験）

4 <u>in</u>action
不活動、怠慢、無為
in- + **action**（活動）

5 <u>in</u>equality
不平等
in- + **equality**（平等）

6 <u>in</u>difference
無関心、冷淡さ
in- + **difference**（差異）

7 <u>in</u>comprehension
理解できないこと
in- + **comprehension**（理解）

8 <u>in</u>feasibility
実行不可能なこと
in- + **feasibility**（実行可能）

9 <u>in</u>consistency
矛盾、不一致
in- + **consistency**
（[主義・言行などの] 一貫性）

10 <u>in</u>tolerance
不寛容、偏狭
in- + **tolerance**
（[他人の見解・行為への] 寛容）

接頭辞 inter- (1)「〜の間」「相互」
語形成 inter- ⊕ 形容詞
■☞ 形容詞の意味を変える

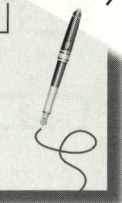

words

1. **inter**active
   双方向性の
   inter- + **active** (作用する)

2. **inter**collegiate
   大学対抗の
   inter- + **collegiate** (大学の)

3. **inter**racial
   異なった人種間の
   inter- + **racial** (人種の)

4. **inter**changeable
   相互で交換できる、取替えがきく
   inter- + **changeable** (交換できる)

5. **inter**cultural
   異文化間の
   inter- + **cultural** (文化の)

6. **inter**dependent
   相互依存の
   inter- + **dependent** (依存した)

7. **inter**disciplinary
   異なった学問分野にかかわる
   inter- + **disciplinary** (学問の)

8. **inter**religious
   宗教間の
   inter- + **religious** (宗教の)

9. **inter**personal
   対人関係の
   inter- + **personal** (個人の)

10. **inter**facial
    2面間の、界面の、共通の
    inter- + **facial** (表面の)

接頭辞 inter- (2) 「〜の間で〜する」「相互で〜する」

語形成 inter- ⊕ 動詞
■☞ 動詞の意味を変える

words

1. **interbreed** — 異種交配させる
   inter- + breed (交配させる)

2. **interchange** — 交換する、入れ替える
   inter- + change (変える)

3. **intermeddle** — 互いに干渉する
   inter- + meddle (よけいな世話をやく)

4. **interconnect** — 連結[連動]する
   inter- + connect (結ぶ)

5. **interact** — 相互に作用する
   inter- + act (作用する)

6. **interweave** — 織りまぜる
   inter- + weave (織る)

7. **interlock** — 連動する、絡み合う
   inter- + lock (錠をおろす)

8. **interflow** — 合流する
   inter- + flow (流れる)

9. **interlink** — 連結する
   inter- + link (連結する)

10. **interlace** — 織り合わさるように交錯する
    inter- + lace (ひもで締める)

接頭辞 inter- (3) 「～間の」「相互の」
語形成 inter- ⊕ 名詞
☞ 名詞の意味を変える

words

1 **inter**action 相互作用
inter- + action（作用）

2 **inter**relationship 相互関係
inter- + relationship（関係）

3 **inter**dependence 相互依存
inter- + dependence（依存）

4 **inter**breeding 異種交配
inter- + breeding（交配）

5 **inter**faith 異なった宗教間
inter- + faith（信仰）

6 **inter**species 異種間
inter- + species（種）

7 **inter**brain 間脳
inter- + brain（脳）

8 **inter**face （二面・二体の）中間面、界面
inter- + face（面）

9 **inter**space 物と物との間、空間
inter- + space（スペース）

10 **inter**section 交差点
inter- + section（一区画）

接頭辞 intra- 「内」「間」
語形成 intra- ⊕ 形容詞
☞ 形容詞の意味を変える

words

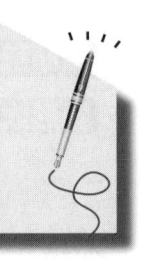

1. **intravascular** 血管内の
   intra-+ vascular (血管の)

2. **intracardiac** 心臓内の
   intra-+ cardiac (心臓の)

3. **intravenous** 静脈内の
   intra-+ venous (静脈の)

4. **intrauterine** 子宮内の
   intra-+ uterine (子宮の)

5. **intramuscular** 筋肉内の
   intra-+ muscular (筋肉の)

6. **intranational** 一国内の
   intra-+ national (国の)

7. **intraracial** 一人種内の
   intra-+ racial (人種の)

8. **intra-European** ヨーロッパ内の
   intra-+ European (ヨーロッパの)

9. **intrapersonal** 個人の心の中に生じる
   intra-+ personal (個人の)

10. **intramural** 学内の
    intra-+ mural (壁面の)

接頭辞 ir- (1) 「不」「逆」「反対」
語形成 ir- + 形容詞

■☞ 形容詞の意味を変える。in- の異形。
基本語の語頭がrである語につく。

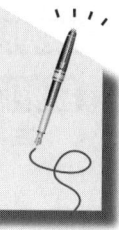

words

1 **ir**responsible
無責任な
ir- + **responsible**（責任がある）

2 **ir**relevant
関連のない
ir- + **relevant**（関連のある）

3 **ir**refutable
論破できない
ir- + **refutable**（論破できる）

4 **ir**repressible
感情や行為などが抑えられない
ir- + **repressible**（抑えられる）

5 **ir**rational
理性を失った
ir- + **rational**（道理にかなった）

6 **ir**regular
不規則の、ふぞろいの
ir- + **regular**（規則正しい）

7 **ir**reversible
くつがえせない、裏返せない
ir- + **reversible**（裏返せる）

8 **ir**reconcilable
和解できない
ir- + **reconcilable**（和解できる）

9 **ir**religious
無宗教の
ir- + **religious**（宗教をもった）

10 **ir**responsive
手ごたえのない、反応のない
ir- + **responsive**（応答に敏感な）

ir- (2)

接頭辞 **ir-** (2) 「否定」「反対」「不足」
語形成 **ir-** ＋名詞

■☞ 名詞の意味を変える。in- の異形。
語頭が r- の語のときに使われる。

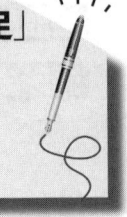

words

1 irrationality
不合理性、理屈に合わないこと
ir- + **rationality**（合理性）

2 irreverence
不敬、無礼な態度
ir- + **reverence**（敬意・崇敬）

3 irrelevance
筋違い、不適切、的外れ
ir- + **relevance**（関連性）

4 irreligion
無宗教、無信仰
ir- + **religion**（宗教）

5 irresponsibility
無責任
ir- + **responsibility**（責任）

6 irregularity
不規則性、変則
ir- + **regularity**（規則正しさ）

7 irretrievableness
回復できないこと、取り返しがつかないこと
ir- + **retrievableness**（元に戻せること）

8 irresistibility
否応なしのこと、抵抗できないこと
ir- + **resistibility**（抵抗できること）

9 irreversibility
裏返せないこと
ir- + **reversibility**（裏返せること）

10 irreconcilability
和解できないこと
ir- + **reconcilability**（和解できること）

接頭辞 mal- (1)「悪性の」「不良の」「不全の」「異常な」
語形成 mal- + 名詞
■☞ 名詞の意味を変える

1. **mal**absorption
   [病] 腸の吸収不良
   mal- + absorption (吸収)

2. **mal**practice
   一般的に違法行為、医療ミス
   mal- + practice (医療行為)

3. **mal**administration
   失策、不始末
   mal- + administration (管理、運営)

4. **mal**occlusion
   噛み合わせの不良
   mal- + occlusion ([歯] 噛み合わせ)

5. **mal**adjustment
   不適応
   mal- + adjustment (適応)

6. **mal**adaptation
   順応不良、不適応
   mal- + adaptation (順応)

7. **mal**function
   (器官などの) 機能不全
   mal- + function (機能)

8. **mal**treatment
   手荒な扱い、虐待
   mal- + treatment (扱い、待遇)

9. **mal**formation
   (特に生体の) 奇形
   mal- + formation (形成)

10. **mal**nutrition
    栄養不良
    mal- + nutrition (栄養)

mal- (2)

接頭辞 **mal-** (2)「悪」「不良」「不全」
語形成 **mal-** ⊕ 形容詞
☞ 形容詞の意味を変える

words

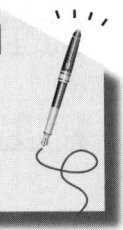

1	**maladaptive**	適応性のない **mal-** + **adaptive**（適応性のある）
2	**malcontent**	不満のある、批判のある **mal-** + **content**（満足した）
3	**malformed**	不恰好な **mal-** + **formed**（形成された）
4	**malnourished**	栄養不良の **mal-** + **nourished**（栄養を与えられた）
5	**maladjusted**	不適応な **mal-** + **adjusted**（適応した）
6	**maladroit**	不器用な **mal-** + **adroit**（器用な）
7	**malodorous**	悪臭を放つ **mal-** + **odorous**（臭気の）

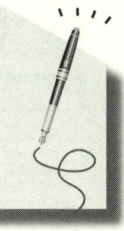

接頭辞 mis- (1)「誤って」「悪く」
語形成 mis- ＋動詞
動詞の意味を変える

1 **mis**lead
あざむく、誤解させる
mis- + lead (導く)

2 **mis**diagnose
誤診する
mis- + diagnose (診断する)

3 **mis**calculate
見積もりを誤る
mis- + calculate (見積もる)

4 **mis**represent
不正確に代弁する
mis- + represent (代弁する)

5 **mis**fire
銃が不発に終わる
mis- + fire (発射する)

6 **mis**hear
聞き違えをする
mis- + hear (聞く)

7 **mis**behave
無作法な振る舞いをする
mis- + behave (行儀よくする)

8 **mis**count
誤算する
mis- + count (数える)

9 **mis**appropriate
(物とかお金を) 不正に流用する
mis- + appropriate
([物・金を] (特定の目的) に当てる)

10 **mis**apply
誤用する、使用を誤る
mis- + apply (適用する)

接頭辞 mis- (2) 「誤って」「悪く」「不利に」
語形成 mis- ＋ 名詞
☞ 名詞の意味を変える

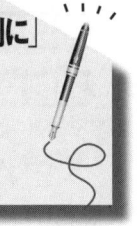

words

1. **mis**trial
   誤判
   mis- + trial (裁判)

2. **mis**fortune
   不運
   mis- + fortune (幸運)

3. **mis**calculation
   誤算
   mis- + calculation (計算)

4. **mis**apprehension
   思い違い
   mis- + apprehension (理解)

5. **mis**match
   不釣合いな組み合わせ
   mis- + match (組み合わせ)

6. **mis**labeling
   偽装表示
   mis- + labeling (表示)

7. **mis**conception
   誤認、勘違い
   mis- + conception (観念、考え)

8. **mis**print
   誤植
   mis- + print (印刷)

9. **mis**construction
   意味の取り違え
   mis- + construction (解釈)

10. **mis**conduct
    不品行、非行
    mis- + conduct (行為)

接頭辞 multi- (1) 「多数の」「多様の」
語形成 multi- ⊕ 名詞
■☞ 名詞の意味を変える

words

1 **multi**media　　　　混合メディア
　　　　　　　　　　　multi- + media (メディア)

2 **multi**company　　　多角経営企業
　　　　　　　　　　　multi- + company (会社)

3 **multi**band　　　　　多周波
　　　　　　　　　　　multi- + band (周波)

4 **multi**purpose　　　多目的
　　　　　　　　　　　multi- + purpose (目的)

5 **multi**function　　　多機能
　　　　　　　　　　　multi- + function (機能)

multi- (2)

接頭辞 multi- (2)「多数の」「多様の」
語形成 multi-＋形容詞
■☞ 形容詞の意味を変える

words

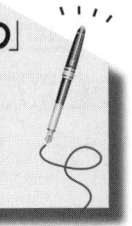

1. **multi**faceted　　多面の、多様相の
   multi- + **faceted** (切子面のある)

2. **multi**disciplinary　諸専門分野から成る、総合的な
   multi- + **disciplinary** (学科の、学問の)

3. **multi**national　　多国籍からなる
   multi- + **national** (国の)

4. **multi**dimensional　多次元の
   multi- + **dimensional** (次元の)

5. **multi**ethnic　　多民族からなる
   multi+ **ethnic** (民族の)

6. **multi**lingual　　多言語を話せる
   multi- + **lingual** (言語の)

7. **multi**dimensional　多規模の、多範囲の
   multi- + **dimensional** (次元の)

8. **multi**cultural　　多文化からなる
   multi- + **cultural** (文化の)

9. **multi**racial　　多人種からなる
   multi- + **racial** (人種の)

10. **multi**layered　　多層からなる
    multi- + **layered** (層をなす)

接頭辞 non- (1)「非」
語形成 non- ＋形容詞
☞ 形容詞の意味を変える

words

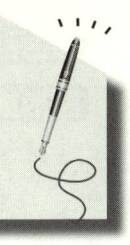

1. **non**verbal
   言葉によらない
   non- + **verbal**（言葉による）

2. **non**religious
   宗教をもたない
   non- + **religious**（特定の宗教を信じている）

3. **non**-habit-forming
   習慣性のない
   non- + **habit-forming**（習慣性のある）

4. **non**negotiable
   交渉できない、譲渡できない
   non- + **negotiable**（交渉できる）

5. **non**possessive
   非独占的な
   non- + **possessive**（独占欲の強い）

6. **non**renewable
   （契約・免許などが）更新できない
   non- + **renewable**（更新可能である）

7. **non**burnable
   焼却できない
   non- + **burnable**（焼却可能である）

8. **non**taxable
   非課税の
   non- + **taxable**（課税される）

9. **non**essential
   非本質的な、不必要な
   non- + **essential**（本質的な）

10. **non**legal
    法律と関係ない
    non- + **legal**（法律の）

non- (2)

接頭辞 **non-** (2)「～に非ず」
語形成 **non-** ＋名詞
　　　☞ 名詞の意味を変える

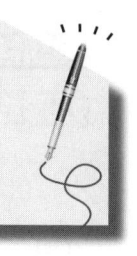

words

1. 特定の行為、活動を表す名詞について、その行為、又は活動をしない。または、わざと拒否することを表す。
2. '～に非ず' という意味だけの場合もある。
3. 質の低さを表し、'まがいもの' という意味を表す場合もある。

1	**non**payment	不払い、未納 **non-** ＋ **payment**（支払い）
2	**non**believer	無信仰者、信じない人 **non-** ＋ **believer**（信仰者）
3	**non**-Muslim	非イスラム教徒 **non-** ＋ **Muslim**（イスラム教徒）
4	**non**alignment	非同盟、中立 **non-** ＋ **alignment**（整列、連合）
5	**non**profit	利益目的でないこと **non-** ＋ **profit**（利益）
6	**non**intervention	不干渉 **non-** ＋ **intervention**（干渉）
7	**non**starter	最初から見込みのない人（考え） **non-** ＋ **starter**（スタートとなるもの）
8	**non**sense	無意味な言葉や行為 **non-** ＋ **sense**（良識）
9	**non**proliferation	（核）拡散防止 **non-** ＋ **proliferation**（拡散）
10	**non**aggression	不可侵 **non-** ＋ **aggression**（侵略行為）

接頭辞 out- (1) 動詞が示すことにおいて相手を「上回る」

語形成 out- ⊕ 動詞

■☞ 動詞の意味を変える。自動詞を他動詞に変える。

words

1 **out**sell
〜より多く売れる
out- + **sell** (売れる)

2 **out**live
〜より長生きする
out- + **live** (生きる)

3 **out**think
〜の上手を考える
out- + **think** (考える)

4 **out**talk
十分に話しつくす
out- + **talk** (話す)

5 **out**hit
〜より多くのホームランを打つ
out- + **hit** (ボールなどを打って飛ばす)

6 **out**grow
成長して〜から脱却する
out- + **grow** (成長する)

7 **out**do
(人が)(仕事・行為などにおいて)〜に勝る
out- + **do** (する)

8 **out**run
競争相手より速く走る
out- + **run** (走る)

9 **out**shine
他と比べて立派である
out- + **shine** (輝く)

10 **out**weigh
価値、重要性などの点で他の事に勝る
out- + **weigh** (重さを量る)

out- (2)

接頭辞 **out-** (2) 名詞が示すものにおいて「上回る」

語形成 **out-** ⊕ 名詞

■☞ 名詞を他動詞にする変則的接頭辞

words

✔ 但し、固有名詞につく場合は、その固有名詞を目的語としなければならないという制約がかかる。

ex. Sugihara outShindlered Schindler.
杉原氏はシンドラーに勝るとも劣らぬことをした。

#	語	意味 / 構成
1	**outmaneuver**	策略で勝つ、(人の) 裏をかく　**out-** + **maneuver** (策略)
2	**outrace**	(他の人より) 速く走る　**out-** + **race** (競争)
3	**outfight**	打ち負かす　**out-** + **fight** (戦い)
4	**outclass**	〜に勝る、〜より優れている　**out** + **class** (クラス)
5	**outrank**	(人より) 位 [身分] が上である　**out-** + **rank** (位)
6	**outwit**	(人を) 出し抜く、(人の) 裏をかく　**out-** + **wit** (機転)
7	**outpoint**	(相手よりも) 高得点をとる　**out-** + **point** (点数)
8	**outdistance**	競争相手を引き離す　**out-** + **distance** (距離)
9	**outpace**	〜をしのぐ、〜より速い、〜も勝る　**out-** + **pace** (歩調)
10	**outnumber**	数で勝る　**out-** + **number** (数)

接頭辞 over- (1) 「〜の限度を超えて」
語形成 over- ⊕ 形容詞
☞ 形容詞の意味を変える

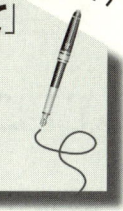

words

1. **over**protective
   過保護の
   over- + **protective**（保護的な）

2. **over**anxious
   心配しすぎの
   over- + **anxious**（心配した）

3. **over**confident
   自信過剰の
   over- + **confident**（自信のある）

4. **over**due
   期限切れの
   over- + **due**（〜することになっている期日）

5. **over**ripe
   熟しすぎた
   over- + **ripe**（熟した）

6. **over**cooked
   煮すぎた
   over- + **cooked**（煮た）

7. **over**courteous
   丁寧すぎる
   over- + **courteous**（丁寧な）

8. **over**kind
   親切がすぎる
   over- + **kind**（親切な）

9. **over**curious
   詮索の度がすぎる
   over- + **curious**（好奇心旺盛の）

10. **over**zealous
    熱心すぎる
    over- + **zealous**（熱烈な）

接頭辞 over- (2) 「必要以上に〜する」「過分に〜する」

語形成 over- + 動詞
■☞ 動詞の意味を変える

words

1. **overdo**
   度をこす、やり過ぎる
   over- + do (何かをする)

2. **overplay**
   (価値・重要性を) 強調しすぎる
   over- + play (演じる)

3. **overexploit**
   乱開発する
   over- + exploit (開発する)

4. **oversupply**
   過剰に供給する
   over- + supply (供給する)

5. **overestimate**
   過大評価する
   over- + estimate (評価する)

6. **overcook**
   煮すぎる
   over- + cook (煮る)

7. **oversleep**
   起床時間を越して寝すぎる
   over- + sleep (寝る)

8. **overeat**
   食べ過ぎる
   over- + eat (食べる)

9. **overbook**
   定員以上に予約をとる
   over- + book (予約をとる)

10. **overreact**
    過剰反応する
    over- + react (反応する)

接頭辞 over- (3) 「〜の限度を越えた」「過度の」
語形成 over- ⊕ 名詞
☞ 名詞の意味を変える

words

1. **over**population
   人口過剰
   over- + population (人口)

2. **over**compensation
   過剰補償
   over- + compensation (補償)

3. **over**age
   制限年齢を超えた
   over- + age (年齢)

4. **over**growth
   繁茂、過度の成長
   over- + growth (成長)

5. **over**reaction
   過剰反応
   over- + reaction (反応)

6. **over**exposure
   過剰露出
   over- + exposure (露出)

7. **over**tolerance
   寛容すぎること
   over- + tolerance (寛容)

8. **over**weight
   太りすぎの状態
   over- + weight (重量)

9. **over**charge
   不当な高値
   over- + charge (料金)

10. **over**production
    生産過剰
    over- + production (生産)

post- (1)

接頭辞 **post-** (1)「後の」「次の」
語形成 **post-** ⊕ 形容詞
■☞ 形容詞の意味を変える

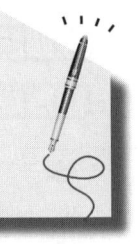

words

1. **<u>post</u>modern**
   最先端の
   post- + **modern**（現代の）

2. **<u>post</u>operative**
   外科手術後の
   post- + **operative**（外科手術の）

3. **<u>post</u>doctoral**
   博士号修得後の
   post- + **doctoral**（博士号の）

4. **<u>post</u>glacial**
   氷河期後の
   post- + **glacial**（氷河期の）

5. **<u>post</u>natal**
   産後の
   post- + **natal**（誕生の）

6. **<u>post</u>marital**
   結婚後の
   post- + **marital**（結婚の）

7. **<u>post</u>hypnotic**
   催眠後の
   post- + **hypnotic**（催眠の）

8. **<u>post</u>traumatic**
   心的外傷後の
   post- + **traumatic**（心的外傷の）

9. **<u>post</u>medieval**
   中世以後の
   post- + **medieval**（中世の）

10. **<u>post</u>revolutionary**
    革命後の
    post- + **revolutionary**（革命の）

接頭辞 post- (2)「〜後の」
語形成 post- ⊕ 名詞
■☞ 名詞の意味を変える

words

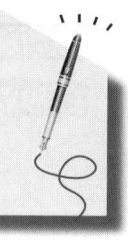

1. **post**operation — 手術後
   post- + operation (手術)

2. **post**match — 試合後
   post- + match (試合)

3. **post**war — 戦後
   post- + war (戦争)

4. **post**election — 選挙後
   post- + election (選挙)

5. **post**independence — 独立後
   post- + independence (独立)

6. **post**menopause — 更年期後
   post- + menopause (閉経期)

7. **post**-holiday blue — 休日の後のさえない気分
   post- + holiday (休日)

8. **post**graduate — 大学院生
   post- + graduate (大学卒業生)

9. **post**-Sept.11 — 2001年9月11日後の世界
   post- + Sept. 11

10. **post**-bubble — バブル経済崩壊後
    post- + bubble (バブル経済)

pre- (1)

接頭辞 pre- (1)「あらかじめ」「〜以前の」
語形成 pre- ⊕ 形容詞
■☞ 形容詞の意味を変える

words

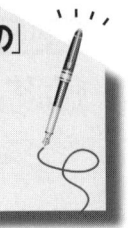

1 <u>pre</u>meditated
計画的な
pre-+ meditated (もくろまれた)

2 <u>pre</u>operative
外科手術前の
pre-+ operative (外科手術の)

3 <u>pre</u>mature
時期尚早の
pre-+ mature (成熟した)

4 <u>pre</u>revolutionary
独立戦争以前の
pre-+ revolutionary (独立の)

5 <u>pre</u>historic
有史以前の
pre-+ historic (歴史の)

6 <u>pre</u>recorded
事前に録音済みの
pre-+ recorded (録音した)

7 <u>pre</u>cooked
調理済みの
pre-+ cooked (調理した)

8 <u>pre</u>paid
前納してある
pre-+ paid (支払った)

9 <u>pre</u>natal
産前の
pre-+ natal (誕生の)

10 <u>pre</u>marital
婚前の
pre-+ marital (結婚の)

接頭辞 pre- (2) 「あらかじめ〜する」「前もって〜する」

語形成 pre- + 動詞
☞ 動詞の意味を変える

words

1 **pre**cook
食品を前もって調理する
pre- + **cook**（調理する）

2 **pre**occupy
〜の心を奪う、偏見をいだかせる
pre- + **occupy**（心を占める）

3 **pre**arrange
事前に取り決めておく
pre- + **arrange**（取り決める）

4 **pre**date
実際よりも前の日付にする
時間的に先行する
pre- + **date**（日付を入れる）

5 **pre**judge
前もって判断する
pre- + **judge**（判断する）

6 **pre**suppose
推定する
pre- + **suppose**（仮定する）

7 **pre**heat
前もって温める
pre- + **heat**（温める）

8 **pre**determine
あらかじめ決定する、運命づける
pre- + **determine**（物事を取り決める）

9 **pre**meditate
前もって計画する
pre- + **meditate**（何かを企てる）

10 **pre**test
予備テストをする
pre- + **test**（テストする）

pre- (3)

接頭辞 pre- (3) 「あらかじめ〜する」「〜以前の」「〜の前」

語形成 pre- ⊕ 名詞
■☞ 名詞の意味を変える

words

1. **pre**occupation
   先入観、偏見
   pre- + **occupation**（占領）

2. **pre**-Sep.11th
   2001年9月11日以前
   pre- + **-Sep.11th**

3. **pre**condition
   必須条件
   pre- + **condition**（条件）

4. **pre**caution
   予防措置
   pre- + **caution**（用心）

5. **pre**-birth
   誕生前
   pre- + **birth**（誕生）

6. **pre**schooler
   学齢前の児童
   pre- + **schooler**（学童）

7. **pre**trial
   公判前手続き
   pre- + **trial**（裁判）

8. **pre**dawn
   夜明け前
   pre- + **dawn**（夜明け）

9. **pre**adolescence
   思春期前（9〜12歳）
   pre- + **adolescence**（思春期）

10. **pre**tax
    税込みの
    pre- + **tax**（税金）

接頭辞 pro- 「〜に賛成」「〜を支持する」
語形成 pro- ⊕ 名詞
☞ 名詞の意味を変える

words

1. **pro-Americanism**　親米主義
   pro- + Americanism (アメリカ中心主義)

2. **pro-reform**　改革支持
   pro- + reform (改革)

3. **pro-annexation**　併合主義支持
   pro- + annexation (合併)

4. **pro-life**　中絶反対派 (胎児の生命を護るという意味で)
   pro- + life (胎児の生命)

5. **pro-choice**　中絶賛成派 (女性の選ぶ権利を護るという意味で)
   pro- + choice (選択)

接頭辞 re- (1)「〜をし直す」「再度〜をする」
語形成 re- ⊕ 動詞
☞ 動詞の意味を変える

words

1. **re**install
   再度インストールする
   re- + install(インストールする)

2. **re**write
   書き直す
   re- + write(書く)

3. **re**think
   考え直す
   re- + think(考える)

4. **re**ignite
   再び火をつける、再点火する
   re- + ignite(点火する)

5. **re**wind
   巻き戻す
   re- + wind(巻き取る)

6. **re**act
   反応する
   re- + act(行なう)

7. **re**arm
   再武装する
   re- + arm(武装する)

8. **re**produce
   複写する、複製する、生殖する
   re- + produce(生産する)

9. **re**build
   再建する
   re- + build(建てる)

10. **re**make
    (計画・国などを) 作り直す
    re- + make(作る)

接頭辞 re- (2)「再び」
語形成 re- ⊕ 名詞
☞ 名詞の意味を変える

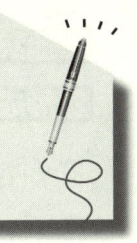

words

1 **re**birth　　　再生
　　　　　　　　re- + birth (誕生)

2 **re**production　　再生産、復元
　　　　　　　　re- + production (生産)

3 **re**election　　再選挙
　　　　　　　　re- + election (選挙)

4 **re**entry　　　再入国
　　　　　　　　re- + entry (入国)

5 **re**use　　　　再使用
　　　　　　　　re- + use (使用)

6 **re**run　　　　再放送
　　　　　　　　re- + run (放送)

7 **re**trial　　　再審
　　　　　　　　re + trial (裁判)

8 **re**shuffle　　(内閣)改造、人事異動
　　　　　　　　re- + shuffle (札を切り混ぜること)

9 **re**match　　再試合
　　　　　　　　re- + match (試合)

10 **re**development　再展開
　　　　　　　　　re- + deployment (展開)

semi- (1)

接頭辞 semi- (1)「半〜」
語形成 semi- ⊕ 名詞
■☞ 名詞の意味を変える

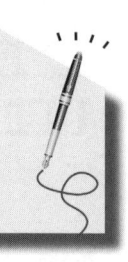

words

1 **semi**conductor
半導体
semi- + **conductor**（導体）

2 **semi**circle
半円形、半円
semi- + **circle**（円形）

3 **semi**final
準決勝
semi- + **final**（決勝）

4 **semi**colon
; セミコロン
semi- + **colon**（：コロン）

5 **semi**documentary
半記録映画
semi- + **documentary**（記録映画）

6 **semi**retirement
退職はしていないがそれに近い状態
semi- + **retirement**（退職）

7 **semi**diameter
(通例天体の) 半径
semi- + **diameter**（直径）

8 **semi**dome
半円ドーム
semi- + **dome**（ドーム）

9 **semi**fluid
半流動体
semi- + **fluid**（流動体）

10 **semi**consciousness
半ば意識が薄れた状態
semi- + **consciousness**（意識があること）

接頭辞 semi- (2) 「半分」「いくぶん」
語形成 semi- ⊕ 形容詞
■☞ 形容詞の意味を変える

words

1. **semi**automatic
   半自動の
   semi- + **automatic**（自動の）

2. **semi**private
   半私用の
   semi- + **private**（私用の）

3. **semi**conscious
   半ば意識が薄れた
   semi- + **conscious**（意識した）

4. **semi**formal
   略式の
   semi- + **formal**（正式の）

5. **semi**civilized
   未開の
   semi- + **civilized**（文明的な）

6. **semi**tropical
   亜熱帯の
   semi- + **tropical**（熱帯の）

7. **semi**professional
   半職業的な
   semi- + **professional**（本職の）

8. **semi**sweet
   甘みを抑えた
   semi- + **sweet**（甘い）

9. **semi**retired
   半退職の
   semi- + **retired**（退職した）

10. **semi**permanent
    半永久的な
    semi- + **permanent**（永久の）

接頭辞 semi- (3) 「一定期間に二回の」
語形成 semi- ⊕ 形容詞
☞ 形容詞の意味を変える

words

1. **semi**daily
   一日二回の
   semi- + **daily** (一日に)

2. **semi**monthly
   月二回の
   semi- + **monthly** (月に)

3. **semi**weekly
   週に二回
   semi- + **weekly** (週に)

4. **semi**annual
   半年毎の
   semi- + **annual** (年に)

5. **semi**centennial
   五十年祭の
   semi- + **centennial** (百年祭の)

接頭辞 sub- (1) 「下位」「準~」「~に値しない」
語形成 sub- ⊕ 形容詞
■☞ 形容詞の意味を変える

words

1 **sub**conscious　　　潜在意識の
　　　　　　　　　　　sub- + **conscious**（意識がある）

2 **sub**standard　　　標準以下の、不十分な
　　　　　　　　　　　sub- + **standard**（標準の）

3 **sub**freezing　　　氷点下の
　　　　　　　　　　　sub- + **freezing**（氷点の）

4 **sub**tropical　　　亜熱帯の
　　　　　　　　　　　sub- + **tropical**（熱帯の）

5 **sub**glacial　　　氷河下の
　　　　　　　　　　　sub- + **glacial**（氷河の）

6. **sub**human　　　人間以下の、類人の
　　　　　　　　　　　sub- + **human**（人間の）

7 **sub**marginal　　　必要最低基準以下の、限度[限界]以下の
　　　　　　　　　　　sub- + **marginal**（最低の限界に近い）

8 **sub**clinical　　　準臨床的な
　　　　　　　　　　　sub- + **clinical**（臨床的な）

9 **sub**alpine　　　気候が亜高原性の
　　　　　　　　　　　sub- + **alpine**（高山の）

10 **sub**acid　　　弱酸性の
　　　　　　　　　　　sub- + **acid**（酸性の）

sub- (2)

接頭辞 sub- (2)「下」「下位」「副～」
語形成 sub- ⊕ 名詞
☞ 名詞の意味を変える

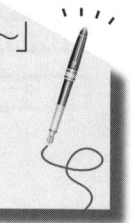

words

1. **sub**lease
   部屋などの又貸し
   sub- + **lease**（賃貸し）

2. **sub**branch
   支局、営業所
   sub- + **branch**（支店）

3. **sub**topic
   本などの副題
   sub- + **topic**（題）

4. **sub**committee
   小委員会
   sub- + **committee**（委員会）

5. **sub**culture
   下位文化
   sub- + **culture**（文化）

6. **sub**category
   下位範疇
   sub- + **category**（範疇）

7. **sub**contractor
   下請契約者
   sub- + **contractor**（請負業者）

8. **sub**title
   字幕
   sub- + **title**（題名）

9. **sub**plot
   （戯曲・小説などの）わき筋
   sub- + **plot**（筋）

10. **sub**division
    再分割
    sub- + **division**（分割）

接頭辞 super- (1)「極上の」「非常に良い」
語形成 super- ⊕ 形容詞
■☞ 形容詞の意味を変える

words

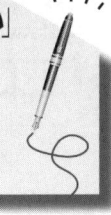

1 **super**natural 　　超自然の
　　　　　　　　　　super- + **natural**（自然の）

2 **super**abundant 　　過剰の、あり余る
　　　　　　　　　　super- + **abundant**（豊富な）

3 **super**patriotic 　　熱狂的な愛国心の
　　　　　　　　　　super- + **patriotic**（愛国心の）

4 **super**human 　　超人的な
　　　　　　　　　　super- + **human**（人間の）

5 **super**sensitive 　　超高感度の
　　　　　　　　　　super- + **sensitive**（高感度の）

6 **super**efficient 　　通常以上に効果的な
　　　　　　　　　　super- + **efficient**（効果的な）

8 **super**young 　　年齢不相応に若い
　　　　　　　　　　super- + **young**（若い）

9 **super**secure 　　超安全な
　　　　　　　　　　super- + **secure**（安全な）

10 **super**inflated 　　必要以上に膨れ上がった
　　　　　　　　　　super- + **inflated**（膨れ上がった）

super- (2)

接頭辞 super- (2)「極上の」「非常に良い」
語形成 super- ⊕ 名詞
☞ 名詞の意味を変える

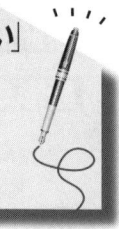

words

1. **superbrain** — 飛びぬけた才能
   super- + **brain** (脳)

2. **superpower** — 超大国
   super- + **power** (強国)

3. **superstore** — 大規模店
   super- + **store** (店)

4. **superconductivity** — 超伝導性
   super- + **conductivity** (伝導性)

5. **supermodel** — 超一流モデル
   super- + **model** (モデル)

6. **superathlete** — 超一流の運動選手
   super- + **athlete** (運動選手)

7. **superwoman** — 超人的に優れた女性
   super- + **woman** (女性)

8. **superstar** — 超一流のスター
   super- + **star** (スター)

9. **superhighway** — 二車線以上で立体交差路をもつ高速道路
   super- + **highway** (高速道路)

10. **supercomputer** — 最も進んだコンピュータ
    super- + **computer** (コンピュータ)

接頭辞 trans- (1)「越えて」「横切って」
語形成 trans- ⊕ 動詞
☞ 動詞の意味を変える

words

1 **trans**plant　　移植する
　　　　　　　　　trans- + plant (植える)

2 **trans**migrate　移動 [移住] する、(魂が) 転生する
　　　　　　　　　trans- + migrate (移動する)

3 **trans**form　　形 [様相] を変える
　　　　　　　　　trans- + form (造る)

4 **trans**fix　　　その場に釘づけになる
　　　　　　　　　trans- + fix (固定させる)

5 **trans**act　　　交渉を行なう
　　　　　　　　　trans- + act (行なう)

trans- (2)

接頭辞 trans- (2) 「越えて」「横切って」
語形成 trans- ⊕ 形容詞
■☞ 形容詞の意味を変える

words

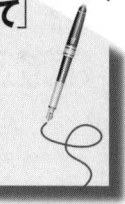

1 **trans-American** アメリカ横断の
trans- + **American** (アメリカの)

2 **transracial** 異人種間の
trans- + **racial** (人種の)

3 **transcontinental** 大陸横断の
trans- + **continental** (大陸の)

4 **transpacific** 太平洋向こうの
trans- + **pacific** (太平洋の)

5 **transsexual** 性転換者の
trans- + **sexual** (性の)

6 **transatlantic** 大西洋横断の
trans- + **atlantic** (大西洋の)

7 **transalpine** アルプスの向こう側の
trans- + **alpine** (アルプス山脈の)

8 **transnational** 国を越えて
trans- + **national** (国の)

9 **transgenic** 移植遺伝子による
trans- + **genic** (遺伝子の)

10 **transoceanic** 大洋を横断する
trans- + **oceanic** (大洋の)

接頭辞 ultra- (1) 「超〜」「過〜」「極端に」「極度に」
語形成 ultra- ⊕ 名詞
☞ 名詞の意味を変える

words

1 **ultrasound**　　　　超音波
　　　　　　　　　　　ultra- + sound (音波)

2 **ultra-virus**　　　　濾過性ウイルス
　　　　　　　　　　　ultra- + virus (ウイルス)

3 **ultra-marathon**　　長距離マラソン
　　　　　　　　　　　ultra- + marathon (マラソン)

4 **ultra-nationalist**　超国家主義者
　　　　　　　　　　　ultra- + nationalist (国家主義者)

5 **ultra-man**　　　　人間の限界を超えている人 (漫画の主人公)
　　　　　　　　　　　ultra- + man (人)

ultra- (2)

接頭辞 ultra- (2)「度外れの」
語形成 ultra- ⊕ 形容詞
■☞ 形容詞の意味を変える

words

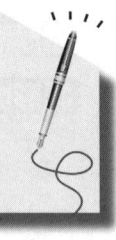

1. **ultra**modern
   超現代的な
   ultra- + **modern** (現代の)

2. **ultra**left
   極左翼の
   ultra- + **left** (左翼の)

3. **ultra**conservative
   超保守的な
   ultra- + **conservative** (保守的な)

4. **ultra**cool
   超かっこいい
   ultra- + **cool** (かっこいい)

5. **ultra**thin
   超薄型の
   ultra- + **thin** (薄い)

6. **ultra**marine
   あざやかな青色の
   ultra- + **marine** (海の青さ)

7. **ultra**secure
   信じ難いほど安全な
   ultra- + **secure** (危険のない)

8. **ultra**right
   極右翼の
   ultra- + **right** (右翼の)

9. **ultra**high
   超高度の
   ultra- + **high** (高い)

10. **ultra**sonic
    超音波の
    ultra- + **sonic** (音の)

接頭辞 un- (1)「〜でない」「不〜」
語形成 un- ⊕ 形容詞
☞ 形容詞の意味を変える

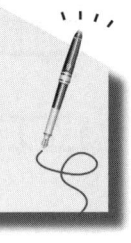

words

1. **un**certain 不確実な
   un- + certain（確実な）

2. **un**willing 気が進まない
   un- + willing（〜する気がある）

3. **un**easy 心配な、不安な
   un- + easy（心などが安らかな）

4. **un**aware 気づいていない
   un- + aware（気づいている）

5. **un**professional プロ意識に欠ける
   un- + professional（専門家である）

6. **un**conventional （慣習・因習に）とらわれない
   un- + conventional（型にはまった）

7. **un**conscious 意識を失った
   un- + conscious（意識のある）

8. **un**wise 思慮が足りない、浅はかな
   un- + wise（賢い）

9. **un**stoppable 止められない
   un- + stoppable（止められる）

10. **un**impressive たいしたことない、印象的でない
    un- + impressive（深い感銘を与える）

un- (2)

接頭辞 **un-** (2) 動詞の示す行為がなされる前の状態に戻す。

語形成 **un-** ⊕ 動詞

■☞ 動詞の意味を変える

words

1 **un**load
(車などから) 荷を降ろす
un- + **load** (荷物を積む)

2 **un**pack
(包み・荷などを) 開ける
un- + **pack** (物を詰め込む)

3 **un**dress
洋服を脱がせる
un- + **dress** (洋服を着る)

4 **un**fold
折りたたんだものを広げる
un- + **fold** (折りたたむ)

5 **un**learn
一度習得したことを故意に忘れる
un- + **learn** (学ぶ)

6 **un**do
いったんしてしまったことを撤回する
un- + **do** (為す)

7 **un**fasten
シートベルトなどをはずす
un- + **fasten** (シートベルトをつける)

8 **un**clog
排水管などの詰まりを取り除く
un- + **clog** (詰まる)

9 **un**install
コンピュータに入れたソフトを取り外す
un- + **install** (インストールする)

10 **un**freeze
(資金・施策などの) 凍結を解除する
un- + **freeze** (凍結する)

接頭辞 un- (3) 「非」「無」「不」
語形成 un- ⊕ 名詞
☞ 名詞の意味を変える

words

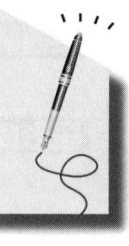

1. **un**believer
   信じようとしない人
   un- + believer (信じる人)

2. **un**concern
   無関心、無頓着
   un- + concern (関心)

3. **un**employment
   失業
   un- + employment (雇用されている状態)

4. **un**person
   失脚して過去の人となった人
   un- + person (人)

5. **un**rest
   社会的不安、動揺
   un- + rest (平静)

6. **un**reality
   非現実性
   un- + reality (現実性)

7. **un**belief
   懐疑、不信
   un- + belief (信じていること)

8. **un**ease
   不安、心痛
   un- + ease (心の平静)

9. **un**truth
   虚偽
   un- + truth (真実)

10. **un**reason
    不合理、不条理
    un- + reason (理由)

un- (4)

接頭辞 **un-** (4) 名詞の示すものを「除去」「奪取」「解放」する。

語形成 **un-** ⊕ 名詞
■☞ 変則的に名詞を他動詞にする

words

1 <u>un</u>plug
〜から栓［プラグ］を抜く、プラグを抜いて電源を切る
un- + **plug**（栓）

2 <u>un</u>cover
(容器などの) 覆いを取る、秘密をあばく
un- + **cover**（覆い）

3 <u>un</u>chain
鎖から解く、束縛を解く
un- + **chain**（鎖）

4 <u>un</u>zip
チャックを開ける
un- + **zip**（チャック）

5 <u>un</u>buckle
留め金をはずす
un- + **buckle**（留め金）

6 <u>un</u>earth
発掘する
un- + **earth**（地球）

7 <u>un</u>burden
荷を降ろす、心の荷を降ろす
un- + **burden**（重い荷物）

8 <u>un</u>leash
(犬の皮ひもなど) 制限を解く
un- + **leash**（革ひも・束縛）

9 <u>un</u>button
ボタンをはずす
un- + **button**（ボタン）

10 <u>un</u>sex
性的能力を奪う、卵巣を取り除く
un- + **sex**（性）

接頭辞 under- (1)「不十分に~する」
語形成 under- + 動詞
■☞ 動詞の意味を変える

words

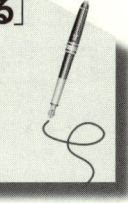

1. **under**state　　数・量・程度などを控えめに言う
   under- + state (述べる)

2. **under**charge　　料金以下の金額を請求する
   under- + charge (料金を請求する)

3. **under**estimate　　過小評価する
   under- + estimate (評価する)

4. **under**feed　　十分に食料を与えない
   under- + feed (人や動物に食物を与える)

5. **under**play　　~を控えめに抑えた口調で述べる
   under- + play (演じる)

6. **under**rate　　安く見積もる
   under- + rate (見積もる)

7. **under**sell　　競争相手よりも安く売る
   under- + sell (売る)

8. **under**pay　　給料を十分に支払わない
   under- + pay (支払う)

9. **under**nourish　　十分に栄養を与えない
   under- + nourish (栄養分を与える)

10. **under**emphasize　　十分に強調しない
    under- + emphasize (強調する)

under- (2)

接頭辞 under- (2)「下の」「十分でないこと」
語形成 under- ⊕ 名詞
☞ 名詞の意味を変える

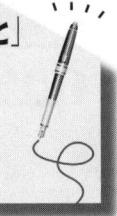

words

1 **under**layer
(他の層の下の) 基層
under- + layer (層)

2 **under**current
底流
under- + current (流れ)

3 **under**statement
控えめな言葉
under- + statement (言葉)

4 **under**growth
発育不全
under- + growth (成長)

5 **under**ground
地下
under- + ground (地面)

6 **under**belly
下腹部
under- + belly (腹部)

7 **under**weight
標準以下の体重
under- + weight (体重)

8 **under**class
社会の底辺
under- + class (階級)

9 **under**world
下層社会、悪 [やくざ] の世界
under- + world (世間)

10 **under**achieve
(大学・高校で) 出来の悪い学生
under- + achiever (達成者)

接尾辞
Suffixes

✔ 接尾辞による語形成について

接尾辞は原則的に語の品詞を変えるものです。英語は配列性言語なので、置かれる場所によって語の品詞が定まっています。そのために同じような意味であっても名詞、動詞、形容詞と品詞別の語が必要です。まったく別の語を覚えなければならないとするならば、母国語話者であっても多くの語を暗記することになり大変です。接尾辞による語形成はそれを解決するものです。母国語話者は接尾辞付加によって語を必要な品詞に変えて使っているのです。接尾辞は必要に応じて基本語となっている語をその品詞以外のものに変えるのに使われています。

✓ 接尾辞のリスト

1	−ability	90	*26*	−atic ………… 115
2	−able (1)	91	*27*	−ation (1) …… 116
3	−able (2)	92	*28*	−ation (2) …… 117
4	−acy (1)	93	*29*	−ative (1) …… 118
5	−acy (2)	94	*30*	−ative (2) …… 119
6	−acy (3)	95	*31*	−ative (3) …… 120
7	−age (1)	96	*32*	−atory (1) …… 121
8	−age (2)	97	*33*	−atory (2) …… 122
9	−al (1)	98	*34*	−ception ……… 123
10	−al (2)	99	*35*	−ceptive ……… 124
11	−an	100	*36*	−cy …………… 125
12	−ana	101	*37*	−dom ………… 126
13	−ance (1)	102	*38*	−ed …………… 127
14	−ance (2)	103	*39*	−ee …………… 128
15	−ancy (1)	104	*40*	−eer ………… 129
16	−ancy (2)	105	*41*	−en (1) ……… 130
17	−ant (1)	106	*42*	−en (2) ……… 131
18	−ant (2)	107	*43*	−en (3) ……… 132
19	−arian	108	*44*	−ence (1) …… 133
20	−ary (1)	109	*45*	−ence (2) …… 134
21	−ary (2)	110	*46*	−ency (1) …… 135
22	−ary (3)	111	*47*	−ency (2) …… 136
23	−ate (1)	112	*48*	−ent (1) ……… 137
24	−ate (2)	113	*49*	−ent (2) ……… 138
25	−ate (3)	114	*50*	−er (1) ……… 139

接尾辞

接尾辞のリスト

51	−er (2) ······ 140	76	−ion ········· 165
52	−ery (1) ······ 141	77	−ish (1) ······ 166
53	−ery (2) ······ 142	78	−ish (2) ······ 167
54	−ese ········· 143	79	−ism (1) ······ 168
55	−esque ······· 144	80	−ism (2) ······ 169
56	−ess ·········· 145	81	−ist (1) ······ 170
57	−ette ········ 146	82	−ist (2) ······ 171
58	−f ············· 147	83	−istic (1) ····· 172
59	−ful (1) ······ 148	84	−istic (2) ····· 173
60	−ful (2) ······ 149	85	−ite ·········· 174
61	−ful (3) ······ 150	86	−ition ········ 175
62	−gate ········ 151	87	−itive ········ 176
63	−hood ········ 152	88	−itude ········ 177
64	−ial ·········· 153	89	−ity (1) ······ 178
65	−ian ·········· 154	90	−ity (2) ······ 179
66	−ibility ······· 155	91	−ive (1) ······ 180
67	−ible (1) ······ 156	92	−ive (2) ······ 181
68	−ible (2) ······ 157	93	−ive (3) ······ 182
69	−ic ············ 158	94	−ize (1) ······ 183
70	−ical ·········· 159	95	−ize (2) ······ 184
71	−ics ············ 160	96	−less (1) ······ 185
72	−ification ····· 161	97	−less (2) ······ 186
73	−ify (1) ······ 162	98	−let ·········· 187
74	−ify (2) ······ 163	99	−like ········· 188
(75)	−ing ·········· 164	100	−ling ········· 189

#	suffix	page		#	suffix	page
101	−ly (1)	190		126	−some	215
102	−ly (2)	191		127	−ster	216
103	−ly (3)	192		128	−sumption	217
104	−manship	193		129	−sumptive	218
105	−ment	194		130	−t	219
106	−mission	195		131	−tial	220
107	−missive	196		132	−tic	221
108	−monger	197		133	−tion	222
109	−ness	198		134	−ual	223
110	−nik	199		135	−ular	224
111	−or (1)	200		136	−ulent	225
112	−or (2)	201		137	−ure	226
113	−ory	202		138	−ution	227
114	−ous (1)	203		139	−y (1)	228
115	−ous (2)	204		140	−y (2)	229
116	−pulsion	205		141	−y (3)	230
117	−pulsive	206		142	−y (4)	231
118	−ry	207		143	−y (5)	232
119	−scape	208				
120	−scription	209				
121	−se	210				
122	−ship	211				
123	−sion	212				
124	−sive	213				
125	−smith	214				

–ability

接尾辞 -ability「特質」
語形成 形容詞 ⊕ -ability

▶ 語尾が -able の形容詞を名詞にする。

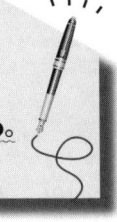

words

✔ 注意
形容詞語尾で二重下線部分は語形成の際に脱落する。

1. **affordability**
   価格などが適当なこと
   affordable（支払う余裕がある）+ **-ability**

2. **probability**
   蓋然性、見込み、公算
   probable（起こりそうな）+ **-ability**

3. **availability**
   入手可能なこと
   available（入手可能な）+ **-ability**

4. **predictability**
   予想できること
   predictable（予想できる）+ **-ability**

5. **inevitability**
   避けられないこと、必然的なこと
   inevitable（避けられない）+ **-ability**

6. **adjustability**
   調整可能なこと
   adjustable（調整可能な）+ **-ability**

7. **vulnerability**
   攻撃されやすいこと、傷つきやすいこと
   vulnerable（傷つきやすい）+ **-ability**

8. **indispensability**
   必要欠くべからざること
   indispensable（欠くことのできない）+ **-ability**

9. **accountability**
   説明責任
   accountable（釈明の義務がある）+ **-ability**

10. **culpability**
    非難に値すること
    culpable（責めを負う）+ **-ability**

接尾辞 -able (1)「～できる」「～され得る」
語形成 動詞 ⊕ -able
■☞ 動詞を形容詞にする

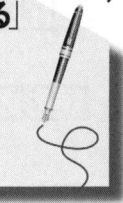

words

✓ 注意
動詞語尾で二重下線部分は語形成の際に脱落する。

1 **disposable**
使い捨ての
dispose (処分する・捨てる) + **-able**

2 **learnable**
習得できる
learn (学ぶ) + **-able**

3 **workable**
(計画などが) 実行可能な
work (働く) + **-able**

4 **bearable**
我慢できる
bear (我慢する) + **-able**

5 **dependable**
信頼できる
depend (頼る) + **-able**

6 **admirable**
(人・行為などが) 賞賛すべき、感心な
admire (感嘆する) + **-able**

7 **dispensable**
なくても済む
dispense (免ずる) + **-able**

8 **believable**
信じられる
believe (信じる) + **-able**

9 **disputable**
議論の余地のある、疑わしい
dispute (論争する) + **-able**

10 **manageable**
管理できる、処理できる
manage (管理する) + **-able**

–able (2)

接尾辞 -able (2) 「〜にふさわしい」「〜の特徴をもった」
語形成 名詞 ⊕ -able
■☞ 名詞を形容詞にする

words

✓ 注意
名詞語尾で二重下線部分は語形成の際に脱落する。

1 **profit<u>able</u>**
利益があがる
profit (利益) + **-able**

2 **pleasur<u>able</u>**
楽しい、満足を与える
pleasur̲e (喜び・満足) + **-able**

3 **valu<u>able</u>**
価値がある
valu̲e (価値) + **-able**

4 **miser<u>able</u>**
惨めな
miser̲y (悲惨) + **-able**

5 **comfort<u>able</u>**
快適な
comfort (快適) + **-able**

6 **reason<u>able</u>**
道理にかなった
reason (道理) + **-able**

7 **fashion<u>able</u>**
流行にあった
fashion (流行) + **-able**

8 **objection<u>able</u>**
異議のある、反対すべき
objection (異議) + **-able**

9 **reput<u>able</u>**
評判のよい
reput̲e (名声) + **-able**

10 **market<u>able</u>**
市場向きの
market (市場) + **-able**

接尾辞 -acy (1) 「状態」「特質」「行為」
語形成 形容詞 ⊕ -acy
■☞ 形容詞を名詞にする

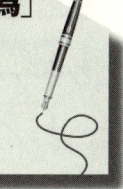

words

✔ 注意
1. 動詞語尾で二重下線部分は語形成の際に脱落する。
2. 形容詞語尾 -ate は語形成の際に脱落する。

1 legitim<u>acy</u>
合法、適法
legitim<u>ate</u> (合法な) + **-acy**

2 accur<u>acy</u>
正確さ
accur<u>ate</u> (正確な) + **-acy**

3 priv<u>acy</u>
私生活に関わること
priv<u>ate</u> (私的な) + **-acy**

4 liter<u>acy</u>
読み書き能力があること
liter<u>ate</u> (教育があること) + **-acy**

5 delic<u>acy</u>
(感情・趣味などの) 繊細さ
delic<u>ate</u> (繊細な) + **-acy**

6 inadequ<u>acy</u>
不適切であること
inadequ<u>ate</u> (不適切な) + **-acy**

7 suprem<u>acy</u>
至高、最高位、至上権
suprem<u>e</u> (至高の) + **-acy**

8 intim<u>acy</u>
親密なこと
intim<u>ate</u> (親しい) + **-acy**

9 celib<u>acy</u>
(聖職者の) 独身 (主義)
celib<u>ate</u> (独身の) + **-acy**

10 illiter<u>acy</u>
無学、無教養
illiter<u>ate</u> (無学の) + **-acy**

−acy (2)

接尾辞 **-acy** (2)「行為」「状態」「特質」

語形成 動詞 ⊕ **-acy**
　　☞ 動詞を名詞にする

words

✔ 注意
1. 動詞語尾で二重下線部分は語形成の際に脱落する。
2. 動詞語尾 –ate は語形成の際に脱落する。

1	**conspir<u>acy</u>**	共謀、陰謀 **conspir<u>e</u>**(共謀する) + **-acy**
2	**advoc<u>acy</u>**	公然の支持や弁護 **advoc<u>ate</u>**(擁護する) + **-acy**
3	**degener<u>acy</u>**	脱落、退歩 **degener<u>ate</u>**(悪化する) + **-acy**
4	**fall<u>acy</u>**	誤信、詭弁 **fall**(落ちる) + **-acy**
5	**complic<u>acy</u>**	複雑さ、錯綜さ、めんどうな事態 **complic<u>ate</u>**(複雑にする) + **-acy**

接尾辞 **-acy** (3)

語形成 名詞 ⊕ **-acy**

■☞ 変則的に名詞の意味を変える

words

✔ 注意
名詞語尾で二重下線部分は語形成の際に脱落する。

1 **diplom<u>acy</u>**　　　外交手腕
　　　　　　　　　　diplom<u>at</u> (外交官) + **-acy**

2 **candid<u>acy</u>**　　　立候補
　　　　　　　　　　candid<u>ate</u> (候補者) + **-acy**

3 **pir<u>acy</u>**　　　　著作［特許］権侵害
　　　　　　　　　　pir<u>ate</u> (海賊) + **-acy**

4 **Pap<u>acy</u>**　　　　教皇の位、教皇制度
　　　　　　　　　　Pap<u>a</u> (教皇) + **-acy**

5 **confeder<u>acy</u>**　　連盟、連合
　　　　　　　　　　confeder<u>ate</u> (連合国) + **-acy**

–age (1)

接尾辞 -age (1)「行為」「状態」
語形成 動詞 ⊕ -age
■☞ 動詞を名詞にする

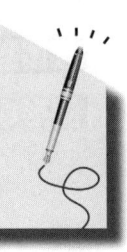

words

✓ 注意
1. 動詞語尾で二重下線部分は語形成の際に脱落する。
2. 動詞語尾 –y は語形成の際しばしば –i になる。
3. 子音が母音に挟まれる場合には、子音を重ねる。

1 marriage　　結婚
　　　　　　　　　marry (結婚させる) + -age

2 slippage　　低下[下落]の程度
　　　　　　　　　slip (滑り落ちる) + -age

3 leakage　　(液体が)漏れること、情報などの漏洩
　　　　　　　　　leak (漏れる) + -age

4 spoilage　　腐敗
　　　　　　　　　spoil (腐る) + -age

5 coverage　　(適用・運用・取材などの) 範囲
　　　　　　　　　cover (範囲がおよぶ) + -age

6 shrinkage　　収縮、縮小
　　　　　　　　　shrink (縮む) + -age

7 blockage　　封鎖、妨害
　　　　　　　　　block (道路などを封鎖する) + -age

8 linkage　　結合、連合、連鎖
　　　　　　　　　link (結合する) + -age

9 stoppage　　活動の停止、休止
　　　　　　　　　stop (止める) + -age

10 storage　　貯蔵、保管
　　　　　　　　　store (保管する) + -age

接尾辞 -age (2) 名詞が示す「行為」「状態」「地位」「集合」「場所」
語形成 名詞 ⊕ -age
☞ 変則的に名詞の意味を変える

words

✔ 注意
1. 名詞語尾で二重下線部分は語形成の際に脱落する。
2. 子音が母音に挟まれる場合には、子音を重ねる。

1 **baggage**　　　　旅行用手荷物
　　　　　　　　　　bag (カバン) + **-age**

2 **orphanage**　　　孤児院
　　　　　　　　　　orphan (孤児) + **-age**

3 **usage**　　　　　使用法
　　　　　　　　　　use (使用) + **-age**

4 **linkage**　　　　結合、つながり
　　　　　　　　　　link (リンク) + **-age**

5 **pilgrimage**　　聖地もうで、巡礼
　　　　　　　　　　pilgrim (巡礼者) + **-age**

6 **lineage**　　　　血統、血筋
　　　　　　　　　　line (家系) + **-age**

7 **percentage**　　百分率
　　　　　　　　　　percent (パーセント) + **-age**

8 **mileage**　　　　(一定時間内の進行) 総マイル数
　　　　　　　　　　mile (マイル) + **-age**

9 **patronage**　　　愛顧、ひいきにすること
　　　　　　　　　　patron (ひいき客) + **-age**

10 **footage**　　　　(映画、ビデオなどの) 特定の場面
　　　　　　　　　　foot (フート) + **-age**

接尾辞 -al (1)「行為」「結果」
語形成 動詞 ⊕ -al
☞ 動詞を名詞にする

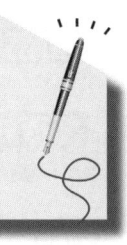

✔ 注意
1. 動詞語尾で二重下線部分は語形成の際に脱落する。
2. 動詞語尾 -y は語形成の際しばしば -i になる。
3. 子音が母音に挟まれる場合には、子音を重ねる。

1 approval　承諾
approve (承認する) + -al

2 refusal　拒否
refuse (拒否する) + -al

3 proposal　提案
propose (提案する) + -al

4 acquittal　無罪放免
acquit (無罪とする) + -al

5 arrival　到着
arrive (到着する) + -al

6 disposal　廃棄、処分
dispose (整理する) + -al

7 survival　生存[残存]
survive (生き延びる) + -al

8 appraisal　評価、鑑定
appraise (評価する) + -al

9 burial　埋葬
bury (埋葬する) + -al

10 renewal　更新
renew (更新する) + -al

接尾辞 -al (2)「〜の」「〜に関連した」
語形成 名詞 ⊕ -al
■☞ 名詞を形容詞にする

words

✔ 注意
名詞語尾で二重下線部分は語形成の際に脱落する。

1 judgmental
性急に判断を下しがちな
judgment (判断) + -al

2 intentional
意図的な
intention (意図) + -al

3 practical
実際[実用]的であること
practice (実践) + -al

4 conventional
慣習的な、型にはまった
convention (慣習) + -al

5 seasonal
季節特有の
season (季節) + -al

6 cultural
文化の
culture (文化) + -al

7 environmental
環境の
environment (環境) + -al

8 developmental
発育上の
development (発育) + -al

9 global
全世界的な
globe (地球) + -al

10 trivial
(事・物が) 些細な、取るに足らない
trivia (些細なこと) + -al

—an

> **接尾辞 -an**「名詞の示す国や地方の人や言葉」 -ian: -an の異形
>
> **語形成** 名詞 ⊕ -an
>
> ■☞ 名詞を形容詞にする / 名詞についてその意味を変える

words

✔ 注意
名詞語尾で二重下線部分は語形成の際に脱落する。

1	**Asi<u>an</u>**	アジアの、アジア人 **Asia** (アジア) + **-an**
2	**Tibet<u>an</u>**	チベットの、チベット人 **Tibet** (チベット) + **-an**
3	**Europe<u>an</u>**	ヨーロッパの **Europe** (ヨーロッパ) + **-an**
4	**Mexic<u>an</u>**	メキシコの **Mexico** (メキシコ) + **-an**
5	**Paris<u>ian</u>**	パリ風の、パリ在住の人 **Paris** (パリ) + **-ian**
6	**Morocc<u>an</u>**	モロッコの、モロッコ人 **Morocco** (モロッコ) + **-an**
7	**Cub<u>an</u>**	キューバの、キューバ人 **Cuba** (キューバ) + **-an**
8	**Palestin<u>ian</u>**	パレスチナの、パレスチナ人 **Palestine** (パレスチナ) + **-ian**
9	**Iran<u>ian</u>**	イランの、イラン人 **Iran** (イラン) + **-ian**
10	**Indi<u>an</u>**	インドの、インド人の **India** (インド) + **-an**

接尾辞 -ana 「語録・逸話集・資料集・文献」
-iana：-ana の異形

語形成 名詞 ⊕ -ana
■☞ 変則的に名詞の意味を変える

words

✔ 注意
　名詞語尾で二重下線部分は語形成の際に脱落する。

1 **Victori<u><u>a</u></u>na**　　　　ビクトリア朝風の物の集合
　　　　　　　　　　　Victori<u><u>a</u></u>（ビクトリア朝）**＋-ana**

2 **Americ<u><u>a</u></u>na**　　　　アメリカの歴史や民間伝承に関わる物の集合
　　　　　　　　　　　Americ<u><u>a</u></u>（アメリカ）**＋-ana**

3 **Afric<u><u>a</u></u>na**　　　　　アフリカの歴史や民間伝承に関わる物の集合
　　　　　　　　　　　Afric<u><u>a</u></u>（アフリカの）**＋-ana**

4 **Latin Anneric<u><u>a</u></u>na**　ラテン・アメリカの歴史や民間伝承に関わる物の集合
　　　　　　　　　　　Latin Americ<u><u>a</u></u>（ラテンアメリカ）**＋-ana**

5 **Freudiana**　　　　　フロイドに関する文献・資料の集合
　　　　　　　　　　　Freud（フロイド）**＋-iana**

接尾辞 -ance (1)
語形成 形容詞 ⊕ -ance
☞ 語尾が -ant の形容詞を名詞にする

words

✓ 注意
形容詞語尾で二重下線部分は語形成の際に脱落する。

1 **fragrance** — 芳香
  fragrant (芳香性の) + -ance

2 **relevance** — (当面の問題との) 関連性
  relevant (関連のある) + -ance

3 **reluctance** — 気が進まないこと
  reluctant (気乗りがしない) + -ance

4 **exuberance** — (活力・喜びなどが) 溢れていること
  exuberant (溢れるばかりの) + -ance

5 **defiance** — 大胆な反抗、抵抗
  defiant (反抗的な) + -ance

6 **extravagance** — 金銭の浪費
  extravagant (浪費する) + -ance

7 **brilliance** — 強い明るさ、輝き
  brilliant (きらきら輝く) + -ance

8 **arrogance** — 尊大、高慢
  arrogant (横柄な) + -ance

9 **elegance** — 優美、端麗、気品
  elegant (優美な) + -ance

10 **vigilance** — 警戒
  vigilant (油断がない) + -ance

接尾辞 -ance (2)「行為」「状態」「特質」

語形成 動詞 ⊕ -ance
■☞ 動詞を名詞にする

words

✔ 注意
動詞語尾 -y は語形成の際しばしば -i になる。

1	**disturb<u>ance</u>**	妨害 **disturb**（妨害する）**+ -ance**
2	**appear<u>ance</u>**	出現、外観 **appear**（現れる）**+ -ance**
3	**assist<u>ance</u>**	援助 **assist**（援助する）**+ -ance**
4	**alli<u>ance</u>**	国家間の同盟 **all<u>y</u>**（同盟している）**+ -ance**
5	**accept<u>ance</u>**	受理 **accept**（受け取る）**+ -ance**
6	**avoid<u>ance</u>**	避けること、回避 **avoid**（避ける）**+ -ance**
7	**resembl<u>ance</u>**	類似 **resembl<u>e</u>**（似ている）**+ -ance**
8	**compli<u>ance</u>**	法令などの遵守 **compl<u>y</u>**（法令などに従う）**+ -ance**
9	**acquaint<u>ance</u>**	知人、知り合い **acquaint**（慣れる）**+ -ance**
10	**allow<u>ance</u>**	割当量、支給量、手当て **allow**（人に与える）**+ -ance**

–ancy (1)

接尾辞 -ancy (1) 形容詞の示す状態、特質、行為
語形成 語尾が –ant の形容詞の名詞化
☞ 形容詞を名詞にする

words

✓ 注意
　形容詞語尾で二重下線部分は語形成の際に脱落する。

1 **truancy**　　　　ずる休み、無断欠勤
　　　　　　　　　truant (ずる休みをする) + **-ancy**

2 **constancy**　　　不変性、忠実
　　　　　　　　　constant (不変の) + **-ancy**

3 **pregnancy**　　　妊娠
　　　　　　　　　pregnant (妊娠している) + **-ancy**

4 **redundancy**　　過剰、余剰性
　　　　　　　　　redundant (くどい、余分な) + **-ancy**

5 **discrepancy**　　相違、不一致、食い違い
　　　　　　　　　discrepant (つじつまが合わない) + **-ancy**

6 **vacancy**　　　　欠員、空席
　　　　　　　　　vacant (空の) + **-ancy**

7 **dependancy**　　依存状態
　　　　　　　　　dpendant (依存した) + **-ancy**

8 **brilliancy**　　　機知、才気
　　　　　　　　　brilliant (才能などが素晴らしい) + **-ancy**

9 **buoyancy**　　　浮力、浮揚性
　　　　　　　　　buoyant (浮力のある) + **-ancy**

10 **malignancy**　　[病] 悪性腫瘍
　　　　　　　　　malignant (悪性の) + **-ancy**

接尾辞 -ancy (2) 「行為」「状態」「特質」
語形成 動詞 ⊕ -ancy
■☞ 動詞を名詞にする

words

✔ 注意
1. 動詞語尾で二重下線部分は語形成の際に脱落する。
2. 動詞語尾 –ate は語形成の際脱落する。
3. 動詞語尾 –y は語形成の際しばしば –i になる。

1 consultancy
コンサルタント業
consult (助言を求める) + -ancy

2 hesitancy
躊躇(ちゅうちょ)、ためらい
hesitate (躊躇する) + -ancy

3 occupancy
占領、占拠
occupy (占領する) + -ancy

4 expectancy
見込み、期待で心がふくらむ状態
expect (期待する) + -ancy

5 vacancy
空席
vacate (空にする) + -ancy

6 inhabitancy
居住地
inhabit (居住する) + -ancy

7 conservancy
天然資源保護、自然環境保護団体
conserve (保護する) + -ancy

8 preoccupancy
先取り、先取権
preoccupy (先占めする) + -ancy

9 accountancy
会計、経理
account (収支を報告する) + -ancy

10 compliancy
(命令・要求などに) 従うこと
comply (従う・応じる) + -ancy

–ant (1)

接尾辞 -ant (1)「〜の特質を備えた」
語形成 動詞 ⊕ -ant
☞ 動詞を形容詞にする

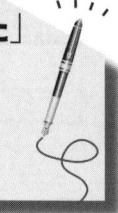

words

✔ 注意
1. 動詞語尾で二重下線部分は語形成の際に脱落する。
2. 動詞語尾 *–ate* は語形成の際に脱落する。
3. 動詞語尾 *–y* は語形成の際しばしば *–i* になる。

1 **defi<u>ant</u>**		あからさまに反抗的な、挑戦的な **def<u>y</u>** (平然と無視する) + **-ant**
2 **resist<u>ant</u>**		抵抗力のある **resist** (抵抗する) + **-ant**
3 **hesit<u>ant</u>**		躊躇した **hesit<u>ate</u>** (躊躇する) + **-ant**
4 **expect<u>ant</u>**		〜を期待している **expect** (期待する) + **-ant**
5 **observ<u>ant</u>**		観察力がある **observ<u>e</u>** (観察する) + **-ant**
6 **pleas<u>ant</u>**		愉快な、楽しい **pleas<u>e</u>** (喜ばす) + **-ant**
7 **repent<u>ant</u>**		後悔している **repent** (後悔する) + **-ant**
8 **result<u>ant</u>**		結果として生じる **result** (結果として生じる) + **-ant**
9 **reli<u>ant</u>**		(人を)あてにしている **rel<u>y</u>** (頼る) + **-ant**
10 **mut<u>ant</u>**		突然変異によって生じる **mut<u>ate</u>** (突然変異させる) + **-ant**

接尾辞 -ant (2)「〜する人」「〜する物」
語形成 動詞 ⊕ -ant
■☞ 動詞を名詞にする

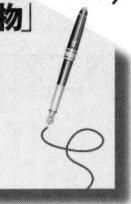

words

✔ 注意
1. 動詞語尾で二重下線部分は語形成の際に脱落する。
2. 動詞語尾 –ate は語形成の際脱落する。

1 **inhabit<u>ant</u>**
 居住者
 inhabit (居住する) + **-ant**

2 **assist<u>ant</u>**
 助手
 assist (助ける) + **-ant**

3 **pollut<u>ant</u>**
 汚染物質
 pollute̲ (汚染する) + **-ant**

4 **particip<u>ant</u>**
 参加者
 participate̲ (参加する) + **-ant**

5 **consult<u>ant</u>**
 (会社などの) 顧問、相談役
 consult (助言を求める) + **-ant**

6 **contest<u>ant</u>**
 抗争者、競争者
 contest (競争する) + **-ant**

7 **disput<u>ant</u>**
 論争者、討論者
 dispute̲ (言い争う) + **-ant**

8 **inform<u>ant</u>**
 情報提供者
 inform (情報を提供する) + **-ant**

9 **stimul<u>ant</u>**
 興奮剤
 stimulate̲ (刺激する) + **-ant**

10 **account<u>ant</u>**
 会計士
 account (収支の報告をする) + **-ant**

接尾辞 -arian 「〜関連の人」「〜支持者」
語形成 名詞 ⊕ -arian
☞ 変則的に名詞の意味を変える

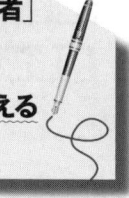

✔ 注意
名詞語尾で二重下線部分は語形成の際に脱落する。

1. **parliamentarian** — (英国) 国会議員
   parliament (国会) + -arian

2. **disciplinarian** — 規律を強いる人
   discipline (規律) + -arian

3. **humanitarian** — 人道主義者
   humanity (人類) + -arian

4. **authoritarian** — 権威主義者
   authority (権威) + -arian

5. **utilitarian** — 功利主義者
   utility (功利) + -arian

6. **communitarian** — 共同体主義者
   community (共同体) + -arian

7. **sectarian** — 派閥に属する人
   sect (派閥) + -arian

8. **libertarian** — 自由主義論者
   liberty (自由) + -arian

9. **equalitarian** — 平等主義論者
   equality (平等) + -arian

10. **vegetarian** — 菜食主義者
    vegetable (野菜) + -arian

接尾辞 -ary (1)「〜の特徴をもつ」
-ery：-ary の異形

語形成 動詞 ⊕ -ary
☞ 動詞を形容詞にする

✓ 注意
1. 動詞語尾で二重下線部分は語形成の際に脱落する。
2. 動詞語尾 –ate は語形成の際に脱落する。
3. 子音が母音に挟まれる場合には、子音を重ねる。

1 imagin<u>ary</u>
想像上の
imagin<u>e</u>(想像する) + **-ary**

2 supplement<u>ary</u>
補足的な
supplement(補足する) + **-ary**

3 rot<u>ary</u>
回転式の
rot<u>ate</u>(回転させる) + **-ary**

4 slipp<u>ery</u>
よく滑る
slip(滑る) + **-ery**

5 compliment<u>ary</u>
補充的な
compliment(補充する) + **-ary**

-ary (2)

接尾辞 -ary (2)「〜に関する」「〜の」
語形成 名詞 ⊕ -ary
☞ 名詞を形容詞にする

words

✔ 注意
名詞語尾で二重下線部分は語形成の際に脱落する。

1. **budgetary**
   予算上の
   budget(予算) + **-ary**

2. **planetary**
   惑星の
   planet(惑星) + **-ary**

3. **documentary**
   記録[資料]による
   document(記録) + **-ary**

4. **dietary**
   食養生の
   diet(食餌) + **-ary**

5. **customary**
   習慣的な
   custom(習慣) + **-ary**

6. **disciplinary**
   規律上の、懲戒的な
   discipline(規律) + **-ary**

7. **honorary**
   肩書きだけの、名誉上の
   honor(名誉) + **-ary**

8. **revolutionary**
   革命の、革命的な
   revolution(革命) + **-ary**

9. **evolutionary**
   進化による
   evolution(進化) + **-ary**

10. **inflationary**
    インフレの
    inflation(インフレ) + **-ary**

接尾辞 -ary (3) 「〜する人」「〜に関するもの」
語形成 名詞 ⊕ -ary
☞ 変則的に名詞の意味を変える

words

✔ 注意
名詞語尾で二重下線部分は語形成の際に脱落する。

1 **comment<u>ary</u>**　　時事解説、注釈
　　　　　　　　　　comment（批評）+ **-ary**

2 **vision<u>ary</u>**　　幻視者、神秘家
　　　　　　　　　　vision（幻影）+ **-ary**

3 **legend<u>ary</u>**　　伝説集、聖人伝集
　　　　　　　　　　legend（伝説）+ **-ary**

4 **secret<u>ary</u>**　　(団体・会社の) 秘書、(各省の) 長官
　　　　　　　　　　secret（機密）+ **-ary**

5 **document<u>ary</u>**　記録もの、ドキュメンタリー
　　　　　　　　　　document（記録）+ **-ary**

–ate (1)

接尾辞 -ate (1)「～させる」「～する」
語形成 形容詞 ⊕ -ate
　☞ 形容詞を動詞にする

words

✓ 注意
　形容詞語尾で二重下線部分は語形成の際に脱落する。

1. **activate**
   活性化する
   active（活発な） + **-ate**

2. **validate**
   有効にする
   valid（有効な） + **-ate**

3. **authenticate**
   本物であることを証明する
   authentic（本物の） + **-ate**

4. **captivate**
   夢中にさせる、人の心を奪う
   captive（心などを捕らえられた） + **-ate**

5. **domesticate**
   家畜化する
   domestic（家庭の） + **-ate**

6. **invalidate**
   無効にする
   invalid（無効な） + **-ate**

7. **facilitate**
   容易［楽］にする
   facile（すらすら動く） + **-itate**

8. **circulate**
   回る、循環する
   circular（循環的な） + **-ate**

9. **pacificate**
   ～を静める、鎮圧する、平和をもたらす
   pacific（平和を好む） + **-ate**

10. **regulate**
    規制する、統制管理する
    regular（規則正しい） + **-ate**

接尾辞 -ate (2)「〜の特徴をもつ」
-iate：-ate の異形

語形成 名詞 ⊕ -ate
■☞ 名詞を形容詞にする

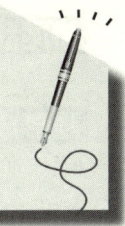

words

✔ 注意
1. 名詞語尾で二重下線部分は語形成の際に脱落する。
2. 語形成の際に音節が変化する場合がある。
   ex (7) despair → desper + -ate → desperate

1 affectionate
愛情深い
affection (愛情) + **-ate**

2 disproportionate
不均衡な
disproportion (不均衡) + **-ate**

3 compassionate
思いやりのある
compassion (他人への思いやり) + **-ate**

4 fortunate
幸運な
fortune (幸運) + **-ate**

5 extortionate
(金銭などの要求が) 法外な
extortion (金銭などの強要) + **-ate**

6 passionate
情熱にあふれた
passion (情熱) + **-ate**

7 desperate
自暴自棄の
despair (絶望・失望) → desper + **-ate**

8 collegiate
大学の
college (大学) + **-iate**

9 temperate
温和な、度を越さない
temper (温和) + **-ate**

10 proportionate
〜に比例した、つり合った
proportion (割合・比率) + **-ate**

–ate (3)

接尾辞 -ate (3)「〜にする」
-uate / -tiate : -ate の異形

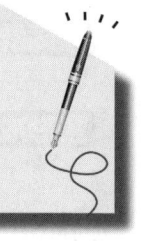

語形成 名詞 ⊕ -ate
■☞ 名詞を動詞にする

words

✔ 注意
　名詞語尾で二重下線部分は語形成の際に脱落する。

1 ulcerate
潰瘍化する
ulcer (潰瘍) + **-ate**

2 carbonate
炭化する
carbon (炭素) + **-ate**

3 originate
(〜から) 起こる、生じる
origin (起源) + **-ate**

4 alienate
(人を) 遠ざける、疎遠にする
alien (よそ者) + **-ate**

5 assassinate
暗殺する
assassin (殺人者) + **-ate**

6 necessitate
〜を余儀なくさせる、〜を必要とさせる
necessity (必要) + **-ate**

7 habituate
〜を〜に慣らす、習慣づける
habit (習慣) + **-uate**

8 substantiate
立証する、具体化する
substance (実体) + **tiate**

9 differentiate
〜を (…と) 区別する
difference (相違) + **-tiate**

10 circumstantiate
状況証拠を示す
circumstance (状況) + **-tiate**

接尾辞 -atic
語形成 名詞 ⊕ -atic
■☞ 名詞を形容詞にする

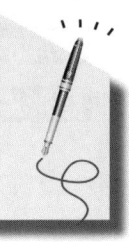

✓ 注意
名詞語尾で二重下線部分は語形成の際に脱落する。

1 emblem<u>atic</u> 象徴の、象徴的な
emblem (象徴) + -atic

2 problem<u>atic</u> 問題をはらむ
problem (問題) + -atic

3 system<u>atic</u> 体系的な、系統的な
system (体系) + -atic

4 symptom<u>atic</u> 兆候を示す、前兆となる
symptom (兆候) + -atic

5 charism<u>atic</u> カリスマ的な
charism<u>a</u> (人を引き付ける強い個性) + -atic

–ation (1)

接尾辞 -ation (1)
語形成 動詞 ⊕ -ation
☞ 動詞を名詞にする

words

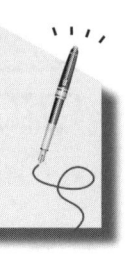

✔ 注意
動詞語尾で二重下線部分は語形成の際に脱落する。

1. **confirmation** 確認
   confirm(確認する) + **-ation**

2. **Americanization** アメリカ化
   Americanize(アメリカ風にする) + **-ation**

3. **expectation** 期待
   expect(期待する) + **-ation**

4. **accusation** 告発、告訴、非難
   accuse(告発する) + **-ation**

5. **interpretation** 解釈、通訳
   interpret(解釈する) + **-ation**

6. **admiration** 感嘆、賞賛
   admire(感嘆する) + **-ation**

7. **imagination** 想像力、創意
   imagine(想像する) + **-ation**

8. **allegation** (証拠のない)主張、申し立て
   allege(証拠なしに主張する) + **-ation**

9. **recommendation** 勧告、推薦
   recommend(勧める) + **-ation**

10. **determination** 決意、決断力
    determine(慎重に決定する) + **-ation**

接尾辞 -ation (2)
語形成 動詞 ⊕ -ation
■☞ 動詞を名詞にする

words

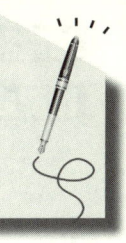

✔ 注意
動詞語尾 –ate は語形成の際脱落する。

1 implication
(予想される) 影響
implicate ([意味・結果などを] 含蓄する) + -ation

2 acceleration
促進、加速
accelerate (加速する) + -ation

3 affiliation
所属、加盟
affiliate (提携させる) + -ation

4 calculation
計算、算出
calculate (計算する) + -ation

5 concentration
集中、専念
concentrate (集中する) + -ation

6 congratulation
祝うこと、祝賀
congratulate (お祝いを言う) + -ation

7 deflation
(空気・ガスを) 抜くこと
deflate ([空気・ガスを] 抜く) + -ation

8 eradication
(病気・害虫などの) 根絶
eradicate (根絶させる) + -ation

9 evacuation
避難
evacuate (非難させる) + -ation

10 frustration
挫折
frustrate (努力などをくじく) + -ation

–ative (1)

接尾辞 -ative (1)「〜の性質を持った」
語形成 動詞 ⊕ -ative
■☞ 動詞を形容詞にする

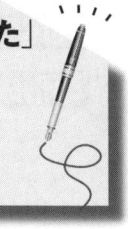

words

✓ 注意
1. 動詞語尾で二重下線部分は語形成の際に脱落する。
2. 動詞語尾 –ate は語形成の際に脱落する。

1 **informative**	情報量の多い **inform**（情報をあたえる）+ **-ative**
2 **preservative**	防腐の **preserve**（腐敗などから保管する）+ **-ative**
3 **imaginative**	想像力のある **imagine**（想像する）+ **-ative**
4 **restorative**	回復力のある **restore**（元の状態に戻す）+ **-ative**
5 **conservative**	保守的な、保守主義の **conserve**（保存する）+ **-ative**
6 **regenerative**	再生の、再生力のある **regenerate**（再生する）+ **-ative**
7 **innovative**	斬新な **innovate**（革新する）+ **-ative**
8 **accumulative**	累積的な **accumulate**（累積する）+ **-ative**
9 **manipulative**	操作的な **manipulate**（操作する）+ **-ative**
10 **legislative**	立法上の **legislate**（法律を制定する）+ **-ative**

接尾辞 -ative (2)「～の性質をもった」
語形成 名詞 ⊕ -ative
☞ 名詞を形容詞にする

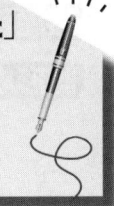

words

✓ 注意
名詞語尾で二重下線部分は語形成の際に脱落する。

1 qualitative　　質的な
　　　　　　　　　quality (質) + -ative

2 quantitative　　量的な
　　　　　　　　　quantity (量) + -ative

3 causative　　原因となる
　　　　　　　　　cause (原因) + -ative

4 argumentative　　議論好きな
　　　　　　　　　　　argument (議論) + -ative

−ative (3)

接尾辞 -ative (3) ☞ -itive : -ative の異形
語形成 動詞 ⊕ -ative
☞ 動詞を名詞にする

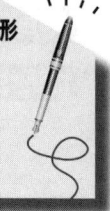

words

✔ 注意
動詞語尾で二重下線部分は語形成の際に脱落する。

1. **altern<u>ative</u>**   二者択一の余地
   altern<u>ate</u> (交互に起こる) + **-ative**

2. **cooper<u>ative</u>**   共同組合
   cooper<u>ate</u> (協力する) + **-ative**

3. **initi<u>ative</u>**   先導的行為、手始め
   initi<u>ate</u> (開始する) + **-ative**

4. **narr<u>ative</u>**   談話、(事実、経験に基づく)話
   narr<u>ate</u> (語る) + **-ative**

5. **preserv<u>ative</u>**   防腐剤
   preserv<u>e</u> (保存する) + **-ative**

6. **represent<u>ative</u>**   代表者、代弁者
   represent (代表する) + **-ative**

7. **expect<u>ative</u>**   期待[予期]されているもの
   expect (期待する) + **-ative**

8. **add<u>itive</u>**   添加物
   add (加える) + **-itive**

9. **conserv<u>ative</u>**   保守的な人、保守党員
   conserv<u>e</u> (保護/保存する) + **-ative**

接尾辞 -atory (1)「〜の性質がある」
語形成 動詞 ⊕ -atory
☞ 動詞を形容詞にする

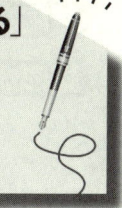

✓注意
1. 動詞語尾で二重下線部分は語形成の際に脱落する。
2. 動詞語尾 –ate は語形成の際に脱落する。

1 retali<u>atory</u>
報復的な
retaliate(仕返しをする)+ **-atory**

2 mig<u>ratory</u>
移動性の
migrate(移動する)+ **-atory**

3 congratul<u>atory</u>
祝賀の
congratulate(お祝いを言う)+ **-atory**

4 discrimin<u>atory</u>
差別的な
discriminate(差別する)+ **-atory**

5 accus<u>atory</u>
起訴[告発]の
accuse(告発する)+ **-atory**

6 oblig<u>atory</u>
義務的な、強制的な
obligate(義務を負わせる)+ **-atory**

7 defam<u>atory</u>
名誉毀損の、中傷的な
defame(中傷する)+ **-atory**

8 concili<u>atory</u>
融和的な、なだめるような、和解の
conciliate(和解さす)+ **-atory**

9 mand<u>atory</u>
義務的な、強制的な
mandate(命ずる)+ **-atory**

10 inflamm<u>atory</u>
炎症性の
inflame(炎症を起こす)+ **-atory**

接尾辞 -atory (2)「～する場所」
語形成 動詞 ⊕ -atory
☞ 動詞を名詞にする

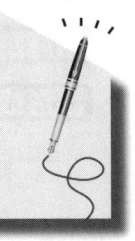

words

✔ 注意
動詞語尾で二重下線部分は語形成の際に脱落する。

1 **laboratory** 実験室、研究所
labor(働く) + **-atory**

2 **conservatory** 温室
conserve(保存する) + **-atory**

3 **observatory** 観測所、天文台
observe(観測する) + **-atory**

4 **reformatory** 少年院、感化院
reform(更正する) + **-atory**

5 **crematory** 火葬場
cremate(火葬する) + **-atory**

接尾辞 -ception
語形成 動詞 ⊕ -ception

■☞ 語尾が –ceive である動詞を名詞にする。

words

✓ 注意
動詞語尾で二重下線部分は語形成の際に脱落する。

1 dece**ption**　　　だますこと、ごまかし
　　　　　　　　　dec**eive** (だます) + -ception

2 conce**ption**　　着想、概念、
　　　　　　　　　conc**eive** (考えだす) + -ception

3 perce**ption**　　知覚、認知
　　　　　　　　　perc**eive** (知覚する) + -ception

4 rece**ption**　　　受理、受領、受け入れ
　　　　　　　　　rec**eive** (受け取る) + -ception

接尾辞 -ceptive
語形成 動詞 ⊕ -ceptive
■☞ 語尾が -ceive である動詞を形容詞にする。

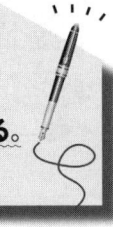

words

✔ 注意
動詞語尾で二重下線部分は語形成の際に脱落する。

1 **deceptive**　　　　人をだますような
　　　　　　　　　　　de**ceive**（だます）+ **-ceptive**

2 **conceptive**　　　概念上の
　　　　　　　　　　　con**ceive**（考えなどを心にいだく）+ **-ceptive**

3 **perceptive**　　　知覚 [直感] の鋭い
　　　　　　　　　　　per**ceive**（五感で気づく）+ **-ceptive**

4 **receptive**　　　　受容力のある
　　　　　　　　　　　re**ceive**（受け取る）+ **-ceptive**

接尾辞 -cy 「身分」「地位」「職」「場所」
語形成 名詞 ⊕ -cy
■☞ 変則的に名詞の意味を変える

words

✔ 注意
名詞語尾で二重下線部分は語形成の際に脱落する。

1 **agency**
代理店
agent (代行者) + -cy

2 **Presidency**
大統領の職務、任務、地位
President (大統領) + -cy

3 **secrecy**
内密、秘密主義
secret (秘密) + -cy

4 **constituency**
有権者、選挙区
constituent (選挙区住民) + -cy

5 **occupancy**
占領、占有
occupant (占領者) + -cy

6 **consultancy**
コンサルタント業務
consultant (相談役) + -cy

7 **Papacy**
教皇の位、教皇制度
Papa (ローマ教皇) + -cy

–dom

接尾辞 -dom：「地位」「階級」「領地」「集団」「観念」「勢力範囲」

語形成 名詞 ⊕ -dom

☞ 変則的に名詞の意味を変える

words

1. **king<u>dom</u>**
   王国
   king(王) + **-dom**

2. **star<u>dom</u>**
   スターの地位(身分)
   star(スター) + **-dom**

3. **martyr<u>dom</u>**
   殉教
   martyr(殉教者) + **-dom**

4. **movie<u>dom</u>**
   映画界
   movie(映画) + **-dom**

5. **sumo<u>dom</u>**
   相撲の世界
   sumo(相撲) + **-dom**

6. **gangster<u>dom</u>**
   やくざの世界
   gangster(やくざ) + **-dom**

7. **Christian<u>dom</u>**
   キリスト教世界
   Christian(キリスト教徒) + **-dom**

8. **official<u>dom</u>**
   (集合的に) 官僚
   official(政府の役員、公務員) + **-dom**

9. **chief<u>dom</u>**
   チーフの地位
   chief(チーフ) + **-dom**

10. **prince<u>dom</u>**
    皇子の地位
    prince(皇子) + **-dom**

接尾辞 -ed 「〜を有する」「〜を備えた」
語形成 名詞 ⊕ -ed
■☞ 名詞を形容詞にする

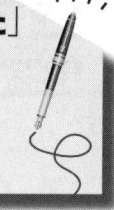

words

✔ 注意
1. 名詞語尾で二重下線部分は語形成の際に脱落する。
2. 子音が母音に挟まれる場合には、子音を重ねる。

1	**spirit<u>ed</u>**	気合の入った **spirit**(精神) **+ -ed**
2	**beard<u>ed</u>**	あごひげをはやした **beard**(顎鬚) **+ -ed**
3	**bias<u>ed</u>**	(人の意見などが)かたよった **bias**(偏り・先入観) **+ -ed**
4	**bottl<u>ed</u>**	ボトルに入った **bottle** (ボトル) **+ -ed**
5	**mann<u>ed</u>**	有人の **man**(人) **+ -ed**
6	**talent<u>ed</u>**	才能の有る **talent**(才能) **+ -ed**
7	**fram<u>ed</u>**	額入りの **frame**(額) **+ -ed**
8	**widow<u>ed</u>**	未亡人となった **widow**(未亡人) **+ -ed**
9	**flower<u>ed</u>**	花をつけた **flower**(花) **+ -ed**
10	**hand<u>ed</u>**	手付きの(鍋など) **hand**(手) **+ -ed**

接尾辞 -ee「～される人」
語形成 動詞 ⊕ -ee
☞ 動詞を名詞にする

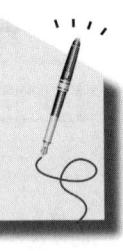

✓ 注意
1. 動詞語尾で二重下線部分は語形成の際に脱落する。
2. 動詞語尾 –*ate* は語形成の際脱落する。
3. 子音が母音に挟まれる場合には、子音を重ねる。

1 evacuee
避難者
evacuate(避難させる) + **-ee**

2 parolee
仮釈放中の人
parole(囚人を仮釈放させる) + **-ee**

3 abductee
拉致、誘拐された人
abduct(誘拐する) + **-ee**

4 amputee
手術などで手足を失った人
amputate([手・足・指などを] 手術で切断する) + **-ee**

5 detainee
政治的な理由による抑留者
detain(留置する) + **-ee**

6 referee
(スポーツの) 審判員
refer(判断を仰ぐ) + **-ee**

7 employee
被雇用者
employ(雇用する) + **-ee**

8 retiree
退職者
retire(退職する) + **-ee**

9 expellee
追放された者
expel(追放する) + **-ee**

10 appointee
任命 [指名] を受けた人
appoint(任命する) + **-ee**

接尾辞 -eer 「〜を専門的にする人」
語形成 名詞 ⊕ -eer
■☞ 変則的に名詞の意味を変える

words

✔ 注意
名詞語尾で二重下線部分は語形成の際に脱落する。

1 racket<u><u>eer</u></u>
不正な手段で金儲けする人
racket (不正なやり口) **+ -eer**

2 profit<u><u>eer</u></u>
不当な利益を得る人
profit (利益) **+ -eer**

3 nonfiction<u><u>eer</u></u>
ノンフィクション作家
nonfiction (ノンフィクション) **+ -eer**

4 blackmarket<u><u>eer</u></u>
やみ商人
blackmarket (やみ取引) **+ -eer**

5 summit<u><u>eer</u></u>
首脳会議参加者
summit (首脳会談) **+ -eer**

6 auction<u><u>eer</u></u>
競売人
auction (競売) **+ -eer**

7 mountain<u><u>eer</u></u>
登山家
mountain (山) **+ -eer**

8 election<u><u>eer</u></u>
選挙運動員
election (選挙) **+ -eer**

9 musket<u><u>eer</u></u>
マスケット銃士
musket (マスケット銃) **+ -eer**

10 privat<u><u>eer</u></u>
(戦時、政府から許可を得た民間の) 私拿捕船員
privat<u>e</u> (兵卒) **+ -eer**

−en (1)

接尾辞 -en (1)「〜にする」「〜になる」

語形成 形容詞 ⊕ -en

☞ 形容詞を動詞にする。大抵はゲルマニック起源の一音節の形容詞につく。

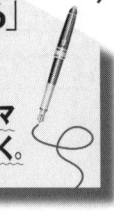

words

✔ 注意
1. 形容詞語尾で二重下線部分は語形成の際に脱落する。
2. 子音が母音に挟まれる場合は子音を重ねる。

1	wid<u>e</u>n	広げる wid<u>e</u> (広い) + -en
2	soften	柔らかくする、穏やかにする soft (柔らかい) + -en
3	weaken	弱める weak (弱い) + -en
4	darken	暗くする、黒ずませる dark (暗い) + -en
5	lighten	軽くする light (軽い) + -en
6	rip<u>e</u>n	(果物・穀物などが) 熟する rip<u>e</u> (熟した) + -en
7	sadden	悲しませる sad (悲しい) + -en
8	sharpen	鋭利にする sharp (刃などが鋭い) + -en
9	sicken	(抽象的に) 吐き気をおこす sick (気分が悪い) + -en
10	sweeten	甘くする sweet (甘い) + -en

接尾辞 -en (2)「〜から出来た」「〜を成分とする」
語形成 名詞 ⊕ -en
■☞ 名詞を形容詞にする

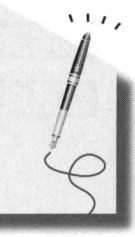

✓ 注意
名詞語尾で二重下線部分は語形成の際に脱落する。

1 earth**en**　　　土で出来た
　　　　　　　　earth (土) + -en

2 wood**en**　　　木製の
　　　　　　　　wood (木) + -en

3 wool**en**　　　羊毛の
　　　　　　　　wool (羊毛) + -en

4 gold**en**　　　金の
　　　　　　　　gold (金) + -en

5 lead**en**　　　鉛の
　　　　　　　　lead (鉛) + -en

6 ash**en**　　　灰を成分とした、灰の
　　　　　　　　ash (灰) + -en

–en (3)

接尾辞 -en (3)「～を与える」
語形成 名詞 ⊕ -en
☞ 名詞を動詞にする

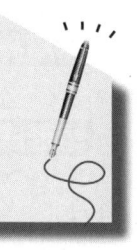

words

✔ 注意
名詞語尾で二重下線部分は語形成の際に脱落する。

1 **threat<u>en</u>**
脅(おびや)かす
threat(脅威) + **-en**

2 **heart<u>en</u>**
元気づける、勇気づける
heart(心) + **-en**

3 **length<u>en</u>**
伸ばす
length(長さ) + **-en**

4 **fright<u>en</u>**
(怖さで)ぞっとさせる
fright(突然の激しい恐怖) + **-en**

5 **height<u>en</u>**
効果などを高める
height(高さ) + **-en**

6 **strength<u>en</u>**
強化する
strength(強さ) + **-en**

7 **hast<u>en</u>**
急がせる
hast<u>e</u>(迅速・急ぎ) + **-en**

8 **light<u>en</u>**
明るくなる、明るくする
light(明るさ) + **-en**

接尾辞 -ence (1)「状態」「特質」
語形成 語尾が –ent の形容詞 ⊕ -ence
☞ 形容詞を名詞にする

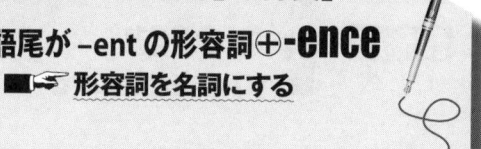

✔ 注意
形容詞語尾で二重下線部分は語形成の際に脱落する。

1 **evidence**
証拠
evident（明らかな）+ **-ence**

2 **prudence**
賢明、分別
prudent（慎重な）+ **-ence**

3 **imminence**
差し迫った状態、切迫、緊迫
imminent（切迫した）+ **-ence**

4 **excellence**
優秀さ
excellent（優秀な）+ **-ence**

5 **resilience**
弾力、復元力、回復力
resilient（弾力のある）+ **-ence**

6 **incoherence**
支離滅裂
incoherent（つじつまの合わない）+ **-ence**

7 **affluence**
豊かさ
affluent（裕福な）+ **-ence**

8 **subsequence**
成り行き、結果
subsequent（続いて起こる）+ **-ence**

9 **prevalence**
普及
prevalent（広く行き渡った）+ **-ence**

10 **decadence**
堕落、退廃
decadent（退廃的な）+ **-ence**

–ence (2)

接尾辞 **-ence** (2)「状態」「特質」

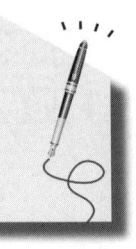

語形成 動詞 ⊕ **-ence**
　☞ 動詞を名詞にする

words

✔ 注意
1. 動詞語尾で二重下線部分は語形成の際に脱落する。
2. 子音が母音に挟まれる場合には、子音を重ねる。

1 correspondence　通信文
　correspond (通信する) + -ence

2 indulgence　気まま、欲望の満足
　indulge (気まぐれを許す) + -ence

3 emergence　出現、発生
　emerge (出現する) + -ence

4 existence　存在
　exist (存在する) + -ence

5 competence　能力、力量
　compete (競争する) + -ence

6 occurrence　事件などの発生
　occur (起こる) + -ence

7 prevalence　普及、流行
　prevail (普及する) + -ence

8 deterrence　抑止力
　deter (抑止する) + -ence

9 dependence　依存
　depend (依存する) + -ence

10 insistence　強い主張、断言
　insist (主張する) + -ence

接尾辞 -ency (1) 「状態」「特質」「行為」
語形成 語尾が –ent の形容詞の名詞化
■☞ 形容詞を名詞にする

words

✔ 注意
　形容詞語尾で二重下線部分は語形成の際に脱落する。

1 insurgency
暴動状態、謀反
insurgent (反乱を起こした) **+ -ency**

2 decency
良識、風俗にかなっていること
decent (適正な) **+ -ency**

3 consistency
(主義・言動などの) 一貫性
consistent (首尾一貫した) **+ -ency**

4 transparency
透明度
transparent (透明な) **+ -ency**

5 complacency
自己満足からくる安堵感、安易なみくびり
complacent (ひとりよがりの) **+ -ency**

6 fluency
流暢さ
fluent (流暢な) **+ -ency**

7 contingency
偶発性
contingent (偶発的な) **+ -ency**

8 deficiency
欠乏、不足
deficient (不足した) **+ -ency**

9 competency
能力、力量、適正
competent (有能な) **+ -ency**

10 sufficiency
十分なこと、充足
sufficient (十分な) **+ -ency**

−ency (2)

接尾辞 -ency (2)「行為」「状態」「特質」

語形成 動詞 ⊕ -ency
　　　　　☞ 動詞を名詞にする

words

✔注意
1. 動詞語尾で二重下線部分は語形成の際に脱落する。
2. 子音が母音に挟まれる場合には、子音を重ねる。

1 tendency　　　　　傾向
　　　　　　　　　　　tend (〜しがちである) + -ency

2 dependency　　　依存関係
　　　　　　　　　　　depend (依存する) + -ency

3 urgency　　　　　緊急、差し迫っていること
　　　　　　　　　　　urge (駆り立てる) + -ency

4 emergency　　　　緊急事態、突発事件
　　　　　　　　　　　emerge (現れる) + -ency

5 absorbency　　　吸収性
　　　　　　　　　　　absorb (吸収する) + -ency

6 sufficiency　　　十分な量
　　　　　　　　　　　suffice (十分である) + -ency

7 consistency　　　(主義・言動などの) 一貫性
　　　　　　　　　　　consist (一貫する) + -ency

8 correspondency　一致すること
　　　　　　　　　　　correspond (一致する) + -ency

9 competency　　　適性、能力
　　　　　　　　　　　compete (競争する) + -ency

10 repellency　　　反発性、撃退性
　　　　　　　　　　　repel (撃退する) + -ency

接尾辞 -ent (1)
語形成 動詞 ⊕ -ent
■☞ 動詞を形容詞にする

words

✔ 注意
1. 動詞語尾で二重下線部分は語形成の際に脱落する。
2. 動詞語尾 $-y/-e$ はしばしば $-i$ になる。
3. 子音が母音に挟まれる場合には、子音を重ねる。

1 persistent 根気強い
persist (固執する) + -ent

2 indulgent 寛大な、大目に見る
indulge (甘やかす) + -ent

3 absorbent 吸収性の
absorb (吸収する) + -ent

4 different 違った
differ (異なる) + -ent

5 insistent 執拗な、しつこい
insist (強く言い張る) + -ent

6 excellent 優秀な
excel (卓越する) + -ent

7 competent (仕事などに) 有能な
compete (張り合う) + -ent

8 abhorrent ひどく嫌な
abhor (忌み嫌う) + -ent

9 sufficient 十分な
suffice (足りる) + -ent

10 dependent 頼っている、依存している
depend (頼る) + -ent

−ent (2)

接尾辞 -ent (2)「〜する人」「〜するもの」
語形成 動詞 ⊕ -ent
　　　　☞ 動詞を名詞にする

words

✓ 注意
1. 動詞語尾で二重下線部分は語形成の際に脱落する。
2. 子音が母音に挟まれる場合には、子音を重ねる。

1 **correspond<u>ent</u>**　　通信記者、文通者
　　correspond (通信する) + **-ent**

2 **preced<u>ent</u>**　　前例、先例
　　preced<u>e</u> (先行する) + **-ent**

3 **resid<u>ent</u>**　　居住者
　　resid<u>e</u> (居住する) + **-ent**

4 **depend<u>ent</u>**　　扶養家族
　　depend (依存する) + **-ent**

5 **respond<u>ent</u>**　　回答者、応答者
　　respond (返答する) + **-ent**

6 **deter<u>rent</u>**　　阻止力
　　deter (思いとどまらせる) + **-ent**

7 **descend<u>ent</u>**　　(源から) 派生した、先祖から伝来した
　　descend (降りる) + **-ent**

8 **presid<u>ent</u>**　　大統領、社長、会長
　　presid<u>e</u> (統括する) + **-ent**

9 **stud<u>ent</u>**　　学生
　　stud<u>y</u> (勉強する) + **-ent**

10 **refer<u>ent</u>**　　(語・記号の) 指示物
　　refer (指示する) + **-ent**

接尾辞 -er (1)「〜する人」

語形成 動詞 ⊕ -er

☞ ゲルマン系の動詞を名詞にする

words

✓ 注意
1. 動詞語尾で二重下線部分は語形成の際に脱落する。
2. 子音が母音に挟まれる場合には、子音を重ねる。

1 dealer
業者
deal (物を取り扱う) + -er

2 adviser
助言者
advise (忠告する) + -er

3 squatter
(公有地の) 無断居住者
squat (無断で居住する) + -er

4 breeder
(犬などを) 繁殖させる人
breed (動物を交配によってふやす) + -er

5 admirer
賛美者、ファン
admire (感嘆する) + -er

6 composer
作曲家
compose (作曲する) + -er

7 reminder
思い出させるもの
remind (思い出させる) + -er

8 sender
送り主、発送人
send (送る) + -er

9 abuser
悪用者、乱用者
abuse (悪用する) + -er

10 bidder
入札者
bid (値をつける) + -er

−er (2)

接尾辞 -er (2)「～と関わっている人」
語形成 名詞 ⊕ -er
■☞ 変則的に名詞の意味を変える

words

✔ 注意
名詞語尾で二重下線部分は語形成の際に脱落する。

1 prisoner
刑務の服役者、囚人
prison(刑務所) + **-er**

2 bomber
爆弾を仕掛ける人、爆撃機
bomb(爆弾) + **-er**

3 pensioner
年金生活者
pension(年金) + **-er**

4 treasurer
会計[出納]係
treasure(会社などの金庫) + **-er**

5 preschooler
学齢前の子供
preschool(学齢前) + **-er**

6 teenager
13歳から19歳の男女
teenage(13歳から19歳) + **-er**

7 rancher
牧場経営者
ranch(牧場) + **-er**

8 vacationer
休暇を楽しむ人
vacation(休暇) + **-er**

9 gardener
園芸をする人、植木屋、庭師
garden(庭) + **-er**

10 staffer
1人1人のスタッフ
staff(集合的に職員) + **-er**

接尾辞 -ery (1)「行為」「場所」「もの」
-ary：-ery の異形

語形成 形容詞 ⊕ -ery
■☞ 形容詞を名詞にする

✔注意
　形容詞語尾で二重下線部分は語形成の際に脱落する。

1 **savagery**　　　残酷な行為
　　　　　　　　　　savage (どう猛な) + -ery

2 **greenery**　　　緑樹栽培場、青葉 (集合的に)
　　　　　　　　　　green (緑の) + -ery

3 **finery**　　　　美しい服と装飾品
　　　　　　　　　　fine (素敵な) + -ery

4 **adhockery**　　臨機応変な処置
　　　　　　　　　　adhock (当面の問題に限る) + -ery

5 **intermediary**　仲裁［仲介］者、媒介
　　　　　　　　　　intermediate (中間にある) + -ary

6 **adversary**　　敵、試合などの相手
　　　　　　　　　　adverse (敵意をもつ) + -ary

7 **bravery**　　　勇敢な行為［精神］
　　　　　　　　　　brave (勇敢な) + -ery

8 **infirmary**　　(学校・工場などの) 施薬所
　　　　　　　　　　infirm (虚弱な) + -ary

9 **secondary**　　補佐、部下、二次的な人
　　　　　　　　　　second (二番目のもの) + -ary

−ery (2)

接尾辞 -ery (2)「行為」「場所」
語形成 動詞 ⊕ -ery
☞ 動詞を名詞にする

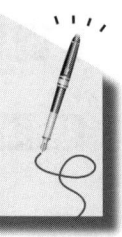

words

✔ 注意
1. 動詞語尾で二重下線部分は語形成の際に脱落する。
2. 子音が母音に挟まれる場合は子音を重ねる。

1 forgery
文書偽造
forge (嘘などをでっちあげる) + -ery

2 nursery
保育園、種苗や植木場
nurse (育成する) + -ery

3 mockery
嘲り、愚弄
mock (愚弄する) + -ery

4 robbery
強盗事件
rob (略奪する) + -ery

5 refinery
(金属・砂糖・石油などの) 精製所
refine (不純物を取り除く) + -ery

6 eatery
食堂、料理店
eat (食べる) + -ery

7 bakery
パンやケーキを焼く店
bake (パンなどを焼く) + -ery

8 cajolery
(人を) 甘言でつること
cajole (甘言でつる) + -ery

9 drudgery
いやな [退屈な、骨のおれる] 仕事
drudge (骨のおれる仕事をこつこつする) + -ery

10 debauchery
放蕩、道楽
debauch (放蕩する) + -ery

接尾辞 -ese 「～人」「～語」「～の」

語形成 名詞 ⊕ -ese

■☞ 変則的に名詞の意味を変える / 名詞を形容詞にする

words

✔ 注意
1. 名詞語尾で二重下線部分は語形成の際に脱落する。
2. 語形成の際、二重下線部分は綴りが変わる場合もある。

1	**Senegalese**	セネガル人、セネガル語 セネガルの **Senegal** (セネガル) **+ -ese**
2	**Vietnamese**	ベトナム人、ベトナム語、ベトナムの **Vietnam** (ベトナム) **+ -ese**
3	**Burmese**	ビルマ人、ビルマ語、ビルマの **Burma** (ビルマ) **+ -ese**
4	**Milanese**	ミラノの人、ミラノの **Milan** (ミラノ) **+ -ese**
5	**Chinese**	中国人、中国語、中国の **China** (中国) **+ -ese**
6	**Japanese**	日本人、日本語、日本の **Japan** (日本) **+ -ese**
7	**Taiwanese**	台湾人、台湾の **Taiwan** (台湾) **+ -ese**
8	**Nepalese**	ネパール人、ネパール語、ネパールの **Nepal** (ネパール) **+ -ese**
9	**Viennese**	ウィーンの住人、ウイーンの **Vienna** (ウィーン) **+ -ese**
10	**Portuguese**	ポルトガル人、ポルトガル語、ポルトガルの **Portugal** (ポルトガル) **+ -uese**

接尾辞 -esque「〜様式の」「〜風の」
語形成 名詞 ⊕ -esque
■☞ 名詞を形容詞にする

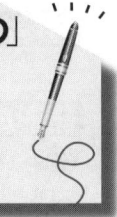

words

✓ 注意
名詞語尾で二重下線部分は語形成の際に脱落する。

1. **picture<u>sque</u>** 絵のように美しい
   pictur<u>e</u> (絵) + **-esque**

2. **Disney<u>esque</u>** ディズニー風の
   Disney (ディズニー) + **-esque**

3. **Chaplin<u>esque</u>** チャップリン映画の雰囲気の
   Chaplin (チャップリン) + **-esque**

4. **Haydn<u>esque</u>** ハイドン形式の
   Haydn (ハイドン) + **-esque**

5. **Japan<u>esque</u>** 日本式の、日本流の
   Japan (日本) + **-esque**

6. **Roman<u>esque</u>** ロマネスク様式の
   Roman (ローマ人) + **-esque**

7. **Arab<u>esque</u>** アラビア風装飾様式
   Arab (アラブ人) + **-esque**

8. **Rembrandt<u>esque</u>** レンブラントのような
   Rembrandt (レンブラント) + **-esque**

9. **Dant<u>esque</u>** ダンテ形式の
   Dant<u>e</u> (ダンテ) + **-esque**

10. **Obama<u>esque</u>** オバマ大統領流の
    Obama (第44代米国大統領) + **-esque**

接尾辞 -ess 「肩書きや職業名等の女性形」「動物などの雌」

語形成 名詞 ⊕ -ess

☞ 変則的に名詞の意味を変える

words

✔ 注意
1. 名詞語尾で二重下線部分は語形成の際に脱落する。
2. 子音が母音に挟まれる場合には、子音を重ねる。

1 heiress
女子相続人
heir (相続人) + -ess

2 lioness
雌ライオン
lion (ライオン) + -ess

3 hostess
(客を接待する) 女主人
host (接待者) + -ess

4 princess
皇太子妃、皇女
prince (皇太子) + -ess

5 goddess
女神
god (神) + -ess

6 proprietress
女性経営者
proprietor (経営者) + -ess

7 actress
女優
actor (俳優) + -ess

8 waitress
女性の給仕人
waiter (給仕人) + -ess

–ette

接尾辞 **-ette**「小さいこと」「可愛らしいこと」「あまり重要でないこと」

語形成 名詞 ⊕ **-ette**

■☞ 変則的に名詞の意味を変える

words

✓ 注意
子音が母音に挟まれる場合は子音を重ねる。

1 cigarette
煙草
cigar(葉巻タバコ) + **-ette**

2 kitchenette
簡易台所
kitchen(台所) + **-ette**

3 novelette
中短編小説
novel(小説) + **-ette**

4 usherette
劇場などの女性案内係
usher(案内係) + **-ette**

5 statuette
小像
statue(像) + **-ette**

6 cassette
小箱、(録音・録画用の) カセット
case(箱) + **-ette**

7 operetta
軽歌劇、軽妙で楽しい短いオペラ
opera(歌劇) + **-ette**

接尾辞 -f
語形成 動詞＋ -f
■☞ 動詞を名詞にする

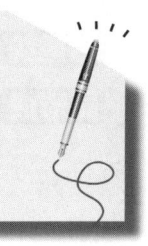

✔注意
動詞語尾で箱に入っている部分は語形成の際に脱落する。

1 **relief**	(苦痛・悩みなどの) 緩和、軽減、除去 **relieve** ((苦痛・悩みなどを) 和らげる) ＋ -f
2 **grief**	(不幸・喪失・死別などに対する) 深い苦悩 **grieve** ((～を) 嘆き悲しむ) ＋ -f
3 **motif**	(オペラ・交響曲・小説などで) 繰り返し再現される題材 **motive** ((～に) 動機を与える) ＋ -f
4 **proof**	証拠 **prove** (立証する) ＋ -f
5 **half**	半分 **halve** (半分にする) ＋ -f
6 **belief**	信条 **believe** (信じる) ＋ -f
7 **mischief**	(悪意のない) いたずら **mischieve** (mes 誤って+chever 達成する) ＋ -f

–ful (1)

接尾辞 -ful (1)「～の傾向がある」
語形成 動詞 ⊕ -ful
☞ 動詞を形容詞にする

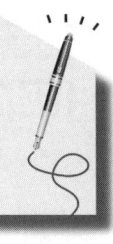

words

✔ 注意
1. 動詞語尾で二重下線部分は語形成の際に脱落する。
2. 動詞語尾 *-y* は語形成の際しばしば *-i* になる。
3. 子音が母音に挟まれる場合には、子音を重ねる。

1 waste<u>ful</u>　　　無駄の多い
　　　　　　　　　　waste(無駄にする) + **-ful**

2 forget<u>ful</u>　　忘れっぽい
　　　　　　　　　　forget(忘れる) + **-ful**

3 doubt<u>ful</u>　　疑わしい、不確かな
　　　　　　　　　　doubt(疑う) + **-ful**

4 mind<u>ful</u>　　　心にとめる、心を配る
　　　　　　　　　　mind(気にする) + **-ful**

5 play<u>ful</u>　　　はしゃいだ、ふざけた
　　　　　　　　　　play(遊ぶ) + **-ful**

6 resent<u>ful</u>　　憤慨して、怒りっぽい
　　　　　　　　　　resent(憤慨する) + **-ful**

7 dread<u>ful</u>　　非常に恐ろしい、恐い
　　　　　　　　　　dread(恐れる) + **-ful**

8 mourn<u>ful</u>　　悲しむ、死者をいたむ
　　　　　　　　　　mourn(嘆き悲しむ) + **-ful**

9 watch<u>ful</u>　　油断のない
　　　　　　　　　　watch(観察する・見守る) + **-ful**

10 boast<u>ful</u>　　自慢たらたらの
　　　　　　　　　　boast(自慢する) + **-ful**

接尾辞 -ful (2)「～に満ちた」「～の多い」
語形成 名詞 ⊕ -ful
☞ 名詞を形容詞にする

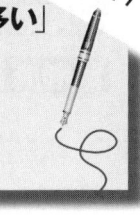

words

✔注意
1. 名詞語尾で二重下線部分は語形成の際に脱落する。
2. 名詞語尾 -y は語形成の際に -i に変わる場合もある。

1 disrespectful　礼節を欠く
disrespect (不敬) + -ful

2 fearful　怖い、怖がる
fear (恐れ) + -ful

3 pitiful　哀れな、惨めな
pity (不憫・哀れみ) + -ful

4 thoughtful　思いやりがある
thought (思い) + -ful

5 shameful　恥ずべき、恥ずかしい
shame (恥) + -ful

6 tasteful　趣味がよい
taste (趣味) + -ful

7 colorful　色彩豊かな
color (色) + -ful

8 painful　痛い
pain (痛み) + -ful

9 tearful　涙っぽい
tear (涙) + -ful

10 resourceful　資源に富む
resource (資源) + -ful

–ful (3)

接尾辞 -ful (3)「〜一杯の量」
語形成 名詞 ⊕ -ful
　　　■☞ 変則的に名詞の意味を変える

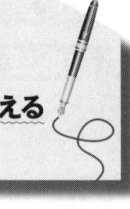

words

✓ 注意
　名詞語尾で二重下線部分は語形成の際に脱落する。

1 **tablespoon<u>ful</u>**　　大匙一杯分の量
　　　　　　　　　　　　tablespoon (大匙) + -ful

2 **mouth<u>ful</u>**　　　　口一杯
　　　　　　　　　　　　mouth (口) + -ful

3 **arm<u>ful</u>**　　　　　腕一杯の量、一抱え
　　　　　　　　　　　　arm (腕) + -ful

4 **hand<u>ful</u>**　　　　 一握り、ひとつかみ
　　　　　　　　　　　　hand (手) + -ful

5 **cup<u>ful</u>**　　　　　コップ一杯の量
　　　　　　　　　　　　cup (コップ) + -ful

6 **pocket<u>ful</u>**　　　 ポケット一杯の量
　　　　　　　　　　　　pocket (ポケット) + -ful

7 **room<u>ful</u>**　　　　 部屋一杯の量
　　　　　　　　　　　　room (部屋) + -ful

8 **bag<u>ful</u>**　　　　　鞄一杯の量
　　　　　　　　　　　　bag (鞄) + -ful

9 **teaspoon<u>ful</u>**　　 小匙一杯分の量
　　　　　　　　　　　　teaspoon (小匙) + -ful

10 **bucket<u>ful</u>**　　　バケツ一杯分の量
　　　　　　　　　　　　bucket (バケツ) + -ful

接尾辞 -gate「政治がらみのスキャンダル」
語形成 名詞＋-gate
☛ 変則的に名詞の意味を変える
（最も新しい接尾辞）

words

1 **Monica-gate**
クリントン元大統領のモニカ嬢との不倫疑惑
Monica(モニカ) ＋ **-gate**

2 **Recruit-gate**
リクルート社にまつわる政治疑惑
Recruit(リクルート社) ＋ **-gate**

3 **Diana-gate**
ダイアナ妃にかけられた疑惑
Diana(ダイアナ妃) ＋ **-gate**

4 **Wine-gate**
フランスの Bordeaus wines にかけられた疑惑
Wine(Bordeaus wines) ＋ **-gate**

5 **Iran-gate**
米政府がイランに秘密裏に武器を輸出しその利益をニカラグアの反共産ゲリラ Contra 支援のために使っていたという疑惑
Iran(イラン) ＋ **-gate**

6. **Trooper-gate**
２００８年の米大統領選で共和党の副大統領候補 Sarah Paline がアラスカ州知事の権力を悪用し Trooper という人を解雇したのではないかという疑惑
Trooper(人名) ＋ **-gate**

–hood

接尾辞 -hood 「身分」「立場」「状態」
語形成 名詞 ⊕ -hood
■☞ 変則的に名詞の意味を変える

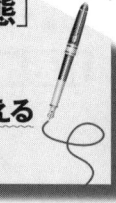

words

1. **parenthood**
   親であること
   parent（親）+ -hood

2. **childhood**
   子供時代
   child（子供）+ -hood

3. **neighborhood**
   近辺、近所
   neighbor（隣人）+ -hood

4. **motherhood**
   母親であること、母性
   mother（母親）+ -hood

5. **priesthood**
   カトリックの司祭の身分
   priest（カトリックの司祭）+ -hood

6. **manhood**
   男であること
   man（男）+ -hood

7. **adulthood**
   成人であること
   adult（成人）+ -hood

8. **brotherhood**
   兄弟であること
   brother（兄弟）+ -hood

9. **womanhood**
   女であること
   woman（女）+ -hood

10. **babyhood**
    赤ん坊であること
    baby（赤ん坊）+ -hood

接尾辞 -ial 「～に適した」「～に関連した」
語形成 名詞 ⊕ -ial
■☞ 名詞を形容詞にする

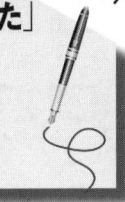

words

✔ 注意
1. 名詞語尾で二重下線部分は語形成の際に脱落する。
2. 名詞語尾 *–ce* は語形成の際に *–t* に変わる。

1 Presidential
大統領の
President(大統領) + **-ial**

2 equatorial
赤道の
equator(赤道) + **-ial**

3 managerial
経営者の
manager(経営者) + **-ial**

4 partial
一部の、部分的な
part(一部) + **-ial**

5 commercial
商業上の
commerce(商業・通商) + **-ial**

6 memorial
記念の、追悼の
memory(記憶) + **-ial**

7 credential
信用証明となる
credence(信用) + **-ial**

8 influential
影響力のある
influence(影響) + **-ial**

9 existential
存在の、実存主義の
existence(存在) + **-ial**

10 referential
関連事項を含む
reference(参照事項) + **-ial**

–ian

接尾辞 -ian「専門家」「～の信奉者」「居住者」 -ician：-ian の異形

語形成 名詞 ⊕ -ian
☞ 変則的に名詞の意味を変える

words

✔ 注意
名詞語尾で二重下線部分は語形成の際に脱落する。

1 **Christian**
キリスト教徒
Christ(キリスト) + -ian

2 **logician**
論理のうまい人、論理学者
logic(論理) + -ian

3 **magician**
手品師
magic(手品) + -ian

4 **musician**
音楽家
music(音楽) + -ian

5 **statistician**
統計学者
statistic(統計) + -ian

6 **comedian**
喜劇役者
comedy(喜劇) + -ian

7 **historian**
歴史家
history(歴史) + -ian

8 **Parisian**
パリ在住の人
Paris(パリ) + -ian

9 **dietician**
栄養士
diet(食餌療法) + -ician

10 **beautician**
美容師
beauty(美) + -ician

接尾辞 -ibility「特質」
語形成 形容詞 + -ibility
☞ 語尾が -ible の形容詞の名詞化

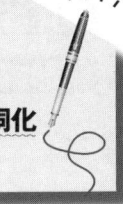

✓ 注意
形容詞語尾で二重下線部分は語形成の際に脱落する。

1 **susceptibility**
感染しやすいこと、感受性
susceptible(影響などを受けやすい) + **-ibility**

2 **visibility**
可視性、視界
visible(可視の) + **-ibility**

3 **credibility**
信用性
credible(信じられる) + **-ibility**

4 **compatibility**
両立[共存・調和]の可能性
compatible(両立できる) + **-ibility**

5 **feasibility**
実現可能性
feasible(実現可能な) + **-ibility**

6 **eligibility**
有資格性
eligible(資格のある) + **-ibility**

7 **possibility**
可能性
possible(可能な) + **-ibility**

8 **accessibility**
利用しやすいこと
accessible(近づきやすい) + **-ibility**

9 **sensibility**
感性、感受性、情緒
sensible(分別・良識がある) + **-ibility**

10 **compatibility**
両立性、適合性
compatible(適合できる) + **-ibility**

–ible (1)

接尾辞 -ible (1)「～され得る」「出来る」
語形成 動詞 ⊕ -ible
■☞ 動詞を形容詞にする

words

✓ 注意
　動詞語尾で二重下線部分は語形成の際に脱落する。

1	**resistible**	抵抗［阻止］できる **resist**（抵抗する）+ **-ible**
2	**collapsible**	組み立て式の、折りたためる **collapse**（崩壊する）+ **-ible**
3	**reducible**	縮小可能な **reduce**（縮小する）+ **-ible**
4	**convertible**	転換可能な **convert**（転換する）+ **-ible**
5	**collectible**	趣味の収集品となり得る **collect**（収集する）+ **-ible**
6	**gullible**	騙されやすいこと **gull**（騙す）+ **-ible**
7	**flexible**	（物が）曲げられる、順応性のある **flex**（曲がる）+ **-ible**
8	**reversible**	裏返せる **reverse**（裏返す）+ **-ible**
9	**exhaustible**	使用［枯渇］し得る **exhaust**（使い果たす）+ **-ible**
10	**controvertible**	議論の余地がある **controvert**（論議する）+ **ible**

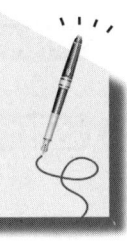

接尾辞 -ible (2) 「〜に適した」
語形成 名詞 ⊕ -ible
■☞ 名詞を形容詞にする

words

✔ 注意
1. 名詞語尾で二重下線部分は語形成の際に脱落する。
2. 子音が母音に挟まれる場合には、子音を重ねる。

1 **defensible** 　　防衛できる、弁護できる
　　　　　　　　　　defense (防衛) + -ible

2 **contemptible** 　軽蔑に値する
　　　　　　　　　　contempt (軽蔑) + -ible

3 **sensible** 　　　(人・行動が) 良識ある
　　　　　　　　　　sense (良識) + -ible

4 **perceptible** 　　知覚 [認知] できる
　　　　　　　　　　percept (知覚の対象) + -ible

5 **accessible** 　　すぐ行ける距離にある
　　　　　　　　　　access (交通の便) + -ible

6 **horrible** 　　　恐ろしい
　　　　　　　　　　horror (恐怖) + -ible

7 **terrible** 　　　いやな、過酷な
　　　　　　　　　　terror (恐怖の的) + -ible

接尾辞 -ic 「〜のような」「〜の性質の」「〜的」

語形成 名詞 ⊕ -ic

■☞ 名詞を形容詞にする

words

✓ 注意
名詞語尾で二重下線部分は語形成の際に脱落する。

1. **Islamic** イスラムの
   Islam (イスラム) + -ic

2. **alcoholic** アルコールの入った
   alcohol (アルコール) + -ic

3. **sophomoric** 未熟な、小生意気な
   sophomore (大学二回生) + -ic

4. **allergic** アレルギー性の
   allergy (アレルギー) + -ic

5. **atomic** 原子力による
   atom (原子) + -ic

6. **satanic** 悪魔的な、極悪非道の
   satan (悪魔) + -ic

7. **symbolic** 象徴的な
   symbol (象徴) + -ic

8. **strategic** 戦略的な
   strategy (戦略) + -ic

9. **embryonic** 胚に関する、未発達の、初期の
   embryon (妊娠8週までの胎児) + -ic

10. **catastrophic** 破滅的な
    catastrophe (大惨事) + -ic

接尾辞 -ical 「～に適した」「～に関連した」
語形成 名詞 ⊕ -ical
☞ 名詞を形容詞にする

words

✔ 注意
1. 名詞語尾で二重下線部分は語形成の際に脱落する。
2. 名詞語尾 -y は語形成の際にしばしば -i になる。

1	**paradoxical**	逆説的な **paradox** (逆説) + **-ical**
2	**biblical**	聖書にある **bible** (聖書) + **-ical**
3	**satirical**	風刺的な、皮肉の **satire** (風刺) + **-ical**
4	**analogical**	類推による、類推的な **analogy** (類似性) + **-ical**
5	**anthropological**	人類学上の **anthropology** (人類学) + **-ical**
6	**historical**	歴史の、歴史に関する **history** (歴史) + **-ical**
7	**astronomical**	天文学上の **astronomy** (天文学) + **-ical**
8	**biological**	生物学的な **biology** (生物学) + **-ical**
9	**mythical**	神話の **myth** (神話) + **-ical**
10	**theatrical**	演劇に関する **theater** (劇場) + **-ical**

–ics

接尾辞 **-ics**「研究」「知識」「技術」

語形成 名詞 ⊕ **-ics**

■☞ 変則的に名詞の意味を変える

✔ 注意
名詞語尾で二重下線部分は語形成の際に脱落する。

1 **athletics**
運動競技
athlete(運動選手) + **-ics**

2 **economics**
経済学
economy(経済) + **-ics**

3 **acrobatics**
曲芸
acrobat(曲芸師) + **-ics**

4 **electronics**
電子工学
electron(電子) + **-ics**

5 **robotics**
ロボット工学
robot(ロボット) + **-ics**

6 **tactics**
戦術、作戦、策略
tact(適否を見定める鋭い感覚) + **-ics**

7 **theatrics**
演劇法、演出法、芝居がかった手法
theater(劇場) + **-ics**(術)

8 **poetics**
詩論、詩学
poet(詩人) + **-ics**

9 **graphics**
製図法学、画像
graph(図式) + **-ics**

10 **acoustics**
音響学
acoust(音響) + **-ics**

接尾辞 -ification
語形成 動詞 ⊕ -ification
☞ 語尾が –ify の動詞を名詞にする

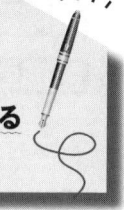

words

✔ 注意
動詞語尾で二重下線部分は語形成の際に脱落する。

1. **clarification**   解明
   clarify (解明する) + -ification

2. **desertification**   砂漠化
   desertify (砂漠化する) + -ification

3. **verification**   実証、立証
   verify (実証する) + -ification

4. **purification**   浄化
   purify (浄化する) + -ification

5. **simplification**   簡素化
   simplify (簡素化する) + -ification

6. **beautification**   美化
   beautify (美化する) + -ification

7. **justification**   正当化
   justify (正当化する) + -ification

8. **diversification**   多様化
   diversify (多様化する) + -ification

9. **intensification**   強化
   intensify (強化する) + -ification

10. **qualification**   素質、資格
    qualify (資格を得る) + -ification

–ify (1)

接尾辞 -ify (1)「〜の状態にする」
語形成 形容詞 ⊕ -ify
■☞ 形容詞を動詞にする

words

✔ 注意
形容詞語尾で二重下線部分は語形成の際に脱落する。

1	**simplify**	簡素化する **simple**(簡単な) + **-ify**
2	**purify**	精製する、純化する **pure**(不純物がない) + **-ify**
3	**justify**	正当化する、弁明する **just**(正しい) + **-ify**
4	**nullify**	(努力などを)無効にする **null**(無価値の) + **-ify**
5	**intensify**	強化する、激しくする **intense**(激しい) + **-ify**
6	**diversify**	多様化する **diverse**(多様な) + **-ify**
7	**falsify**	(書類などに)不正に手を加える **false**(誤った) + **-ify**
8	**Frenchify**	フランス風にする **French**(フランスの) + **-ify**
9	**amplify**	増幅する **ample**(十分な) + **-ify**
10	**vilify**	中傷する、悪口を言う **vile**(行為などが非常に悪い) + **-ify**

接尾辞 -ify (2)「～の状態にする」
語形成 名詞 ⊕ -ify
▶ 名詞を動詞にする

words

✔ 注意
名詞語尾で二重下線部分は語形成の際に脱落する。

1 noti<u>fy</u>
通知する、知らせる
not<u>e</u> (通知) **+ -ify**

2 fortify
攻撃にそなえて都市の防備を固める
fort (要塞) **+ -ify**

3 beautify
美化する
beaut<u>y</u> (美) **+ -ify**

4 glori<u>fy</u>
必要以上にほめる
glor<u>y</u> (栄光) **+ -ify**

5 signi<u>fy</u>
(～ということを) 表明する
sign (印) **+ -ify**

6 modi<u>fy</u>
部分修正する
mod<u>e</u> (様式) **+ -ify**

7 Disneyfy
ディズニー化する
Disney (ディズニー) **+ -fy**

8 mummi<u>fy</u>
ミイラ化する
mumm<u>y</u> (ミイラ) **+ -ify**

9 classi<u>fy</u>
分類する
class (階級) **+ -ify**

10 personi<u>fy</u>
擬人化する
person (人) **+ -ify**

–ing

接尾辞 -ing 「動詞の示す行動そのもの」
語形成 動詞 ⊕ -ing
■☞ 動詞を名詞にする

words

✓ 注意
1. 動詞語尾で二重下線部分は語形成の際に脱落する。
2. 子音が母音に挟まれる場合には、子音を重ねる。

1 blinking   まばたき
             bink (まばたきする) **+ -ing**

2 building   建造物
             build (建てる) **+ -ing**

3 blessing   祝福
             bless (祝福する) **+ -ing**

4 awakening   目覚め、気づき
             awaken (目覚めさせる) **+ -ing**

5 chattering   雑談
             chatter (雑談する) **+ -ing**

6 bullying   いじめ
             bully (いじめる) **+ -ing**

7 acting   演技
             act (演技する) **+ -ing**

8 suffering   苦しみ
             suffer (苦しめる) **+ -ing**

9 waiting   待つこと
             wait (待つ) **+ -ing**

10 cooking   料理すること
             cook (料理する) **+ -ing**

接尾辞 -ion 「行為」「状態」「結果」
語形成 動詞 ⊕ -ion
☞ 動詞を名詞にする

words

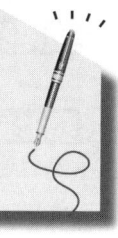

✔ 注意
動詞語尾で二重下線部分は語形成の際に脱落する。

1	**addiction**	中毒 **addict**(悪癖にふけらせる) + **-ion**
2	**reflection**	反射 **reflect**(反射する) + **-ion**
3	**convulsion**	けいれん、ひきつけ **convulse**(激しく揺れる) + **-ion**
4	**interception**	通信の傍受、盗聴、迎撃 **intercept**(傍受する) + **-ion**
5	**protection**	保護、擁護 **protect**(保護する) + **-ion**
6	**abortion**	妊娠中絶 **abort**(妊娠中絶する) + **-ion**
7	**connection**	接続、結合 **connect**(接続する) + **-ion**
8	**prevention**	予防 **prevent**(予防する) + **-ion**
9	**depression**	不景気、うつ病 **depress**(落胆させる) + **-ion**
10	**execution**	実施、遂行、処刑 **execute**(実行する) + **-ion**

–ish (1)

接尾辞 -ish (1)「～っぽい」「～に近い」「～がかった」

語形成 形容詞 ⊕ -ish

☞ 変則的に形容詞の意味を変える

words

✔ 注意
　形容詞語尾で二重下線の部分は語形成の際に脱落する。

1	pink<u>ish</u>	ピンクがかった **pink**(ピンクの) + **-ish**
2	dull<u>ish</u>	だれ気味の **dull**(鈍い・さえない) + **-ish**
3	long<u>ish</u>	長めの **long**(長い) + **-ish**
4	yellow<u>ish</u>	黄色っぽい **yellow**(黄色の) + **-ish**
5	young<u>ish</u>	若ぶりの **young**(若い) + **-ish**
6	pett<u>ish</u>	狭量の、すねた **petty**(狭量の) + **-ish**
7	new<u>ish</u>	やや新しい **new**(新しい) + **-ish**
8	dark<u>ish</u>	やや暗い、やや色の濃い **dark**(暗い) + **-ish**
9	old<u>ish</u>	ややふけた **old**(年とった) + **-ish**
10	small<u>ish</u>	やや小型の **small**(小さい) + **-ish**

接尾辞 -ish (2)「〜が顕著である」
語形成 名詞 ⊕ -ish
☞ 名詞を形容詞にする

words

✔注意
1. 名詞語尾で二重下線部分は語形成の際に脱落する。
2. 子音が母音に挟まれる場合には、子音を重ねる。

1	**feverish**	熱がある fever (熱) + -ish
2	**stylish**	スマートな style (スタイル) + -ish
3	**hellish**	とてもひどい hell (地獄) + -ish
4	**hawkish**	タカ派の、好戦的な hawk (鷹) + -ish
5	**foolish**	愚かな fool (愚かな人) + -ish
6	**childish**	子供じみた child (子供) + -ish
7	**fortyish**	40歳[個]ぐらいの forty (40) + -ish
8	**sluggish**	活気のない、不精な slug (ナメクジ) + -ish
9	**amateurish**	素人くさい、未熟な amateur (素人) + -ish
10	**nightmarish**	悪夢のような nightmare (悪夢) + -ish

–ism (1)

接尾辞 -ism (1)「行為」「状態」「状況」「主義」「表現」「政策」「精神」「差別」

語形成 形容詞 ⊕ -ism
　☞ 形容詞を名詞にする

words

1 **vulgar**ism
　　粗野な言葉や振る舞い
　　vulgar（粗野な・下品な）＋ -ism

2 **colloquial**ism
　　口語表現
　　colloquial（会話調の）＋ -ism

3 **national**ism
　　国家主義
　　national（国家の）＋ -ism

4 **commercial**ism
　　商業主義、商業精神
　　commercial（商業用の）＋ -ism

5 **multicultural**ism
　　多文化主義
　　multicultural（多文化の）＋ -ism

6 **fundamental**ism
　　[宗教] 原理主義
　　fundamental（根本の）＋ -ism

7 **plural**ism
　　多元主義
　　plural（複数の）＋ -ism

8 **liberal**ism
　　自由主義
　　liberal（自由な）＋ -ism

9 **minimal**ism
　　不必要なものを全て排除したやり方
　　minimal（最小限の）＋ -ism

10 **epicurean**ism
　　快楽主義、食道楽
　　epicurean（贅沢な・食道楽の）＋ -ism

接尾辞 -ism (2)「〜主義」「〜差別」「〜の特徴を持った行動」
語形成 名詞 ⊕ -ism
■☞ 変則的に名詞の意味を変える

words

✓ 注意
名詞語尾で二重下線部分は語形成の際に脱落する。

1 **mannerism**
言動などの癖
manner(慣習的な流儀) + **-ism**

2 **vandalism**
故意、または無知による文化財損傷
vandal([芸術・文化などの]破壊) + **-ism**

3 **racism**
人種差別
race(人種) + **-ism**

4 **Buddhism**
仏教、仏法
Buddha(釈迦) + **-ism**

5 **heroism**
勇気ある行為
hero(英雄) + **-ism**

6 **tourism**
観光事業
tour(旅) + **-ism**

7 **absenteeism**
長期不在[欠席]
absentee(欠席者) + **-ism**

8 **protectionism**
保護貿易政策
protection(保護) + **-ism**

9 **vegetarianism**
菜食主義
vegetarian(菜食者) + **-ism**

10 **lookism**
容姿による差別
looks(容姿) + **-ism**

−ist（1）

接尾辞 -ist (1)「～主義者」「～の活動家」
語形成 形容詞 ⊕ -ist
■☞ 形容詞を名詞にする

words

1 **environmentalist**　環境保全主義者
　environmental（環境の）+ -ist

2 **constitutionalist**　護憲論者
　constitutional（憲法の）+ -ist

3 **nationalist**　国家［国粋］主義者、民族主義者
　national（国家の）+ -ist

4 **opportunist**　便宜主義者
　opportune（時宜を得た）+ -ist

5 **liberalist**　自由主義者
　liberal（自由な）+ -ist

6 **realist**　現実主義者
　real（現実の）+ -ist

7 **rightist**　右翼の人
　right（右翼の・右派の）+ -ist

8 **leftist**　左翼の人
　left（左翼の・左派の）+ -ist

9 **modernist**　現代［近代］主義者
　modern（現代の）+ -ist

10 **traditionalist**　伝統主義者
　traditional（伝統的な）+ -ist

接尾辞 -ist (2)「～主義の人」「～を専門とする人」
語形成 名詞 ⊕ -ist
■☞ 変則的に名詞の意味を変える

words

✓ 注意
名詞語尾で二重下線部分は語形成の際に脱落する。

1 **racist**
人種差別をする人
race(人種) + **-ist**

2 **motorist**
車を運転する人
motor(車) + **-ist**

3 **economist**
経済学者
economy(経済) + **-ist**

4 **cartoonist**
漫画家
cartoon(漫画) + **-ist**

5 **columnist**
新聞の特欄執筆者
column(特欄) + **-ist**

6 **novelist**
小説家
novel(小説) + **-ist**

7 **guitarist**
ギター演奏家
guitar(ギター) + **-ist**

8 **stylist**
衣服、室内装飾などの意匠家
style(スタイル) + **-ist**

9 **ecologist**
生態学者
ecology(生態) + **-ist**

10 **humorist**
ユーモア作家
humor(ユーモア) + **-ist**

–istic (1)

接尾辞 -istic (1)「〜的な」
語形成 形容詞 ⊕ -istic
　　☞ 変則的に形容詞の意味を変える

words

✔ 注意
形容詞語尾で二重下線部分は語形成の際に脱落する。

1 **paternalistic** 　温情主義の
　　　　　　　　　　paternal（父にふさわしい）＋ **-istic**

2 **opportunistic** 　日和見主義の
　　　　　　　　　　opportune（好都合の）＋ **-istic**

3 **moralistic** 　　教訓的な
　　　　　　　　　　moral（道徳の）＋ **-istic**

4 **modernistic** 　現代主義的な
　　　　　　　　　　modern（現代の）＋ **-istic**

5 **nationalistic** 　国粋的な
　　　　　　　　　　national（国の）＋ **-istic**

6 **naturalistic** 　自然主義的な
　　　　　　　　　　natural（自然の）＋ **-istic**

7 **idealistic** 　　理想主義的な
　　　　　　　　　　ideal（理想的な）＋ **-istic**

8 **individualistic** 個人主義的な
　　　　　　　　　　individual（個人の）＋ **-istic**

9 **realistic** 　　　現実的な
　　　　　　　　　　real（現実の）＋ **-istic**

10 **simplistic** 　　過度に単純化した
　　　　　　　　　　simple（簡単な）＋ **-istic**

接尾辞 -istic (2)「〜の特質を備えた」
語形成 名詞 ⊕ -istic
■☞ 名詞を形容詞にする

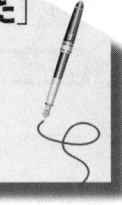

✔注意
1. 名詞語尾で二重下線部分は語形成の際に脱落する。
2. 子音が母音に挟まれる場合には、子音を重ねる。

1 futuristic 時代を先取りした、未来志向の
future (未来) + -istic

2 journalistic ジャーナリズム特有の
journal (定期刊行物) + -istic

3 characteristic 特有の、独特の
character (特質) + -istic

4 atomistic 原子論の、別個の独立した個体からなる
atom (原子) + -istic

5 animalistic 動物のような
animal (動物) + -istic

6 egoistic 利己的な、わがままな
ego (我) + -istic

7 impressionistic 印象的な、単に印象に頼った
impression (印象) + -istic

8 stylistic 文体上の
style (文体) + -istic

9 juristic 法学上の、法学者の
jury (陪審員団) + -istic

10 narcissistic 自己陶酔的な
narcissus ([ギリシャ神話] ナルキッソス) + -istic

–ite

接尾辞 **-ite**「～を信奉する人」「～地方の人」

語形成 名詞 ⊕ **-ite**

☞ 変則的に名詞の意味を変える

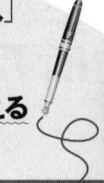

words

✔ 注意
　名詞語尾で二重下線部分は語形成の際に脱落する。

1 **Nederite**　　　　ラルフ・ネーダの支持者
　　　　　　　　　　Neder（ネーダ）+ **-ite**

2 **Israelite**　　　　古代イスラエル人、神の選民
　　　　　　　　　　Israeli（イスラエル）+ **-ite**

3 **Carmelite**　　　（カトリック教会）カルメル会修道士（女）
　　　　　　　　　　Carmel（カルメル山）+ **-ite**

4 **mammonite**　　拝金主義者
　　　　　　　　　　mammon（富）+ **-ite**

5 **Islamite**　　　　イスラム教徒
　　　　　　　　　　Islam（イスラム教）+ **-ite**

6 **anti-Semite**　　ユダヤ人嫌い、反ユダヤ主義者
　　　　　　　　　　anti-Sem（Sem ユダヤ）+ **-ite**

接尾辞 -ition
語形成 動詞 ⊕ -ition
■☞ 動詞を名詞にする

✓ 注意
動詞語尾で二重下線部分は語形成の際に脱落する。

1 partition
分割、区分
part (分ける) + -ition

2 repetition
反復、重複、繰り返し
repeat (反復する) + -ition

3 competition
競争
compete (競争する) + -ition

4 definition
定義
define (定義する) + -ition

5 recognition
認定、見覚え
recognize (認識する) + -ition

6 supposition
仮定、推定、想定
suppose (仮定する) + -ition

7 addition
付加、追加
add (加える) + -ition

8 composition
合成、構成、組み立て
compose (構成する) + -ition

9 opposition
反対、抵抗、抗争
oppose (反対する) + -ition

10 apparition
出現 ([カ] ルルドなどにおける聖母マリアの)
appear (現れる) + -ition

–itive

接尾辞 -itive
語形成 動詞 ⊕ -itive
　　　　☞ 動詞を形容詞にする

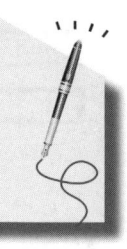

words

✔ 注意
1. 動詞の綴りで二重下線部分は語形成の際に脱落する。
2. 動詞語尾で二重下線部分は語形成の際に脱落する。

1 repet<u>it</u>ive　　繰り返しの
　　　　　　　　　repe<u>at</u>（繰り返す）+ -itive

2 add<u>it</u>ive　　付加的な
　　　　　　　　　add（加える）+ -itive

3 compet<u>it</u>ive　　自由競争による
　　　　　　　　　compet<u>e</u>（競争する）+ -itive

4 sens<u>it</u>ive　　敏感な、感じやすい
　　　　　　　　　sens<u>e</u>（五感で感じる）+ -itive

5 defin<u>it</u>ive　　決定的な、最終的な
　　　　　　　　　defin<u>e</u>（定義する）+ -itive

接尾辞 -itude 「状態」
語形成 形容詞 ⊕ -itude
☞ 形容詞を名詞にする

words

✔ 注意
形容詞語尾で二重下線部分は語形成の際に脱落する。

1 promptitude
敏速、敏捷
prompt(すばやい) + **-itude**

2 exactitude
正確さ、厳密さ
exact(正確な) + **-itude**

3 infinitude
無限、無窮
infinite(無限の) + **-itude**

4 ineptitude
不適性
inept(不向きの) + **-itude**

5 aptitude
才能、素質
apt(適切な) + **-itude**

6 solitude
独居、孤独
sole(ひとりの) + **-itude**

7 similitude
類似・相似
similar(類似した) + **-itude**

8 servitude
隷属状態
service(使用人の) + **-itude**

9 verisimilitude
本当らしく見えること
verisimilar(本当らしい) + **-itude**

10 definitude
明確さ・精密さ
definite(明確な・確定した) + **-itude**

−ity (1)

接尾辞 -ity (1) 形容詞の抽象名詞化
-ty : -ity の異形
語形成 形容詞 ⊕ -ity
☞ ラテン系の形容詞を名詞にする

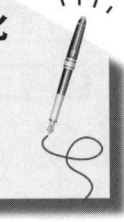

words

✓ 注意
　形容詞語尾で二重下線部分は語形成の際に脱落する。

1 **acid<u>ity</u>**
　　酸性度、酸味
　　acid (酸性の) + **-ity**

2 **familiar<u>ity</u>**
　　熟知、精通
　　familiar (よく知っている) + **-ity**

3 **certain<u>ty</u>**
　　確実性
　　certain (確かな) + **-ty**

4 **universal<u>ity</u>**
　　普遍性
　　universal (普遍的な) + **-ity**

5 **sensitiv<u>ity</u>**
　　感じやすさ、敏感さ
　　sensiti̲ve̲ (敏感な) + **-ity**

6 **divers<u>ity</u>**
　　多様性
　　divers̲e̲ (多様な) + **-ity**

7 **advers<u>ity</u>**
　　逆境、不運、不幸
　　advers̲e̲ (不運な) + **-ity**

8 **stupid<u>ity</u>**
　　愚かな行いや考え
　　stupid (愚かな) + **-ity**

9 **absurd<u>ity</u>**
　　不合理、論理的矛盾、ばからしさ
　　absurd (道理に合わない) + **-ity**

10 **trivial<u>ity</u>**
　　つまらないもの、些細なこと
　　trivial (些細な) + **-ity**

接尾辞 -ity (2) 動詞の抽象名詞化
-iety：-ityの異形

語形成 動詞 ⊕ -ity

■☞ 動詞を名詞にする（稀少）

words

✓ 注意
動詞語尾で二重下線部分は語形成の際に脱落する。

1 **prosperity**　　　繁栄
　　　　　　　　　　prosper（繁栄する）＋ **-ity**

2 **conformity**　　　（伝統・慣例などへの）順応
　　　　　　　　　　conform（順応する）＋ **-ity**

3 **security**　　　　安全、無事
　　　　　　　　　　secure（危険からまもる）＋ **-ity**

4 **variety**　　　　 多様性
　　　　　　　　　　vary（変化に富ませる）＋ **-iety**

5 **continuity**　　　継続性
　　　　　　　　　　continue（継続する）＋ **-ity**

–ive (1)

接尾辞 -ive (1)「～の特質を備えた」
語形成 動詞 ⊕ -ive
☞ 動詞を形容詞にする

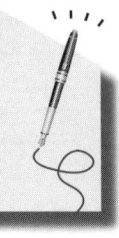

words

✔ 注意
動詞語尾で二重下線部分は語形成の際に脱落する。

1	**invent<u>ive</u>**	創意に富んだ **invent**(発明する) + **-ive**
2	**prevent<u>ive</u>**	防止に役立つ **prevent**(防止する) + **-ive**
3	**attract<u>ive</u>**	魅力的な **attract**(惹き付ける) + **-ive**
4	**retroact<u>ive</u>**	法令などが遡及する **retroact**(遡及する) + **-ive**
5	**addict<u>ive</u>**	中毒性のある、病みつきになる **addict**(悪癖にふけらせる) + **-ive**
6	**abus<u>ive</u>**	虐待的な、乱用された **abus<u>e</u>**(悪用する・虐待する) + **-ive**
7	**progress<u>ive</u>**	進歩的な、発展的な **progress**(進行する) + **-ive**
8	**support<u>ive</u>**	支える、励ます **support**(支える) + **-ive**
9	**act<u>ive</u>**	活動的な、活発な **act**(行動する) + **-ive**
10	**destruct<u>ive</u>**	破壊的な、有害な **destruct**(破壊する) + **-ive**

接尾辞 -ive (2)「～する人」「～するもの」
語形成 動詞⊕-ive
☞ 動詞を名詞にする

✔ 注意
1. 動詞語尾で二重下線部分は語形成の際に脱落する。
2. 動詞語尾で二重下線部分は語形成の際に綴りが変わることがある。

1 detective
刑事、私立探偵
detect(かぎつける) **+ -ive**

2 executive
経営幹部、重役
execute(仕事を遂行する) **+ -ive**

3 connective
連結するもの、接続詞
connect(連結する) **+ -ive**

4 corrective
救済手段、矯正するもの
correct(矯正する) **+ -ive**

5 elective
選択科目
elect(選ぶ) **+ -ive**

6 alternative
二者択一(の事態、余地)
alternate(交互にする) **+ -ive**

7 cooperative
協同組合
cooperate(協力する) **+ -ive**

8 narrative
(事実・経験に基づく)話、談話
narrate(物語る) **+ -ive**

接尾辞 -ive (3)「〜の傾向がある」
語形成 名詞 ⊕ -ive
☞ 名詞を形容詞にする

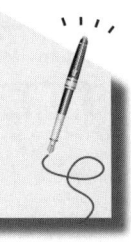

✔ 注意
名詞語尾で二重下線部分は語形成の際に脱落する。

1 **defective**
欠点のある
defect(欠点) + **-ive**

2 **instinctive**
本能的な、直観的な
instinct(直感) + **-ive**

3 **impulsive**
衝動的な
impulse(衝動) + **-ive**

4 **effective**
効果的な
effect(効果) + **-ive**

5 **massive**
大きな塊(かたまり)をなした
mass(塊) + **-ive**

6 **expensive**
費用のかかる、高価な
expense(費用・経費) + **-ive**

7 **secretive**
隠し立てする
secret(秘密) + **-ive**

8 **excessive**
過度の、極端な
excess(過度) + **-ive**

9 **prospective**
見込みの有る、期待される
prospect(見込み) + **-ive**

10 **productive**
生産的な、作り出す力がある
product(生産物) + **-ive**

接尾辞 -ize (1)「～のようになる」「～化する」
語形成 形容詞⊕-ize
☞ 形容詞を動詞にする

✓ 注意
形容詞語尾で二重下線部分は語形成の際に脱落する。

1 **commercia**l**ize**
商品化する、売り出す
commercial (商売用の) + **-ize**

2 **margina**l**ize**
周辺に押しやる
marginal (へり [縁] の) + **-ize**

3 **crimina**l**ize**
(人・行為を) 有罪とする
criminal (犯罪の) + **-ize**

4 **familia**r**ize**
慣れ親しませる
familiar (よく知られている) + **-ize**

5 **privat**e**ize**
民営化する
private (民間の) + **-ize**

6 **immorta**l**ize**
不滅にする
immortal (不滅の) + **-ize**

7 **persona**l**ize**
(議論を) 個人攻撃にもっていく、個人に合わせる
personal (個人の) + **-ize**

8 **pola**r**ize**
二極化する
polar (極の) + **-ize**

9 **interna**l**ize**
内面 [内在] 化する
internal (内面にある) + **-ize**

10 **secula**r**ize**
世俗化する
secular (世俗的な) + **-ize**

–ize (2)

接尾辞 -ize (2)「〜の状態にする」
語形成 名詞 ⊕ -ize
　　　☞ 名詞を動詞にする

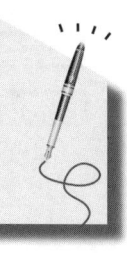

words

✔ 注意
　名詞語尾で二重下線部分は語形成の際に脱落する。

1. **sympath<u>ize</u>**　　同情する
　　　　　　　　　　sympath<u>y</u>(同情) + **-ize**

2. **standard<u>ize</u>**　　標準[規格]化する
　　　　　　　　　　standard(標準) + **-ize**

3. **satir<u>ize</u>**　　皮肉る、当てこする
　　　　　　　　satir<u>e</u>(皮肉) + **-ize**

4. **memor<u>ize</u>**　　暗記する
　　　　　　　　memor<u>y</u>(記憶) + **-ize**

5. **moral<u>ize</u>**　　道徳的教訓を入れる
　　　　　　　　moral(道徳) + **-ize**

6. **hospital<u>ize</u>**　　入院させる
　　　　　　　　　hospital(病院) + **-ize**

7. **terror<u>ize</u>**　　恐怖に陥れる
　　　　　　　　terror(非常な恐ろしさ・恐怖) + **-ize**

8. **apolog<u>ize</u>**　　謝罪する
　　　　　　　　apolog<u>y</u>(謝罪) + **-ize**

9. **woman<u>ize</u>**　　(男が)女を追いまわす
　　　　　　　　woman(女) + **-ize**

10. **jeopard<u>ize</u>**　　危険に陥れる
　　　　　　　　jeopard<u>y</u>(危険) + **-ize**

接尾辞 -less (1)「〜できない」「〜し難い」
語形成 動詞 ⊕ -less
■☞ 動詞を形容詞にする

words

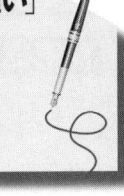

1 **blame<u>less</u>** — 非難の余地のない
  blame (非難する) + **-less**

2 **tire<u>less</u>** — 疲れない、根気強い
  tire (疲れさせる) + **-less**

3 **end<u>less</u>** — 終わりのない
  end (終わる) + **-less**

4 **sleep<u>less</u>** — 眠れない、不眠の
  sleep (眠る) + **-less**

5 **rest<u>less</u>** — 落ち着かない
  rest (休息する) + **-less**

6 **count<u>less</u>** — 無数の (数え切れないと言う意味で)
  count (数える) + **-less**

7 **hope<u>less</u>** — 見込みのない
  hope (望む) + **-less**

8 **resist<u>less</u>** — 不可抗力の
  resist (抵抗する) + **-less**

9 **cease<u>less</u>** — 不断の、絶え間ない
  cease (終わる) + **-less**

10 **limit<u>less</u>** — 無制限の
  limit (制限する) + **-less**

–less (2)

接尾辞 -less (2)「〜のない」
語形成 名詞 ⊕ -less
☞ 名詞を形容詞にする

words

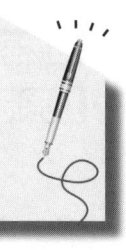

1 **flaw<u>less</u>** 　何の欠点もない、完璧な
　　　　　　　　　　　flaw(欠点) + **-less**

2 **home<u>less</u>** 　住居がなく路上住まいの
　　　　　　　　　　　home(住まい) + **-less**

3 **doubt<u>less</u>** 　疑いなく
　　　　　　　　　　　doubt(疑い) + **-less**

4 **tact<u>less</u>** 　機転のきかない
　　　　　　　　　　　tact(如才なさ) + **-less**

5 **luck<u>less</u>** 　運のない
　　　　　　　　　　　luck(運) + **-less**

6 **border<u>less</u>** 　国境のない
　　　　　　　　　　　border(国境) + **-less**

7 **pain<u>less</u>** 　痛くない
　　　　　　　　　　　pain(痛み) + **-less**

8 **shame<u>less</u>** 　恥知らずの
　　　　　　　　　　　shame(恥) + **-less**

9 **thought<u>less</u>** 　思いやりに欠ける
　　　　　　　　　　　thought(考慮) + **-less**

10 **breath<u>less</u>** 　息せき切った
　　　　　　　　　　　breath(息) + **-less**

接尾辞 -let 名詞が示す物の小型版
語形成 名詞 ⊕ -let
■☞ 変則的に名詞の意味を変える

words

1 **booklet** 　　小冊子
　　　　　　　　book（本）+ -let

2 **leaflet** 　　折込、チラシ
　　　　　　　　leaf（葉）+ -let

3 **boomlet** 　　短期間のブーム
　　　　　　　　boom（流行）+ -let

4 **starlet** 　　売り出し中の若手女優
　　　　　　　　star（スター）+ -let

5 **droplet** 　　小滴、小さなしずく
　　　　　　　　drop（水滴）+ -let

6 **ringlet** 　　簡単な指輪
　　　　　　　　ring（指輪）+ -let

7 **piglet** 　　子豚
　　　　　　　　pig（豚）+ -let

8 **bomblet** 　　小爆弾
　　　　　　　　bomb（爆弾）+ -let

9 **bracelet** 　　腕輪
　　　　　　　　brace（[手首・腕の] 保護帯）+ -let

10 **streamlet** 　　小川
　　　　　　　　stream（川）+ -let

–like

接尾辞 -like「〜のような」「〜らしい」
語形成 名詞 ⊕ -like
☞ 名詞を形容詞にする

words

1. **dream<u>like</u>** 　　夢のような
   dream(夢) + **-like**

2. **cat<u>like</u>** 　　猫のような
   cat(猫) + **-like**

3. **life<u>like</u>** 　　真に迫った、実物そっくりの
   life(実物) + **-like**

4. **human<u>like</u>** 　　人間のような
   human(人間) + **-like**

5. **sportsman<u>like</u>** 　　正々堂々とした
   sportsman(スポーツマン) + **-like**

6. **model<u>like</u>** 　　モデルのような
   model(モデル) + **-like**

7. **war<u>like</u>** 　　戦争のような
   war(戦争) + **-like**

8. **tomb<u>like</u>** 　　墓石のような
   tomb(墓石) + **-like**

9. **desert<u>like</u>** 　　砂漠のような
   desert(砂漠) + **-like**

10. **child<u>like</u>** 　　子供のような
    child(子供) + **-like**

接尾辞 -ling 「小さいこと」「可愛らしさ」
語形成 名詞 ⊕ -ling
☞ 変則的に名詞の意味を変える

words

1 dump<u>ling</u>
スープに入れるだんご、餃子
dump(無造作に投げ入れられた)物の山 + **-ling**

2 prince<u>ling</u>
幼い皇太子
prince(皇太子) + **-ling**

3 duck<u>ling</u>
アヒルの子
duck(アヒル) + **-ling**

4 seed<u>ling</u>
若木、苗木
seed(種子・実) + **-ling**

5 nurse<u>ling</u>
乳母に育てられている乳幼児
nurse(乳母) + **-ling**

6 sib<u>ling</u>
(男女の別なく)きょうだい
sib(血縁者) + **-ling**

7 weak<u>ling</u>
虚弱者、意志薄弱者
weak(弱い) + **-ling**

8 suck<u>ling</u>
乳飲み子
suck(乳を吸うこと) + **-ling**

9 under<u>ling</u>
手下、下っぱ
under(身分が下の人) + **-ling**

10 earth<u>ling</u>
地球人(映画「STAR WARS」の中で宇宙人に使わせた呼称)
earth(地球) + **-ling**

–ly (1)

接尾辞 -ly (1)「〜のような」「〜らしい」
語形成 形容詞 ⊕ -ly
☞ 変則的に形容詞の意味を変える

words

1. **dead<u>ly</u>**
   致命的な
   dead(死んだ) + **-ly**

2. **sick<u>ly</u>**
   病弱な
   sick(病気の) + **-ly**

3. **live<u>ly</u>**
   活気のある
   live(生の) + **-ly**

4. **clean<u>ly</u>**
   きれい好きな、いつも清潔な
   clean(汚れていない) + **-ly**

5. **elder<u>ly</u>**
   年配の
   elder(年上の) + **-ly**

6. **kind<u>ly</u>**
   温和な、情け深い
   kind(親切な) + **-ly**

7. **lone<u>ly</u>**
   寂しい、心細い
   lone(ただ一つの) + **-ly**

8. **good<u>ly</u>**
   良質の、高価な
   good(良い) + **-ly**

9. **low<u>ly</u>**
   (地位・身分などが) 低い
   low(低い) + **-ly**

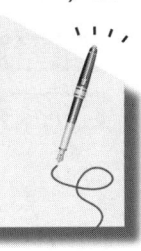

接尾辞 -ly (2)「〜にふさわしい」
語形成 名詞 ⊕ -ly
☞ 名詞を形容詞にする

✔注意
1. 名詞語尾で二重下線部分は語形成の際に脱落する。
2. 名詞語尾 -y は語形成の際しばしば -i になる。

1 timely
時機を得た、適時の
time(時) + -ly

2 orderly
整頓された
order(整理整頓) + -ly

3 homely
人並みの、ありふれた
home(家庭) + -ly

4 earthly
地上の、この世の
earth(地球) + -ly

5 manly
男らしい
man(男) + -ly

6 friendly
親しみのある
friend(友) + -ly

7 fatherly
父親のような
father(父親) + -ly

8 costly
高価な
cost(原価) + -ly

9 heavenly
素晴らしい
heaven(天国) + -ly

10 daily
毎日の
day(日) + -ly

–ly (3)

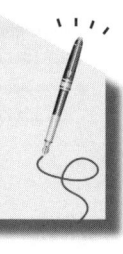

接尾辞 -ly (3)
語形成 形容詞 ⊕ -ly
☞ 形容詞を副詞にする

words

1. **intentionally**
   意図して、故意に
   intentional (意図的な) + **-ly**

2. **absolutely**
   完全に、まったく、確かに
   absolute (確固たる) + **-ly**

3. **completely**
   完全に、すっかり
   complete (全部そろった) + **-ly**

4. **generally**
   一般に、概して
   general (全般的な) + **-ly**

5. **generously**
   気前よく、寛大に、好意的に
   generous (物惜しみしない) + **-ly**

6. **definitely**
   明確に、きっぱりと
   definite (疑問の余地がない) + **-ly**

7. **similarly**
   同様に
   similar (類似した) + **-ly**

8. **unilaterally**
   一方的に
   unilateral (一方的な) + **-ly**

9. **finally**
   ついに、とうとう、最終的に
   final (最後の) + **-ly**

10. **substantially**
    実質上、大いに、かなり
    substantial (本質的な) + **-ly**

接尾辞 -manship「技量」「手腕」
語形成 名詞 ⊕ -manship
■☞ 変則的に名詞の意味を変える

words

1 **crafts<u>manship</u>**　　職人の技能
　　　　　　　　　　crafts (職人の業) + -manship

2 **show<u>manship</u>**　　芸人としての能力
　　　　　　　　　　show (舞台のショウ) + -manship

3 **brinks<u>manship</u>**　　瀬戸際政策
　　　　　　　　　　brinks (瀬戸際) + -manship

4 **drafts<u>manship</u>**　　起草者の腕前、製図術
　　　　　　　　　　drafts (起案・製図) + -manship

5 **games<u>manship</u>**　　駆け引き
　　　　　　　　　　games (勝負) + -manship

6 **swords<u>manship</u>**　　剣道、剣術
　　　　　　　　　　swords (剣術) + -manship

7 **states<u>manship</u>**　　政治家の手腕
　　　　　　　　　　states (国家) + -manship

8 **oars<u>manship</u>**　　漕ぎ手の技能
　　　　　　　　　　oars (オール・櫂・櫓) + -manship

9 **marks<u>manship</u>**　　射撃術
　　　　　　　　　　marks (的) + -manship

10 **sports<u>manship</u>**　　スポーツマン精神、正々堂々とした態度
　　　　　　　　　　sports (スポーツ) + -manship

–ment

接尾辞 -ment
語形成 動詞 ⊕ -ment
☞ 動詞を名詞にする

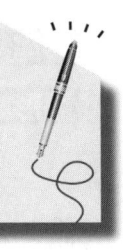

words

1. **harass<u>ment</u>**
   性的その他の嫌がらせ
   harass(しつこく悩ます)+**-ment**

2. **endorse<u>ment</u>**
   支持、承認、是認
   endorse(支持する)+**-ment**

3. **require<u>ment</u>**
   必要条件、要件
   require(必要とする)+**-ment**

4. **retire<u>ment</u>**
   退職
   retire(退職する)+**-ment**

5. **manage<u>ment</u>**
   経営、管理
   manage(し遂げる)+**-ment**

6. **resent<u>ment</u>**
   (人の言動に対する)憤慨、怒り、敵意
   resent(人の言動に対して怒る)+**-ment**

7. **discern<u>ment</u>**
   識別(力)
   discern(識別する)+**-ment**

8. **derail<u>ment</u>**
   脱線
   derail(列車などを脱線させる)+**-ment**

9. **infringe<u>ment</u>**
   (特許権・版権などの)侵害
   infringe(権利などを侵害する)+**-ment**

10. **install<u>ment</u>**
    大型電気器具などの取り付け
    install(取り付ける)+**-ment**

−mission

接尾辞 -mission
語形成 動詞 ⊕ -mission
☞ 語尾が -mit の動詞を名詞にする

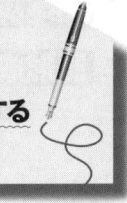

words

✔ 注意
　動詞語尾で二重下線部分は語形成の際に脱落する。

1 **per mission**　　　許可、正式の承諾
　　　　　　　　　　permit (行為を許す) + -mission

2 **o mission**　　　脱落、省略
　　　　　　　　　　omit (省略する) + -mission

3 **sub mission**　　降伏、服従、提出
　　　　　　　　　　submit (服従させる) + -mission

4 **ad mission**　　　入場、入学、入会
　　　　　　　　　　admit (学校などへ入ることを許す) + -mission

5 **e mission**　　　(光・熱・ガスなどの) 放射、放出
　　　　　　　　　　emit (放射する) + -ment

6 **re mission**　　　免除、赦免、沈静
　　　　　　　　　　remit (支払いなどを免除する) + -mission

7 **trans mission**　伝送、(無線) 送信
　　　　　　　　　　transmit (伝導する) + -mission

8 **com mission**　　委任 (状)
　　　　　　　　　　commit (権限などを人に委任する) + -mission

9 **inter mission**　幕間
　　　　　　　　　　intermit (一時的に止まる) + -mission

接尾辞 -missive
語形成 動詞 ⊕ -missive
■☞ 語尾が -mit の動詞を形容詞にする

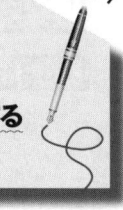

words

✓ 注意
動詞語尾で二重下線部分は語形成の際に脱落する。

1 **per<u>missive</u>**   (言動を) 黙認した、自由放任の
     per<u>mit</u> (許可する) + -missive

2 **o<u>missive</u>**   怠慢の、脱落の
     o<u>mit</u> (省略する) + -missive

3 **sub<u>missive</u>**   (行為などが) 服従的な
     sub<u>mit</u> (屈服する) + -missive

4 **e<u>missive</u>**   放射性の、放出性の
     e<u>mit</u> ([液体・光・熱などを] 放つ) + -missive

5 **ad<u>missive</u>**   許容的な
     ad<u>mit</u> (許容する) + -missive

6 **trans<u>missive</u>**   媒質中を光が通過すること
     trans<u>mit</u> (通す) + -missive

7 **re<u>missive</u>**   免除する、寛大な
     re<u>mit</u> (免除する) + -missive

接尾辞 -monger「良くないことを盛んにやる人」「小売商人」
語形成 名詞 ⊕ -monger
■☞ 変則的に名詞の意味を変える

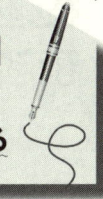

words

1. **scaremonger**
   悪いデマで世間を騒がせる人
   scare(恐怖・不安) + -monger

2. **gossipmonger**
   ゴシップ好きの人
   gossip(ゴシップ) + -monger

3. **fishmonger**
   魚商い人
   fish(魚) + -monger

4. **warmonger**
   戦争挑発者
   war(戦争) + -monger

5. **fashionmonger**
   流行を追う人
   fashion(流行) + -monger

6. **scandalmonger**
   人の陰口を言いふらす人
   scandal(醜聞) + -monger

7. **ironmonger**
   金物屋
   iron(鉄) + -monger

8. **hatemonger**
   強い憎しみを広める人
   hate(憎しみ) + -monger

9. **rumormonger**
   噂を広める人
   rumor(噂) + -monger

10. **tattlemonger**
    人の秘密をもらす人
    tattle(告げ口) + -monger

接尾辞 -ness 「形容詞の抽象名詞化」
語形成 形容詞 ⊕ -ness
■☞ ゲルマン系の形容詞を名詞にする

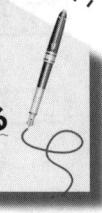

words

✔ 注意
　動詞語尾 –y は語形成の際にしばしば –i に変わる。

1 gaudiness
けばけばしさ、俗悪美
gaudy (はでで俗っぽい) + **-ness**

2 weirdness
奇妙さ
weird (異様な) + **-ness**

3 arbitrariness
任意性、気まぐれ
arbitrary (自由裁量による) + **-ness**

4 Englishness
英国人らしさ
English (英国人らしい) + **-ness**

5 fairness
公平であること
fair (公平な) + **-ness**

6 bitterness
苦味、恨み、反感
bitter (苦い) + **-ness**

7 awareness
自覚、認識
aware (気づいている) + **-ness**

8 fitness
健康 (状態)
fit (体調がよい) + **-ness**

9 whiteness
白さ
white (白い) + **-ness**

10 easiness
容易であること
easy (容易な) + **-ness**

接尾辞 -nik「〜の関係者」「〜に熱中する人」
語形成 名詞 ⊕ -nik
■☞ 変則的に名詞の意味を変える

words

1 peace<u>nik</u>　　　平和運動家
　　　　　　　　　peace（平和）+ **-nik**

2 beat<u>nik</u>　　　ビート世代[族]の人
　　　　　　　　　beat（ビート族）+ **-nik**

3 film<u>nik</u>　　　映画好きの人
　　　　　　　　　film（映画）+ **-nik**

4 nuke<u>nik</u>　　　反原子力兵器運動家
　　　　　　　　　nuke（原子力兵器）+ **-nik**

5 computer<u>nik</u>　コンピュータに熱中する人
　　　　　　　　　computer（コンピュータ）+ **-nik**

接尾辞 -or (1)「〜する人」「〜するもの」
語形成 動詞 ⊕ -or
☞ ラテン系の動詞を名詞にする

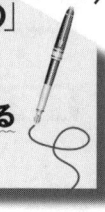

words

✔ 注意
1. 動詞語尾で二重下線部分は語形成の際に脱落する。
2. 動詞語尾 *-ate* は語形成の際脱落する。

1 donor
臓器提供者
donate(寄贈する) + **-or**

2 governor
知事
govern(支配する) + **-or**

3 conductor
指揮者、(熱・電気などの) 伝導体
conduct(指揮する、伝導する) + **-or**

4 abductor
誘拐犯
abduct(誘拐する) + **-or**

5 supervisor
監督者、個人指導教授
supervise(監督する) + **-or**

6 prosecutor
[法] 検察官、検事
prosecute(訴訟追行する) + **-or**

7 instructor
講師
instruct(教える) + **-or**

8 defector
国家・党などを捨てる人
defect(国家などを捨てる) + **-or**

9 aggressor
侵略国、攻撃者
aggress(攻撃をしかける) + **-or**

10 assentor
同意者、賛同者
assent(同意する) + **-or**

接尾辞 -or (2)「～する人」
語形成 名詞 ⊕ -or
☞ 変則的に名詞の意味を変える

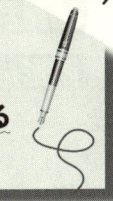

words

✓注意
名詞語尾で二重下線部分は語形成の際に脱落する。

1 jur**or**　　　　陪審員
　　　　　　　　jur**y**(陪審) + -or

2 credit**or**　　債権者
　　　　　　　　credit(債権) + -or

3 debt**or**　　　債務者
　　　　　　　　debt(借金) + -or

4 sail**or**　　　水夫
　　　　　　　　sail(帆走) + -or

contractor　　　契約人
　　　　　　　　contract(契約) + -or

−ory

接尾辞 -ory「〜の性質がある」
語形成 動詞 ⊕ -ory
☞ 動詞を形容詞にする

words

✔ 注意
1. 動詞語尾で二重下線部分は語形成の際に脱落する。
2. 動詞語尾 -y は語形成の際しばしば -i になる。

1	**prohibitory**	禁制の、値段が法外の **prohibit**（禁じる）+ -ory
2	**sensory**	五感で感じられる **sense**（五感で感じる）+ -ory
3	**contradictory**	矛盾した **contradict**（矛盾する）+ -ory
4	**advisory**	忠告[勧告]の、助言的な **advise**（忠告する）+ -ory
5	**introductory**	前置きの、導入の **introduce**（紹介する）+ -tory

接尾辞 -ous (1)「〜の特徴を持った」
-itious / -tious / -icious：-ous の異形

語形成 動詞 ⊕ -ous
■☞ 動詞を形容詞にする

words

✔ 注意
1. 動詞語尾で二重下線部分は語形成の際に脱落する。
2. 動詞語尾 -y は語形成の際しばしば -i になる。
3. 子音が母音に挟まれる場合には、子音を重ねる。

1	ridicul<u>ous</u>	嘲笑に値する、馬鹿げた ridicul<u>e</u>（嘲笑する）+ -ous
2	rebell<u>ious</u>	反体制の、反抗的な rebel（反乱を起こす）+ -ious
3	prosper<u>ous</u>	栄えた、繁栄した prosper（栄える）+ -ous
4	infect<u>ious</u>	伝染性の、感染力のある infect（病菌で冒す）+ -ious
5	continu<u>ous</u>	継続的な continu<u>e</u>（継続する）+ -ous
6	var<u>ious</u>	いろいろの、さまざまな var<u>y</u>（変化に富ませる）+ -ous
7	murder<u>ous</u>	凶悪な murder（殺害する）+ -ous
8	preten<u>tious</u>	うぬぼれた、思い上がった preten<u>d</u>（〜のふりをする）+ -tious
9	repet<u>itious</u>	繰り返しの多い repe<u>at</u>（〜のふりをする）+ -itious
10	susp<u>icious</u>	疑いを起こさせる、怪しい、疑り深い susp<u>ect</u>（嫌疑をかける）+ -icious

−ous (2)

接尾辞 -OUS (2)「状態」
語形成 名詞 ⊕ -OUS
■☞ 名詞を形容詞にする

words

✓ 注意
1. 名詞語尾で二重下線部分は語形成の際に脱落する。
2. 名詞語尾 -y は語形成の際しばしば -i になる。

1	**nervous**	心配でたまらない、落ち着かない **nerve**(神経) + **-ous**
2	**courageous**	勇敢な、勇気のある **courage**(勇気) + **-ous**
3	**carnivorous**	肉食の **carnivore**(肉食動物) + **-ous**(形容詞語尾)
4	**thunderous**	雷鳴(らいめい)がとどろく **thunder**(雷) + **-ous**
5	**humorous**	ユーモアのある **humor**(ユーモア) + **-ous**
6	**mountainous**	山の多い、山岳の **mountain**(山) + **-ous**
7	**dangerous**	危険な **danger**(危険) + **-ous**
8	**advantageous**	都合の良い **advantage**(有利な点) + **-ous**
9	**scandalous**	恥ずべき、不面目な **scandal**(醜聞) + **-ous**
10	**glorious**	輝かしい、見事な **glory**(栄光) + **-ous**

接尾辞 -pulsion
語形成 動詞 ⊕ -pulsion

☞ 語尾が –pel の動詞を名詞にする

words

✔ 注意
動詞語尾で二重下線部分は語形成の際に脱落する。

1 **impulsion**
衝動
impel（人を駆り立ててさせる）+ **-pulsion**

2 **compulsion**
強制、無理強い
compel（人を無理にある状態にする）+ **-pulsion**

3 **expulsion**
除名、除籍、駆除
expel（〜したかどで除名する）+ **-pulsion**

4 **repulsion**
追い払うこと、撃退
repel（撃退する）+ **-pulsion**

5 **propulsion**
推進、推進力
propel（推進させる）+ **-pulsion**

−pulsive

接尾辞 -pulsive
語形成 動詞 ⊕ -pulsive
☞ 語尾が –pel の動詞を形容詞にする

words

✔ 注意
動詞語尾で二重下線部分は語形成の際に脱落する。

1 expulsive　　　排除する、駆逐力のある
　　　　　　　　　　expel(追いはらう) + **-pulsive**

2 compulsive　　何かに駆り立てられる、強制的な
　　　　　　　　　　compel(無理やりに何かをさせる) + **-pulsive**

3 repulsive　　　嫌悪を感じさせる、胸の悪くなる
　　　　　　　　　　repel(撃退する) + **-pulsive**

4 impulsive　　　衝動的な
　　　　　　　　　　impel(駆り立てて何かをさせる) + **-pulsive**

5 propulsive　　推進力のある
　　　　　　　　　　propel(推進させる) + **-pulsive**

接尾辞 -ry
語形成 名詞 ⊕ -ry
■☞ 変則的に名詞の意味を変える

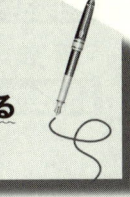

words

✔ 注意
　子音が母音に挟まれる場合には、子音を重ねる。

1 **rivalry**　　　　対抗意識
　　　　　　　　　　rival (競争相手) + -ry

2 **wizardry**　　　非凡な才能
　　　　　　　　　　wizard (魔術師) + -ry

3 **artistry**　　　　芸術的効果
　　　　　　　　　　artist (芸術家) + -ry

4 **scenery**　　　　景色
　　　　　　　　　　scene (眺め) + -ry

5 **dupery**　　　　だますこと、ペテン、詐欺
　　　　　　　　　　dupe (だまされやすい人) + -ry

6 **imagery**　　　　心に描く事、心像、形象
　　　　　　　　　　image (画像) + -ry

7 **weaponry**　　　(集合的) 兵器類
　　　　　　　　　　weapon (武器) + -ry

8 **winery**　　　　ワイン醸造所
　　　　　　　　　　wine (ワイン) + -ry

9 **fishery**　　　　漁業
　　　　　　　　　　fisher (漁師) + -ry

10 **forestry**　　　林学、森林管理
　　　　　　　　　　forest (森) + -ry

−scape

接尾辞 -scape「景観」「〜の全体の様子」

語形成 名詞 ⊕ -scape
☞ 変則的に名詞の意味を変える

words

1 moon<u>scape</u>　　月景色
　　　　　　　　　moon (月) + -scape

2 night<u>scape</u>　　夜景
　　　　　　　　　night (夜) + -scape

3 sky<u>scape</u>　　　空景色
　　　　　　　　　sky (空) + -scape

4 street<u>scape</u>　　街景色
　　　　　　　　　street (通り) + -scape

5 sound<u>scape</u>　　音響の世界
　　　　　　　　　sound (音響) + -scape

接尾辞 -scription
語形成 動詞 ⊕ -scription

■☞ 語尾が –scribe の動詞を名詞にする

words

✔ 注意
動詞語尾で二重下線部分は語形成の際に脱落する。

1 de**scription**　　　記述
　　　　　　　　　　de**scribe**(記述する) + -scription

2 pre**scription**　　　処方箋、指示、命令
　　　　　　　　　　pre**scribe**(薬などを処方する) + -scription

3 in**scription**　　　銘、碑文、題字
　　　　　　　　　　in**scribe**(刻む) + -scription

4 sub**scription**　　　予約購読
　　　　　　　　　　sub**scribe**(予約購読する) + -scription

5 tran**scription**　　　転写、筆写、写本
　　　　　　　　　　tran**scribe**(転写する) + -scription

–se

接尾辞 -se
語形成 動詞 ⊕ -se
語尾が -d である動詞を名詞にする

✔ 注意
動詞語尾で二重下線部分は語形成の際に脱落する。

1 **defense**
防衛
defend (防衛する) + **-se**

2 **pretense**
見せかけ、いんちき
pretend (～の振りをする) + **-se**

3 **offense**
違反、違法行為
offend (感情を害する) + **-se**

4 **suspense**
気がかり、懸念
suspend (決定などを保留する) + **-se**

5 **expanse**
広々とした空間
expand (広げる) + **-se**

6 **response**
応答
respond (応答する) + **-se**

7 **expense**
費用、出費
expend (お金などを費やす) + **-se**

接尾辞 -ship 「能力」「資格」「地位」「役職」「特質」「状態」
語形成 名詞 ⊕ -ship
☞ 変則的に名詞の意味を変える

words

1 **censor<u>ship</u>**　　検閲制度
　　　　　　　　　　censor (検閲) + -ship

2 **viewer<u>ship</u>**　　テレビの視聴者
　　　　　　　　　　viewer (視聴者) + -ship

3 **reader<u>ship</u>**　　読者（集合的に）
　　　　　　　　　　reader (読者) + -ship

4 **citizen<u>ship</u>**　　市民権
　　　　　　　　　　citizen (市民) + -ship

5 **partner<u>ship</u>**　　協力関係
　　　　　　　　　　partner (協力) + -ship

6 **friend<u>ship</u>**　　友情
　　　　　　　　　　friend (友) + -ship

7 **premier<u>ship</u>**　　首相職
　　　　　　　　　　premier (首相) + -ship

8 **leader<u>ship</u>**　　指導力
　　　　　　　　　　leader (指導者) + -ship

9 **scholar<u>ship</u>**　　学識、奨学金
　　　　　　　　　　scholar (学者) + -ship

10 **fellow<u>ship</u>**　　特別研究員、仲間であること
　　　　　　　　　　fellow (仲間) + -ship

接尾辞 -sion
語形成 動詞 ⊕ -sion
☞ 語尾が -d/-de/-t の動詞を名詞にする

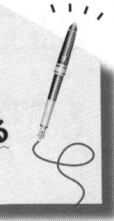

✔ 注意
動詞語尾で二重下線部分は語形成の際に脱落する。

1 **conclusion** 　　結論
　　　　　　　　　　conclude (結論する) + -sion

2 **erosion** 　　浸食作用
　　　　　　　　　　erode (浸食する) + -sion

3 **collision** 　　衝突、激突
　　　　　　　　　　collide (衝突する) + -sion

4 **explosion** 　　爆発
　　　　　　　　　　explode (爆発する) + -sion

5 **comprehension** 　　理解、把握
　　　　　　　　　　comprehend (理解する) + -sion

6 **suspension** 　　(行為などに) 一時停止
　　　　　　　　　　suspend (一時停止する) + -sion

7 **extension** 　　拡張、延長
　　　　　　　　　　extend (伸ばす) + -sion

8 **conversion** 　　転換、変化、改宗
　　　　　　　　　　convert (変える) + -sion

9 **subversion** 　　転覆
　　　　　　　　　　subvert (体制などを転覆させる) + -sion

10 **perversion** 　　性倒錯
　　　　　　　　　　pervert ([人を] 性倒錯にする) + -sion

接尾辞 -sive
語形成 動詞 ⊕ -sive
■☞ 語尾が -d/-de の動詞を形容詞にする

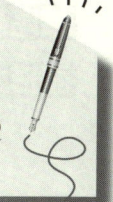

words

✔ 注意
動詞語尾で二重下線部分は語形成の際に脱落する。

1. **apprehen<u>sive</u>** — (何か起こりはしないかと) 不安になる
   apprehen<u>d</u> (懸念する) + **-sive**

2. **divi<u>sive</u>** — 区分を生じる
   divi<u>de</u> (分ける) + **-sive**

3. **offen<u>sive</u>** — (人の) 気にさわる
   offen<u>d</u> (気にさわる) + **-sive**

4. **exten<u>sive</u>** — 広範囲にわたる
   exten<u>d</u> (延ばす・拡張する) + **-sive**

5. **deci<u>sive</u>** — 断固とした
   deci<u>de</u> (決意する) + **-sive**

6. **explo<u>sive</u>** — 爆発性の
   explo<u>de</u> (爆発する) + **-sive**

7. **exclu<u>sive</u>** — 排他的な
   exclu<u>de</u> (排斥する) + **-sive**

8. **inclu<u>sive</u>** — 一切込みの
   inclu<u>de</u> (含める) + **-sive**

9. **eva<u>sive</u>** — 責任逃れの、あいまいな
   eva<u>de</u> ([義務などを] 回避する) + **-sive**

10. **conclu<u>sive</u>** — 決定的な
    conclu<u>de</u> (断定する) + **-sive**

接尾辞 -smith 「職人」
語形成 名詞 ⊕ -smith
☞ 変則的に名詞の意味を変える

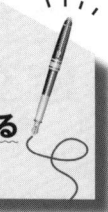

words

1. **gold<u>smith</u>** — 金細工職人
   gold(金) + -smith

2. **black<u>smith</u>** — 馬の蹄鉄を作る人
   black(黒) + -smith

3. **white<u>smith</u>** — ブリキや銀などの軽金属の仕事をする人
   white(白) + -smith

4. **gun<u>smith</u>** — 銃工
   gun(銃) + -smith

5. **tin<u>smith</u>** — 錫細工職人
   tin(錫) + -smith

6. **word<u>smith</u>** — 語を作る人
   word(語) + -smith

接尾辞 -some「〜を生じる」
語形成 動詞 ⊕ -some
■☞ 動詞を形容詞にする

words

✔ 注意
動詞語尾 –y は語形成の際しばしば –i になる。

1 **fear<u>some</u>**	怖い、恐ろしい **fear**(恐れる) + **-some**
2 **burden<u>some</u>**	やっかいな **burden**(重い荷を負わせる) + **-some**
3 **venture<u>some</u>**	向こう見ずな **venture**(危険にさらす) + **-some**
4 **trouble<u>some</u>**	面倒な、迷惑な **trouble**(迷惑をかける) + **-some**
5 **awe<u>some</u>**	畏敬の念を起こさせる、素晴らしい **awe**(畏敬の念を起こさせる) + **-some**
6 **frolic<u>some</u>**	陽気な、浮かれた **frolic**(浮かれ騒ぐ) + **-some**
7 **cumber<u>some</u>**	面倒な、重荷となる **cumber**(妨害する) + **-some**
8 **worri<u>some</u>**	気がかりの、困った **worry**(心配する) + **-some**
9 **meddle<u>some</u>**	おせっかいな **meddle**(余計な世話をやく) + **-some**
10 **irk<u>some</u>**	いらいらさせる、めんどうな **irk**(じらす) + **-some**

接尾辞 -ster「～の常習者」
語形成 名詞 ⊕ -ster
☞ 変則的に名詞の意味を変える

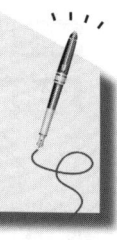

words

1. **prank<u>ster</u>** 悪ふざけをする人
   prank(悪意のないいたずら) + **-ster**

2. **mob<u>ster</u>** 暴徒、ギャングの一員
   mob(やじ馬連) + **-ster**

3. **hip<u>ster</u>** 最新の流行に明るい人
   hip(最新の流行に明るいこと) + **-ster**

4. **fraud<u>ster</u>** 詐欺師
   fraud(詐欺) + **-ster**

5. **trick<u>ster</u>** ペテン師、手品師
   trick(策略) + **-ster**

6. **gang<u>ster</u>** ギャングの一員
   gang(ギャング) + **-ster**

7. **videogame<u>ster</u>** ビデオゲームばかりやっている人
   videogame(ビデオゲーム) + **-ster**

8. **poll<u>ster</u>** 世論調査員
   poll(世論調査) + **-ster**

9. **speed<u>ster</u>** スピード狂
   speed(スピード) + **-ster**

10. **game<u>ster</u>** ばくち打ち
    game(ばくち) + **-ster**

接尾辞 -sumption
語形成 動詞 ⊕ -sumption
■☞ 語尾が -sume の動詞を名詞にする。

words

✔ 注意
動詞語尾で二重下線部分は語形成の際に脱落する。

1 **pre<u>sume</u>ption** 仮定、推定
   pre<u>sume</u> (推定する) + -sumption

2 **as<u>sume</u>ption** 仮定、想定
   as<u>sume</u> (当然の事として決めてかかる) + sumption

3 **con<u>sume</u>ption** 消費、消耗
   con<u>sume</u> (消費する) + -sumption

4 **re<u>sume</u>ption** 再開
   re<u>sume</u> (再開する) + -sumption

接尾辞 -sumptive
語形成 動詞 ⊕ -sumptive
☞ 語尾が -sume の動詞を形容詞にする

✔ 注意
動詞語尾で二重下線部分は語形成の際に脱落する。

1 pre**sumptive**　　仮定 [推定] に基づく
　　　　　　　　　　pre**sume** (確信をもって推定する) + -**sumptive**

2 con**sumptive**　　消費 [浪費] 的な
　　　　　　　　　　con**sume** (消費する) + -**sumptive**

3 as**sumptive**　　かってに決めてかかった
　　　　　　　　　　as**sume** (当然のことと決めてかかる) + -**sumptive**

4 re**sumptive**　　再開の、取り戻す
　　　　　　　　　　re**sume** (仕事などを再び始める) + -**sumptive**

接尾辞 -t
語形成 動詞 ⊕ -t
■☞ **動詞を名詞にする（稀少）**

words

✔注意
1. 動詞語尾で二重下線部分は語形成の際に脱落する。
2. 動詞語尾で二重下線部分は語形成の際に綴りが変わる場合がある。

1 **complaint**　　　苦情
　　　　　　　　　　complain (文句を言う) **+ -t**

2 **weight**　　　　重さ、体重
　　　　　　　　　　weigh (～の重さを量る) **+ -t**

3 **pursuit**　　　　追及、追跡
　　　　　　　　　　pursue (研究などを推し進める) **+ -t**

4 **extent**　　　　広さ、大きさ、長さ、範囲
　　　　　　　　　　extend (～を引き延ばす) **+ -t**

5 **intent**　　　　　意図、意向、決意
　　　　　　　　　　intend (～するつもりである) **+ -t**

–tial

接尾辞 -tial 「～に適した」「～に関連した」
-al の異形

語形成 名詞 ⊕ -tial

☞ 語尾が -ce の名詞を形容詞にする

words

✔ 注意
名詞語尾で二重下線部分は語形成の際に脱落する。

1 **circumstantial**　　付随的な、重要でない
　　　　　　　　　　　circumstance(周囲の事情) + **-tial**

2 **referential**　　関連事項を含む、参考用の
　　　　　　　　　reference(関連事項) + **-tial**

3 **existential**　　存在に関する
　　　　　　　　　existence(存在) + **-tial**

4 **consequential**　　結果として起こる、必然の
　　　　　　　　　　consequence(結果) + **-tial**

5 **evidential**　　証拠に基づいた
　　　　　　　　　evidence(証拠) + **-tial**

6 **confidential**　　機密の、極秘の、親展の
　　　　　　　　　　confidence(機密) + **-tial**

7 **sequential**　　連続の、相次いで起こる
　　　　　　　　　sequence(連続) + **-tial**

8 **substantial**　　かなりの、相当の
　　　　　　　　　substance(実体) + **-tial**

9 **preferential**　　優先的な
　　　　　　　　　preference(優先) + **-tial**

10 **influential**　　影響力のある
　　　　　　　　　influence(影響) + **-tial**

接尾辞 -tic
語形成 名詞 ⊕ -tic
■☞ 名詞を形容詞にする

words

✓ 注意
名詞語尾 -y は語形成の際 -e になることがある。

1 drama**tic**
劇的な
drama(劇) + **-tic**

2 apologe**tic**
謝罪の
apology(謝罪) + **-tic**

3 charisma**tic**
カリスマ性のある
charisma(カリスマ) + **-tic**

4 trauma**tic**
大きな精神的衝撃の
trauma(精神的衝撃) + **-tic**

5 schema**tic**
図式の、概要の
schema(図式・概要) + **-tic**

6 apathe**tic**
無感動の、無関心の
apathy(無感動) + **-tic**

7 sympathe**tic**
同情した
sympathy(同情) + **-tic**

–tion

接尾辞 -tion
語形成 動詞 ⊕ -tion
☞ 語尾が –ne/-ce/-d の動詞を名詞にする

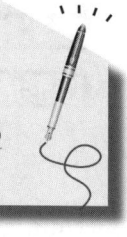

words

✔注意
動詞語尾で二重下線部分は語形成の際に脱落する。

1. **convention**
   (政治などの) 大会
   convene (議会などが召集される) + **-tion**

2. **introduction**
   紹介、導入
   introduce (紹介する) + **-tion**

3. **intervention**
   調停、干渉、仲裁
   intervene (干渉する) + **-tion**

4. **reduction**
   削減
   reduce (減らす) + **-tion**

5. **production**
   製造
   produce (製造する) + **-tion**

6. **seduction**
   そそのかし、誘惑
   seduce (そそのかす) + **-tion**

7. **intention**
   意図、意向、決意
   intend (〜するつもりである) + **-tion**

8. **attention**
   注意
   attend (気をつける) + **-tion**

接尾辞 -ual 「～の特徴をもつ」
語形成 名詞 ⊕ -ual
☞ 語尾が -t の名詞を形容詞にする

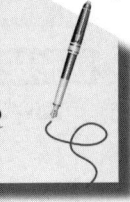

words

1. **intellectual**
   知的な
   intellect(知性) + -ual

2. **habitual**
   習慣的な
   habit(習慣) + -ual

3. **spiritual**
   精神的な
   spirit(精神) + -ual

4. **factual**
   事実に基づく
   fact(事実) + -ual

5. **actual**
   実際に起こった
   act(所業・仕業) + -ual

6. **contextual**
   文脈上の
   context(文脈) + -ual

7. **effectual**
   効果的な
   effect(効果) + -ual

8. **conceptual**
   概念上の
   concept(概念) + -ual

9. **perceptual**
   知覚の
   percept(知覚による認識結果) + -ual

10. **eventual**
    結果として生じる；いつかは起こる
    event(出来事) + -ual

–ular

接尾辞 -ular

語形成 名詞 ⊕ -ular

☞ 語尾が –le/-ule の名詞を形容詞にする

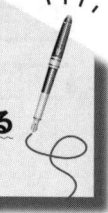

words

✔ 注意
　名詞語尾で二重下線部分は語形成の際に脱落する。

1. **cellular** — 細胞上の
   cell（細胞）+ **-ular**

2. **triangular** — 三角形の
   triangle（三角形）+ **-ular**

3. **circular** — 円形の
   circle（円形）+ **-ular**

4. **molecular** — 分子の
   molecule（分子）+ **-ular**

5. **spectacular** — 壮大な、見事な
   spectacle（壮観）+ **-ular**

6. **singular** — 唯一の、無二の
   single（唯一）+ **-ular**

7. **granular** — 粒上の
   granule（顆粒）+ **-ular**

8. **muscular** — 筋骨たくましい
   muscle（筋肉）+ **-ular**

9. **rectangular** — 長方形の
   rectangle（長方形）+ **-ular**

10. **globular** — 球状の
    globule（小球体）+ **-ular**

接尾辞 -ulent「〜が充満している」
語形成 名詞 ⊕ -ulent
☞ 名詞を形容詞にする（稀少）

words

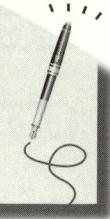

✓ 注意
名詞語尾で二重下線部分は語形成の際に脱落する。

1 fraud**ulent**　　詐欺的な、不正直な
　　　　　　　　　fraud（詐欺）+ -ulent

2 vir**ulent**　　伝染性の強い、有毒な
　　　　　　　　　virus（ウイルス）+ -ulent

3 corp**ulent**　　（人・体が）肥満した
　　　　　　　　　corp（corpus 体）+ -ulent

−ure

接尾辞 **-ure**「行為」「状態」「結果」
-ature / -iture / -ture：-ure の異形

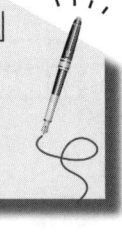

語形成 動詞 ⊕ **-ure**
■☞ 動詞を名詞にする

words

✔ 注意
　動詞語尾で二重下線部分は語形成の際に脱落する。

1 **departure**　　　　出発
　　　　　　　　　　depart（出発する）+ **-ure**

2 **failure**　　　　　失敗
　　　　　　　　　　fail（失敗する）+ **-ure**

3 **pressure**　　　　（物理的・精神的）重圧
　　　　　　　　　　press（押しつける）+ **-ure**

4 **disclosure**　　　露見、発覚、摘発
　　　　　　　　　　disclose（暴露する）+ **-ure**

5 **mixture**　　　　　混合物
　　　　　　　　　　mix（混ぜる）+ **-ture**

6 **fixture**　　　　　取り付けたもの、備品
　　　　　　　　　　fix（取り付ける）+ **-ture**

7 **legislature**　　　立法機関
　　　　　　　　　　legislate（法律を制定する）+ **-ure**

8 **signature**　　　　署名
　　　　　　　　　　sign（署名する）+ **-ature**

9 **creature**　　　　　被造物
　　　　　　　　　　create（創造する）+ **-ure**

10 **expenditure**　　出費
　　　　　　　　　　expend（金などを費やす）+ **-iture**

–ution

接尾辞 -ution
語形成 動詞 ⊕ -ution
☞ 語尾が -ve の動詞を名詞にする

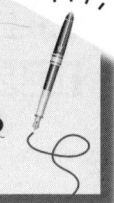

words

✔ 注意
1. 動詞語尾で二重下線部分は語形成の際に脱落する。
2. 動詞語尾 *–eve* は語形成の際に *b* に変化する。

1 **revol<u>ution</u>** 　　旋回、回転
　　　　　　　　　　　　revol<u>ve</u> (回転する) + **-ution**

2 **evol<u>ution</u>** 　　進化
　　　　　　　　　　　　evol<u>ve</u> (進化する) + **-ution**

3 **resol<u>ution</u>** 　　決意、決心
　　　　　　　　　　　　resol<u>ve</u> (決意する) + **-ution**

4 **sol<u>ution</u>** 　　解決
　　　　　　　　　　　　sol<u>ve</u> (解決する) + **-ution**

5 **dissol<u>ution</u>** 　　分解作用
　　　　　　　　　　　　dissol<u>ve</u> (分解する) + **-ution**

6 **retrib<u>ution</u>** 　　(悪行などの) 報い
　　　　　　　　　　　　retrie<u>ve</u> (〜から取り戻す) + **-ution**

7 **absol<u>ution</u>** 　　(刑罰・義務などの正式な) 免除
　　　　　　　　　　　　absol<u>ve</u> (刑罰などから免除する) + **-ution**

接尾辞 -y (1)

語形成 形容詞 ⊕ -y
形容詞を名詞にする

words

✓ 注意
子音が母音に挟まれる場合には、子音を重ねる。

1 goody
うまいもの、おいしいお菓子
good(良い) + **-y**

2 baddy
小説[映画]などの悪役
bad(悪い) + **-y**[ie]

3 honesty
正直
honest(正直な) + **-y**

4 jealousy
嫉妬
jealous(嫉妬する) + **-y**

5 difficulty
困難
difficult(困難な) + **-y**

6 infinity
無限
infinite(無限の) + **-y**

7 fatty
太った人
fat(太った) + **-y**

8 shorty
背の低い人
short(背が低い) + **-y**

9 lefty
左腕投手
left(左の) + **-y**

10 sweety
可愛い人
sweet(可愛い) + **-y**[ie]

接尾辞 -y (2)「〜の傾向がある」
語形成 動詞 ⊕ -y
☞ 動詞を形容詞にする

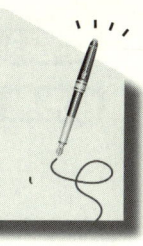

words

✔ 注意
動詞語尾で二重下線部分は語形成の際に脱落する。

1 **tasty**	食欲をそそる **taste** (味わってみる) + **-y**
2 **sticky**	べとべとする、ねばねばする **stick** (粘着する) + **-y**
3 **fussy**	小うるさい、つまらないことに騒ぎ立てる **fuss** (つまらないことでやきもきする) + **-y**
4 **choosy**	好みのうるさい **choose** (選ぶ) + **-y**
5 **picky**	些細(ささい)なことにやかましい、気難しい **pick** (摘み取る) + **-y**
6 **creepy**	(話などが) 身の毛のよだつような **creep** (昆虫などがはって進む) + **-y**
7 **pushy**	厚かましい、でしゃばりの **push** (押す) + **-y**
8 **catchy**	おもしろくて覚えやすい **catch** (捕らえる) + **-y**
9 **sleepy**	眠い **sleep** (眠る) + **-y**
10 **scary**	恐ろしい、怖い **scare** (怖がらせる) + **-y**

-y (3)

接尾辞 -y (3)「行為」「結果」「状態」
語形成 動詞 ⊕ -y
■☞ 動詞を名詞にする

words

✓ 注意
動詞語尾で二重下線部分は語形成の際に脱落する。

1 inquiry
調査、取調べ
inquire(調査する) + **-y**

2 injury
怪我、損傷
injure(怪我をする) + **-y**

3 delivery
配達、分娩
deliver(配達する) + **-y**

4 discovery
発見
discover(発見する) + **-y**

5 entry
(競技などへの) 参加者、出品物
enter(参加する) + **-y**

6 recovery
回復
recover(回復する) + **-y**

7 assembly
集会
assemble(集まる) + **-y**

8 flattery
へつらい、おべっか
flatter(おべっかを使う) + **-y**

9 perjury
[法] 偽証罪
perjure(偽証する) + **-y**

10 warranty
(品質などの) 保証書、捜査令状、逮捕状
warrant(保証する) + **-y**

接尾辞 -y (4)「名詞の示す性質を備えた」

語形成 名詞 ⊕ -y

■☞ 名詞を形容詞にする

words

✔ 注意
1. 名詞語尾で二重下線部分は語形成の際に脱落する。
2. 子音が母音に挟まれる場合には、子音を重ねる。

1 bossy
威張り散らす、偉そうにふるまう
boss(上司) + **-y**

2 faulty
過失などがある、欠陥のある
fault(欠陥) + **-y**

3 salty
塩辛い
salt(塩) + **-y**

4 dusty
ほこりっぽい
dust(ほこり) + **-y**

5 greedy
欲が深い、強欲な
greed(強欲) + **-y**

6 greasy
油で汚れた、べたべたした
grease(油脂) + **-y**

7 muddy
泥んこの
mud(泥) + **-y**

8 worthy
値打ちのある
worth(価値) + **-y**

9 crusty
(パンなどが) 堅くてパリパリした皮の
crust(堅い外皮) + **-y**

10 foamy
泡だつ、あわ状の
foam(泡) + **-y**

接尾辞 -y (5) 「小さいこと」「可愛いこと」
語形成 名詞 ⊕ -y
■☞ 変則的に名詞の意味を変える

words

✔ 注意
1. 子音が母音に挟まれる場合には、子音を重ねる。
2. 名詞語尾で二重下線部分は語形成の際に脱落する。

1 doggy   ワンちゃん (子犬の愛称)
     dog (犬) + **-y**

2 Johnny   ジョンちゃん (Johnの愛称)
     John (ジョン) + **-y**

3 piggy   子豚ちゃん
     pig (豚) + **-y**

4 Mommy   お母ちゃん
     Mom (母) + **-y**

5 Daddy   お父ちゃん
     Dad (父) + **-y**

6 sonny   息子 (息子への愛称)
     son (息子) + **-y**

7 birdy   小鳥ちゃん
     bird (鳥) + **-y**

8 kitty   子猫ちゃん
     kitten (子猫) + **-y**

擬似接辞
Pseudo-Affixes

✔ 擬似接頭辞の語形成

現代の英語をとても豊かにしているのが、普通の語をハイフンで名詞や形容詞に連結する語形成です。例えば、*once-beautiful* と聞けば、*once* という語には'かっては'という意味があることから、'もう美しくない'ことが即座に伝わってきます。*all-cotton* と聞けば、*It is made of 100% cotton.* と言うよりも簡単です。このような語形成は簡単にできるだけでなく、その意味が分かり良いという点で、現代の風潮にあっているものと思われます。どの品詞の語にでも自由につけられるのが、さらなる魅力であり、接頭辞と異なる点です。これらの語の扱いはまだ定まっていないのか、接頭辞としている辞書もあれば、連結詞としている辞書もあります。ここでは、擬似接頭辞（筆者造語）としました。

✓ 疑似接頭辞のリスト

1. all- ……………… 236
2. cross- …………… 237
3. double- ………… 238
4. ever- …………… 239
5. full- ……………… 240
6. great- …………… 241
7. half- …………… 242
8. mid- …………… 243
9. mini- …………… 244
10. mock- ………… 245
11. near- ………… 246
12. once- ………… 247
13. pan- ………… 248
14. quasi- ………… 249
15. self- ………… 250
16. step- ………… 251
17. vice- ………… 252

擬似接頭辞
all- 「100%〜の」

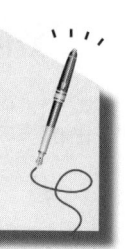

words

1. **all**-cotton — 綿100%の
   all- + cotton (綿)

2. **all**-steel — 鋼鉄100%の
   all- + steel (鋼鉄)

3. **all**-cash — 全額現金で
   all- + cash (現金)

4. **all**-weather — どんな天候にも使える
   all- + weather (天候)

5. **all**-time — 空前の、かつてない
   all- + time (時)

6. **all**-work — 働くだけの状態
   all- + work (労働)

7. **all**-word — 言葉だけの状態
   all- + word (言葉)

8. **all**-star — 一流選手からなる
   all- + star (一流選手)

9. **all**-giving — とても寛大な
   all- + giving (与えること)

10. **all**-season — どの季節にも適した
    all- + season (季節)

擬似接頭辞

cross- 「横断」「交差」「交雑」「反対」

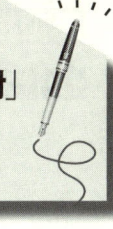

words

1. **cross-country** 国を横断する
   cross- + country (国)

2. **cross-campus** 大学構内を横切る
   cross- + campus (大学構内)

3. **cross-table** テーブルを挟んだ
   cross- + table (テーブル)

4. **cross-current** 逆流
   cross- + current (流れ)

5. **cross-road** 交差道路
   cross- + road (道路)

6. **cross-reference** 相互参照
   cross- + reference (参照)

7. **cross-fertilization** 交雑受精、交配
   cross- + fertilization (交配)

8. **cross-dressing** 異性の衣服を着ること
   cross- + dressing (着衣)

9. **cross-purpose** 相反する目的
   cross- + purpose (目的)

10. **cross-examination** [法] 反対尋問
    cross- + examination (尋問)

double-

擬似接頭辞
double- 「二度」「二回」「二つ」

words

1 **double**-check
再吟味する
double- + **check** (吟味)

2 **double**-click
マウスを続けて二回クリックする
double- + **click** (クリック)

3 **double**-date
二組の男女が一緒にデートすること
double- + **date** (デート)

4 **double**-deal
ごまかし、だまし
double- + **deal** (取引)

5 **double**-digit
二桁台の
double- + **digit** (一桁)

6 **double**-dyed
二度染めの
double- + **dyed** (染めた)

7 **double**-edged
両刃の
double- + **edged** (刃の)

8 **double**-hearted
二心[表裏]の有る
double- + **hearted** (心の)

9 **double**-knit
二重編み
double- + **knit** (編みの)

10 **double**-lock
二重に鍵をかける
double- + **lock** (鍵)

擬似接頭辞

ever- 「ある状態が常時あること」

words

1. **ever-green**
 常緑の
 ever- + **green**（緑の）

2. **ever-available**
 いつでも入手可能な
 ever- + **available**（入手可能な）

3. **ever-present**
 常時いる[ある]
 ever- + **present**（いる）

4. **ever-watchful**
 常に注意深い
 ever- + **watchful**（注意深い）

5. **ever-faithful**
 いつでも忠実な
 ever- + **faithful**（忠実な）

6. **ever-growing**
 成長が続いている
 ever- + **growing**（成長している）

7. **ever-lasting**
 不朽の、永遠の
 ever- + **lasting**（続く）

full-

擬似接頭辞
full- 「〜を最大限に使った」

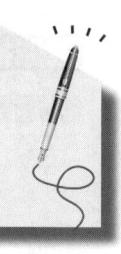

words

1 **full-scale** 実物大、全面的な
full- + scale (規模)

2 **full-speed** 最高速度
full- + speed (速度)

3 **full-volume** 最大音量
full- + volume (音量)

4 **full-strength** 最大限の力
full- + strength (力)

5 **full-time** 専任の
full- + time (時間)

6 **full-house** 大入り満員
full- + house (家)

7 **full-page** ページ一杯
full- + page (ページ)

8 **full-moon** 満月
full- + moon (月)

9 **full-color** 全面カラー
full- + color (色)

10 **full-force** 全力
full- + force (強度・エネルギー)

great-

擬似接頭辞
great- 「二世代か三世代離れた親族」

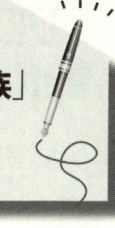

words

1. **great-grandfather** 曽祖父
   great- + grandfather (祖父)

2. **great-grandchild** 曾孫
   great- + grandchild (孫)

3. **great-uncle** 大叔父
   great- + uncle (叔父)

4. **great-aunt** 大叔母
   great- + aunt (叔母)

5. **great-niece** 甥(姪)の娘
   great- + niece (姪)

half-

擬似接頭辞
half- 「半ばある状態であること」、「半分」

words

1. **half**-asleep 寝ぼけ眼で
   half- + **asleep**（眠った）

2. **half**-dead 半死半生の
   half- + **dead**（死んだ）

3. **half**-empty 半分空っぽの
   half- + **empty**（空の）

4. **half**-moon 半月
   half- + **moon**（月）

5. **half**-brother 異母[異父]兄弟
   half- + **brother**（兄弟）

6. **half**-truth 一部だけ真実の言葉
   half- + **truth**（真実）

7. **half**-time 試合などのハーフタイム
   half- + **time**（試合時間）

8. **half**-price 半額
   half- + **price**（価格）

9. **half**-mast 半旗
   half- + **mast**（旗ざお）

10. **half**-life (放射能の) 半減期
    half- + **life**（寿命）

mid-

擬似接頭辞
mid- 「〜の半ば」「〜の中間」

words

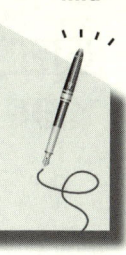

1 **mid-term**　　学期中間の
　　　　　　　　mid- + term (学期)

2 **mid-afternoon**　　昼下がりの
　　　　　　　　mid- + afternoon (午後)

3 **mid-September**　　九月半ばの
　　　　　　　　mid- + September (九月)

4 **mid-summer**　　真夏
　　　　　　　　mid- + summer (夏)

5 **mid-night**　　夜中、夜の十二時
　　　　　　　　mid- + night (夜)

6 **mid-life**　　人生半ばの、中年の
　　　　　　　　mid- + life (一生)

7 **mid-way**　　中途の
　　　　　　　　mid- + way (道)

8 **mid-week**　　週の中頃
　　　　　　　　mid- + week (週)

9 **mid-year**　　一年の中頃
　　　　　　　　mid- + year (年)

10 **mid-point**　　中間点
　　　　　　　　mid- + point (点)

mini-

擬似接頭辞
mini- 「名詞の示す物の小型版」

words

1. **mini-bus** 　　　　小型バス
   mini- + **bus** (バス)

2. **mini-skirt** 　　　丈の短いスカート
   mini- + **skirt** (スカート)

3. **mini-test** 　　　　小テスト
   mini- + **test** (テスト)

4. **mini-camera** 　　小型カメラ
   mini- + **camera** (カメラ)

5. **mini-state** 　　　超小国家
   mini- + **state** (国)

6. **mini-conference** 　小規模の会議
   mini- + **conference** (会議)

7. **mini-car** 　　　　小型自動車
   mini- + **car** (自動車)

8. **mini-scooter** 　　小型スクータ
   mini- + **scooter** (スクータ)

9. **mini-calculator** 　小型電算機
   mini- + **calculator** (電算機)

10. **mini-van** 　　　小型トラック
    mini- + **van** (大型有蓋トラック)

mock-

擬似接頭辞
mock- 「偽〜」

words

1 **mock**-minister — 牧師を装う人
mock- + minister (牧師)

2 **mock**-surprise — 見せかけの驚き
mock- + surprise (驚き)

3 **mock**-courtesy — 見せかけだけの丁重さ
mock- + courtesy (丁重さ)

4 **mock**-fight — 喧嘩ごっこ
mock- + fight (喧嘩)

5 **mock**-ceremony — 儀式の真似ごと
mock- + ceremony (儀式)

6 **mock**-aggression — 攻撃的な振りをすること
mock- + aggression (攻撃)

7 **mock**-modesty — 節度があるように振舞うこと
mock- + modesty (節度)

8 **mock**-sadness — 悲しい振りをすること
mock- + sadness (悲しさ)

9 **mock**-battle — 戦争ごっこ
mock- + battle (戦闘)

擬似接辞

擬似接頭辞

near-「ある状態に近いこと」

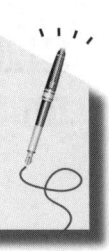

words

1. **near-death**
   臨死
   near- + **death**(死)

2. **near-impossible**
   不可能に近い
   near- + **impossible**(不可能な)

3. **near-identical**
   ほぼ同一である
   near- + **identical**(同一の)

4. **near-permanent**
   ほぼ永続的な
   near- + **permanent**(永続的な)

5. **near-miraculous**
   奇跡のような
   near- + **miraculous**(奇跡の)

擬似接頭辞
once- 「かつて〜であった」

words

1. **once**-beautiful — かつて美しかった
   once- + beautiful (美しい)

2. **once**-famous — かつて有名だった
   once- + famous (有名な)

3. **once**-fashionable — かつて流行っていた
   once- + fashionable (流行っている)

4. **once**-feared — かつて恐れられていた
   once- + feared (恐れられる)

5. **once**-forgotten — かつて忘れられていた
   once- + forgotten (忘れられた)

6. **once**-great — かつて偉大であった
   once- + great (偉大な)

7. **once**-luxurious — かつて贅沢と思われていた
   once- + luxurious (贅沢な)

8. **once**-popular — かつて人気があった
   once- + popular (人気のある)

9. **once**-influential — かつて影響力があった
   once- + influential (影響力のある)

10. **once**-living — かつて生存していた
    once- + living (生存している)

pan-

擬似接頭辞
pan- 「～全体に及ぶ」

words

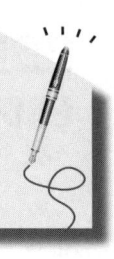

1 **pan-European** ヨーロッパ全土をカバーする
   pan- + **European**（ヨーロッパの）

2 **pan-African** アフリカ全土をカバーする
   pan- + **African**（アフリカの）

3 **pan-continental** 大陸全体をカバーする
   pan- + **continental**（大陸の）

4 **pan-Asian** アジア全体をカバーする
   pan- + **Asian**（アジアの）

5 **pan-Islamic** イスラム世界全体をカバーする
   pan- + **Islamic**（イスラム世界の）

擬似接頭辞
quasi- 「準〜」

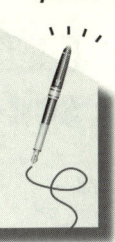

words

1 quasi-judicial
準司法の
quasi- + judicial (司法の)

2 quasi-juror
裁判員
quasi- + juror (陪審員)

3 quasi-liberal
うわべだけの自由主義者
quasi- + liberal (自由主義者)

4 quasi-money
準貨幣
quasi- + money (貨幣)

5 quasi-official
準公式の
quasi- + official (公式の)

self-

擬似接頭辞
self- 「自己〜」

words

1. **self**-respect
   自尊心
   self- + respect (尊敬)

2. **self**-awareness
   自覚
   self- + awareness (目覚め)

3. **self**-absorption
   自己陶酔
   self- + absorption (専心)

4. **self**-pity
   自分のことを可哀そうだと思うこと
   self- + pity (哀れみ・同情)

5. **self**-deception
   自己欺瞞
   self- + deception (欺瞞)

6. **self**-defense
   自衛、自己防衛
   self- + defense (防衛)

7. **self**-development
   自己開発
   self- + development (開発)

8. **self**-control
   自己抑制
   self- + control (抑制)

9. **self**-image
   自己像
   self- + image (像)

10. **self**-satisfaction
    自己満足
    self- + satisfaction (満足)

擬似接頭辞
step- 「継〜」「義理の〜」

words

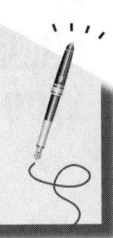

1. **step**-mother 　　継母
   step- + **mother**（母親）

2. **step**-father 　　継父
   step- + **father**（父親）

3. **step**-son 　　継息子
   step- + **son**（息子）

4. **step**-daughter 　　継娘
   step- + **daughter**（娘）

5. **step**-child 　　継子
   step- + **child**（子供）

vice-

擬似接頭辞
vice- 官職名「副〜」「次〜」「〜代理」

words

1. **vice-chancellor** 　　副長官
   vice- + **chancellor**（長官）

2. **vice-chairman** 　　副議長
   vice- + **chairman**（議長）

3. **vice-president** 　　大統領・副社長
   vice- + **president**（大統領・社長）

4. **vice-admiral** 　　海軍中将
   vice- + **admiral**（艦隊司令官）

✓ 擬似接尾辞の語形成

現代の英語では、意味をもった語が他の語の右側に連結されるケースが多く観察されます。例えば、すでに日本語の一部となっているカタカナ英語のクラスメート *classmate,* チームメート *teammate,* ルームメート *roommate* 等の語ですが、いずれの語にも、その右側に '仲間' を意味する語、*mate* が連結されています。

しかし、これが接尾辞でないことは明らかです。先ず第一に *mate* は '仲間' を意味する名詞です。第二に接尾辞ならば基本語の品詞を変えるはずです。ところが、*mate* は基本語の名詞の意味を変えるだけです。そこでこのタイプの語を擬似接尾辞 (筆者造語) として整理しました。

擬似接尾辞は、接尾辞だけでは作りきれない現代の様々な語の必要によって自然発生した語形成のように思われます。

1. *−craft* ……… 254
2. *−fold* ……… 255
3. *−folk* ……… 256
4. *−hand* ……… 257
5. *−head* ……… 258
6. *−man* ……… 259
7. *−mate* ……… 260
8. *−proof* ……… 261
9. *−to-be* ……… 262
10. *−ware* ……… 263
11. *−wise* ……… 264
12. *−work* ……… 265

–craft

擬似接尾辞
-craft「乗り物」、「特殊技術」

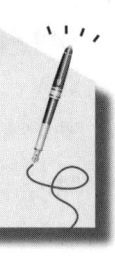

words

1. **air<u>craft</u>** — 航空機
   air（大気）+ **-craft**

2. **space<u>craft</u>** — 宇宙船
   space（宇宙）+ **-craft**

3. **surface<u>craft</u>** — 水上船
   surface（水面）+ **-craft**

4. **hand<u>craft</u>** — 手工芸
   hand（手）+ **-craft**

5. **stage<u>craft</u>** — 演出（法）
   stage（舞台）+ **-craft**

6. **state<u>craft</u>** — 政治術、国政
   state（国）+ **-craft**

7. **wood<u>craft</u>** — 木彫術、木製品製造
   wood（木材）+ **-craft**

8. **witch<u>craft</u>** — 魔術
   witch（魔女）+ **-craft**

9. **ring<u>craft</u>** — ボクシングをリングサイドから管理する術
   ring（リングサイド）+ **-craft**

10. **paper<u>craft</u>** — 紙細工
    paper（紙）+ **-craft**

擬似接尾辞
-fold 「〜側面」「〜倍」

words

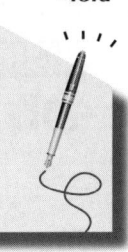

1 two**fold**
二側面の、二倍の
two(2) + **-fold**

2 three**fold**
三側面の、三倍の
three(3) + **-fold**

3 five**fold**
五側面の、五倍の
five(5) + **-fold**

4 multi**fold**
多側面の
multi(多数) + **-fold**

5 hundred**fold**
百の部分からなる、百倍の
hundred(100) + **-fold**

擬似接尾辞
-folk「人々」

words

1 town**folk**　　　町民、市民
town (町) + -folk

2 women**folk**　　女たち
women (女) + -folk

3 men**folk**　　　男たち
men (男) + -folk

4 country**folk**　地方人、同郷人
country (田舎) + -folk

5 kin**folk**　　　同族、親族
kin (親族) + -folk

擬似接尾辞
-hand「〜で働く人」

words

1 **stagehand**　　舞台係、裏方
　　　　　　　　　stage (舞台) + -hand

2 **farmhand**　　農場労働者、作男
　　　　　　　　　farm (農場) + -hand

3 **deckhand**　　甲板員
　　　　　　　　　deck (甲板) + -hand

4 **garagehand**　　自動車修理場で働く人
　　　　　　　　　garage (自動車修理場) + -hand

5 **cowhand**　　牛飼い
　　　　　　　　　cow (牛) + -hand

–head

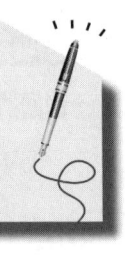

擬似接尾辞
-head 「頭が～のような人」

words

1	**air<u>head</u>**	考えが浅く、頭がない人 **air**（空気）＋ **-head**
2	**egg<u>head</u>**	知識人、インテリ（軽蔑的） **egg**（卵）＋ **-head**
3	**pin<u>head</u>**	まぬけ、馬鹿 **pin**（ピン）＋ **-head**
4	**sleepy<u>head</u>**	眠そうな人 **sleepy**（眠い）＋ **-head**
5	**sore<u>head</u>**	怒りっぽい人 **sore**（感情を害した）＋ **-head**
6	**fat<u>head</u>**	愚鈍 **fat**（ものぐさな）＋ **-head**
7	**muddle<u>head</u>**	まぬけ **muddle**（混乱状態）＋ **-head**
8	**block<u>head</u>**	馬鹿、まぬけ **block**（妨害物）＋ **-head**
9	**knuckle<u>head</u>**	馬鹿、まぬけ **knuckle**（指関節）＋ **-head**

擬似接尾辞
-man 「〜をする人」「〜の人」

words

1 mail**man**
郵便配達員
mail(郵便物) + **-man**

2 sales**man**
販売員
sales(販売) + **-man**

3 country**man**
田舎の人
country(田舎) + **-man**

4 lay**man**
門外漢、素人
lay(専門家でない) + **-man**

5 anchor**man**
最終走者
anchor(錨) + **-man**

6 weather**man**
天気予報士
weather(天気) + **-man**

7 clergy**man**
聖職者
clergy(僧侶) + **-man**

8 sports**man**
スポーツにたけた人
sports(スポーツ) + **-man**

9 repair**man**
修理する人
repair(修理) + **-man**

10 swords**man**
剣術にたけた人
swords(剣) + **-man**

擬似接尾辞
-mate「〜の仲間」

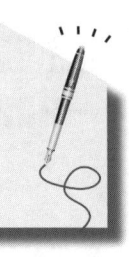

words

1 clas<u>mate</u> 同級生
class (クラス) + -mate

2 house<u>mate</u> 一軒の家での同居人
house (家) + -mate

3 room<u>mate</u> 貸間の同居人
room (部屋) + -mate

4 school<u>mate</u> 学友
school (学校) + -mate

5 team<u>mate</u> 同じチームの仲間
team (チーム) + -mate

6 play<u>mate</u> 遊び仲間
play (遊び) + -mate

7 running-<u>mate</u> 副大統領候補
running (選挙戦を戦う) + -mate

–proof

擬似接尾辞
-proof「〜の害が及ばないこと」

words

1 waterproof   防水の
water (水) + -proof

2 bulletproof   防弾の
bullet (弾) + -proof

3 foolproof   誰でもやれる
fool (馬鹿) + -proof

4 soundproof   防音の
sound (音) + -proof

5 windproof   防風の
wind (風) + -proof

6 ovenproof   オーブンに入れても使える (食器など)
oven (オーブン) + -proof

7 damp-proof   湿気防止の
damp (湿気) + -proof

8 leak-proof   水漏れしない
leak (水漏れ) + -proof

9 shatter-proof   破砕防止の (安全ガラスなど)
shatter (破片) + -proof

10 flameproof   耐炎性の、難炎性
flame (炎) + -proof

擬似接尾辞
-to-be 「将来～になる人 / もの」

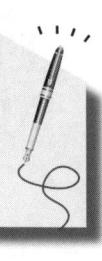

words

1 bride-to-be　　　花嫁となる人
　　　　　　　　　　bride (花嫁) + -to-be

2 groom-to-be　　　花婿となる人
　　　　　　　　　　groom (花婿) + -to-be

3 emperor-to-be　　ゆくゆくは天皇になる人
　　　　　　　　　　emperor (天皇) + -to-be

4 astronaut-to-be　宇宙飛行士になる訓練を受けている人
　　　　　　　　　　astronaut (宇宙飛行士) + -to-be

5 house-to-be　　　建築中の家
　　　　　　　　　　house (家) + -to-be

–ware

擬似接尾辞
-ware「製品」、「食器」、「無形財」

words

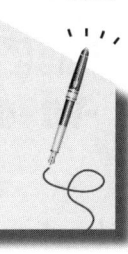

1 china<u>ware</u> 磁器、瀬戸物
china (陶磁器) + -ware

2 glass<u>ware</u> ガラス食器
glass (ガラス) + -ware

3 house<u>ware</u> 家庭用品
house (家庭) + -ware

4 oven<u>ware</u> 電子レンジ用耐熱容器
oven (電子レンジ) + -ware

5 hard<u>ware</u> 金物
hard (金属) + -ware

6 silver<u>ware</u> 銀食器
silver (銀製の) + -ware

7 table<u>ware</u> 卓上食器類
table (食卓) + -ware

8 soft<u>ware</u> コンピュータ運用のためのプログラム
soft (機械などの付加価値を高めるもの) + -ware

–wise

擬似接尾辞
-wise (1)「〜の点から言えば」
　　　(2)「〜と同じやり方で」

words

-wise (1)「〜の点から言えば」

1. **time-wise**　　　　　所要時間の点から言うと
　　　　　　　　　　　　　time (時間) + **-wise**

2. **cost-wise**　　　　　費用 (お金) の点から言うと
　　　　　　　　　　　　　cost (費用) + **-wise**

3. **weather-wise**　　　天気という点から言うと
　　　　　　　　　　　　　weather (天気) + **-wise**

4. **calorie-wise**　　　カロリーの点から言うと
　　　　　　　　　　　　　calorie (カロリー) + **-wise**

5. **status-wise**　　　　地位の点から言うと
　　　　　　　　　　　　　status (地位) + **-wise**

-wise (2)「〜と同じやり方で」

6. **clock-wise**　　　　時計の針のように (右回りに)
　　　　　　　　　　　　　clock (時計) + **-wise**

7. **counter clock-wise**　時計の針と逆方向に (左回りに)
　　　　　　　　　　　　　clock (時計) + **-wise**

8. **monkey-wise**　　　猿のやるように
　　　　　　　　　　　　　monkey (猿) + **-wise**

9. **cross-wise**　　　　十字形に
　　　　　　　　　　　　　cross (十字形) + **-wise**

10. **crab-wise**　　　　蟹のように
　　　　　　　　　　　　　crab (蟹) + **-wise**

−work

擬似接尾辞

-work (1)「〜で出来た作品」
(2)「〜を使ってやる作業」

words

-work (1)「〜で出来た作品」

1 iron**work** 　　　　鉄製品 (細工)
　　　　　　　　　　iron (鉄) + **-work**

2 stone**work** 　　　石細工
　　　　　　　　　　stone (石) + **-work**

3 crochet**work** 　　クロセー編み手芸
　　　　　　　　　　crochet (クロセー編み) + **-work**

4 lace**work** 　　　　レース製品
　　　　　　　　　　lace (レース) + **-work**

5 tile**work** 　　　　タイル製品
　　　　　　　　　　tile (タイル) + **-work**

-work (2)「〜を使ってやる作業」

6 foot**work** 　　　　(スポーツ・ダンス) 足さばき
　　　　　　　　　　sports (スポーツ) + **-work**

7 brain**work** 　　　頭脳労働、思索
　　　　　　　　　　brain (頭脳) + **-work**

8 paper**work** 　　　文書業務
　　　　　　　　　　paper (文書) + **-work**

9 camera**work** 　　写真撮影
　　　　　　　　　　camera (カメラ) + **-work**

10 desk**work** 　　　机上の仕事
　　　　　　　　　　desk (机) + **-work**

接頭辞や接尾辞で変わる単語の意味
Confusing Words

接頭辞や接尾辞で変わる単語の意味 -1-

次の一対の語は同じ基本語から語形成されています。
語とその定義を組み合わせましょう。

words

1. **satisfy<u>ing</u> / satis<u>factory</u>**
   - (a) good enough for a particular purpose
   - (b) making you feel pleased and happy

2. **worth<u>less</u> / <u>un</u>worthy**
   - (c) undeserving
   - (d) without worth

3. **support<u>able</u> / support<u>ive</u>**
   - (e) can be supported
   - (f) encouraging

4. **sens<u>itive</u> / sens<u>ible</u>**
   - (g) quick to take offense
   - (h) showing good judgment

5. **<u>non</u>human / <u>in</u>human / <u>sub</u>human**
   - (i) too cruel
   - (j) animal
   - (k) behaving in a way that is not worthy of a civilized person

答

- (a) satisfactory
- (b) satisfying
- (c) unworthy
- (d) worthless
- (e) supportable
- (f) supportive
- (g) sensitive
- (h) sensible
- (i) inhuman
- (j) nonhuman
- (k) subhuman

接頭辞や接尾辞で変わる単語の意味 -2-

次の一対の語は同じ基本語から語形成されています。
語とその定義を組み合わせましょう。

words

1. **<u>dis</u>interested / <u>un</u>interested**
   - (a) not influenced by personal advantage
   - (b) not interested

2. **<u>dis</u>charge / <u>un</u>charged**
   - (c) to fire a gun
   - (d) not charged

3. **forget<u>ful</u> / forget<u>table</u>**
   - (e) not very interesting or good
   - (f) often forgetting things

4. **interview<u>er</u> / interview<u>ee</u>**
   - (g) person who is being or is to be interviewed
   - (h) person who interviews

5. **<u>im</u>balance / <u>un</u>balance**
   - (i) lack of balance or equality
   - (j) make slightly crazy

答

- (a) disinterested
- (b) uninterested
- (c) discharge
- (d) uncharged
- (e) forgettable
- (f) forgetful
- (g) interviewee
- (h) interviewer
- (i) imbalance
- (j) unbalance

接頭辞や接尾辞で変わる単語の意味 -3-

次の一対の語は同じ基本語から語形成されています。
語とその定義を組み合わせましょう。

words

1. **divis<u>ive</u> / divis<u>ible</u>**
   - (a) causing disunity
   - (b) that can be divided

2. **resid<u>ence</u> / resid<u>ent</u>**
   - (c) person who lives in a place
   - (d) house

3. **terr<u>ify</u> / terror<u>ize</u>**
   - (e) frighten extremely
   - (f) fill with terror by threats or acts of violence

4. **<u>il</u>legible / <u>un</u>readable**
   - (g) impossible to read
   - (h) difficult to read because it is boring or complicated

5. **<u>in</u>edible / <u>un</u>eatable**
   - (i) unpleasant or unsuitable to eat
   - (j) unsuitable for eating

答

- (a) divisive
- (b) divisible
- (c) resident
- (d) residence
- (e) terrify
- (f) terrorize
- (g) illegible
- (h) unreadable
- (i) uneatable
- (j) inedible

接頭辞や接尾辞で変わる単語の意味 -4-

次の一対の語は同じ基本語から語形成されています。
語とその定義を組み合わせましょう。

words

1. **un**help**ful** / help**less**
   - (a) unable to look after oneself
   - (b) not willing or able to help in a situation and sometimes making it worse

2. word**y** / word**less**
   - (c) using too many formal words
   - (d) without words

3. **semi**conscious / **un**conscious / **sub**conscious
   - (e) half conscious
   - (f) present at a hidden level of the mind, not consciously known about
   - (g) having lost consciousness; not intentional

4. **dis**use / **mis**use
   - (h) state of no longer being used
   - (i) the use of something in the wrong way

5. **over**grow / **out**grow
   - (j) to grow too large
   - (k) grow too big, too old, or too fast for

答

- (a) helpless
- (b) unhelpful
- (c) wordy
- (d) wordless
- (e) semiconscious
- (f) subconscious
- (g) unconscious
- (h) disuse
- (i) misuse
- (j) overgrow
- (k) outgrow

接頭辞や接尾辞で変わる単語の意味 -5-

次の一対の語は同じ基本語から語形成されています。
語とその定義を組み合わせましょう。

words

1. **amoral / immoral**
   (a) morally wrong
   (b) having no understanding of right or wrong

2. **unwind / rewind**
   (c) relax and stop feeling anxious
   (d) go back to the beginning of the tape

3. **inability / disability**
   (e) lack of power or skill
   (f) being disabled

4. **unprofessional / nonprofessional**
   (g) being an amateur
   (h) not behaving according to the standard that is expected in a particular profession

5. **oversell / outsell**
   (i) to be sold in larger quantity than something else
   (j) to sell more than the amount produced

答

(a) immoral
(b) amoral
(c) unwind
(d) rewind
(e) inability
(f) disability
(g) nonprofessional
(h) unprofessional
(i) outsell
(j) oversell

接頭辞や接尾辞で変わる単語の意味 -6-

次の一対の語は同じ語根から語形成されています。
語とその定義を組み合わせましょう。

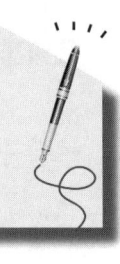

words

1 substandard / nonstandard
  (a) not the usual size or type
  (b) not as good as the average, and not acceptable

2 decode / encode
  (c) to discover the meaning of a secret or complicated message
  (d) to put a message or other information into a code

3 comprehensive/comprehensible
  (e) easy to understand
  (f) including necessary facts and details

4 emergence/emergency
  (g) dangerous happening which must be dealt with at once
  (h) the process or event of its coming into existence

5 excellency/excellence
  (i) title of some people of higher rank in some countries
  (j) the quality of being very good

答

- (a) nonstandard
- (b) substandard
- (c) decode
- (d) encode
- (e) comprehensible
- (f) comprehensive
- (g) emergency
- (h) emergence
- (i) excellency
- (j) excellence

接頭辞や接尾辞で変わる単語の意味 -7-

次の一対の語は同じ基本語から語形成されています。
語とその定義を組み合わせましょう。

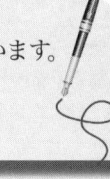

words

1. **cultur<u>ed</u> / cultur<u>al</u>**
   - (a) having had a good education
   - (b) related to art, literature, music etc.

2. **season<u>ed</u>/season<u>al</u>/season<u>able</u>**
   - (c) suitable or useful for the time of year
   - (d) usually happening or active only at a particular season
   - (e) having much experience

3. **color<u>ful</u>/color<u>less</u>/color<u>ed</u>**
   - (f) having colors
   - (g) brightly colored
   - (h) without color; dull

4. **<u>un</u>qualified/<u>dis</u>qualified**
   - (i) made unfit to do something
   - (j) not having suitable knowledge or experience

5. **<u>mal</u>function/<u>dys</u>function**
   - (k) fault in operation
   - (l) not working properly or normally

答
- (a) cultured
- (b) cultural
- (c) seasonable
- (d) seasonal
- (e) seasoned
- (f) colored
- (g) colorful
- (h) colorless
- (i) disqualified
- (j) unqualified
- (k) malfunction
- (l) dysfunction

接頭辞や接尾辞で変わる単語の意味 -8-

次の一対の語は同じ基本語から語形成されています。
語とその定義を組み合わせましょう。

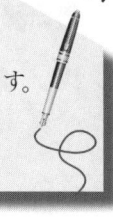

words

1. **immature/premature**
   - (a) not fully formed or developed
   - (b) happening before the proper time

2. **rearm/disarm**
   - (c) start to build up a stock of military weapons again
   - (d) reduce a nation's military strength

3. **economic/economical**
   - (e) connected with business, industry, and wealth
   - (f) using money, time, goods etc. carefully and without wasting any

4. **contemptuous/contemptible**
   - (g) showing contempt
   - (h) deserving contempt

5. **spirited/spiritual**
   - (i) of the spirit rather than the body
   - (j) full of spirit

答
- (a) immature
- (b) premature
- (c) rearm
- (d) disarm
- (e) economic
- (f) economical
- (g) contemptuous
- (h) contemptible
- (i) spiritual
- (j) spirited

接頭辞や接尾辞で変わる単語の意味 -9-

次の一対の語は同じ基本語から語形成されています。
語とその定義を組み合わせましょう。

words

1 **right<u>eous</u> / right<u>ful</u>**
   (a) morally good and fair
   (b) according to what is legally and morally correct

2 **histor<u>ical</u> / histor<u>ic</u>**
   (c) important in history
   (d) about history

3 **sex<u>y</u> / sex<u>ual</u>**
   (e) of or connected with sex
   (f) sexually exciting

4 **regret<u>ful</u> / regret<u>table</u>**
   (g) full of regret
   (h) that one should regret

5 **permiss<u>ible</u> / permiss<u>ive</u>**
   (i) allowed by law or by the rules
   (j) allowing too much freedom

答

(a) righteous
(b) rightful
(c) historic
(d) historical
(e) sexual
(f) sexy
(g) regretful
(h) regrettable
(i) permissible
(j) permissive

接頭辞や接尾辞で変わる単語の意味 -10-

次の一対の語は同じ基本語から語形成されています。
語とその定義を組み合わせましょう。

words

1. **cur<u>ative</u> / cur<u>able</u>**
   - (a) that can be cured
   - (b) able to or intended to cure illness

2. **interview<u>er</u> / interview<u>ee</u>**
   - (c) person who interviews
   - (d) person who is being or is to be interviewed

3. **child<u>like</u> / child<u>ish</u>**
   - (e) unsuitable for a grown person
   - (f) simple, lovable

4. **imagin<u>ative</u> / imagin<u>ary</u> / imagin<u>able</u>**
   - (g) that can be imagined
   - (h) good at imagining
   - (i) unreal

5. **forgiv<u>able</u> / forgiv<u>ing</u>**
   - (j) can be forgiven
   - (k) willing to forgive

答

- (a) **curable**
- (b) **curative**
- (c) **interviewer**
- (d) **interviewee**
- (e) **childish**
- (f) **childlike**
- (g) **imaginable**
- (h) **imaginative**
- (i) **imaginary**
- (j) **forgivable**
- (k) **forgiving**

接頭辞や接尾辞で変わる単語の意味 -11-

次の一対の語は同じ基本語から語形成されています。
語とその定義を組み合わせましょう。

words

1. **mis**information / **dis**information
    - (a) incorrect information
    - (b) false information given intentionally in order to hide the truth or confuse people in political situations

2. **out**live / **re**live
    - (c) to experience again in the imagination
    - (d) to live longer than

3. **un**do / **re**do / **over**do / **out**do
    - (e) to do or be better than
    - (f) to remove the effects of
    - (g) to do too much
    - (h) to do it again in order to improve

4. shame**less** / shame**ful**
    - (i) not feeling suitably ashamed
    - (j) be ashamed of

5. **un**classified / **de**classified
    - (k) not classified
    - (l) information which has been officially stated that it is no longer secret

答
- (a) misinformation
- (b) disinformation
- (c) relive
- (d) outlive
- (e) outdo
- (f) undo
- (g) overdo
- (h) redo
- (i) shameless
- (j) shameful
- (k) unclassified
- (l) declassified

接頭辞や接尾辞で変わる単語の意味 -12-

次の一対の語は同じ基本語から語形成されています。
語とその定義を組み合わせましょう。

words

1. **unlucky / luckless**
   (a) having no luck
   (b) having bad luck

2. **expectancy / expectation**
   (c) the feeling that something will happen because it is likely or planned
   (d) the feeling that something pleasant is going to happen

3. **vacancy / vacation**
   (e) time of rest from work, school, etc.
   (f) unfilled place, such as a job or hotel room

4. **pollutant / pollution**
   (g) polluting substance
   (h) act of polluting

5. **assistant / assistance**
   (i) help or support
   (j) person who helps

答

(a) luckless
(b) unlucky
(c) expectation
(d) expectancy
(e) vacation
(f) vacancy
(g) pollutant
(h) pollution
(i) assistance
(j) assistant

接頭辞や接尾辞で変わる単語の意味 -13-

次の一対の語は同じ基本語から語形成されています。
語とその定義を組み合わせましょう。

words

1. **correspondence / correspondent**
   - (a) writing letters
   - (b) someone employed by a newspaper, television, etc. to report news from a distant area

2. **overload / unload**
   - (c) load too heavily
   - (d) remove a load from

3. **precedence / precedent**
   - (e) to be considered more important than something else
   - (f) something of the same type that has happened or existed before

4. **execution / executive**
   - (g) person in an executive position in business
   - (h) legal killing

5. **spacious / spacey**
   - (i) having a lot of room
   - (j) behaving as though you are not fully conscious of what is happening around you

答

- (a) correspondence
- (b) correspondent
- (c) overload
- (d) unload
- (e) precedence
- (f) precedent
- (g) executive
- (h) execution
- (i) spacious
- (j) spacey

接頭辞や接尾辞で変わる単語の意味 -14-

次の一対の語は同じ基本語から語形成されています。
語とその定義を組み合わせましょう。

words

1. home**ly** / home**y**
   - (a) pleasant, like home
   - (b) not attractive

2. continu**al** / continu**ous**
   - (c) regular, frequent
   - (d) continuing, unbroken

3. wondr**ous** / wonder**ful**
   - (e) unusually good
   - (f) amazing and impressive

4. incred**ible** / incred**ulous**
   - (g) unbelievable
   - (h) not believing

5. respons**ive** / respons**ible**
   - (i) having done or caused something bad
   - (j) ready to react in a useful or helpful way

答
- (a) homey
- (b) homely
- (c) continual
- (d) continuous
- (e) wonderful
- (f) wondrous
- (g) incredible
- (h) incredulous
- (i) responsible
- (j) responsive

接頭辞や接尾辞で変わる単語の意味 -15-

次の一対の語は同じ基本語から語形成されています。
語とその定義を組み合わせましょう。

words

1. **examin<u>er</u> / examin<u>ee</u>**
   - (a) someone who tests students' knowledge or ability
   - (b) someone who is being tested

2. **govern<u>ment</u> / govern<u>ance</u>**
   - (c) governing
   - (d) group of people who govern

3. **defens<u>ive</u> / defens<u>ible</u>**
   - (e) that can be defended
   - (f) used in defense

4. **respect<u>ful</u> / respect<u>able</u>**
   - (g) feeling or showing respect
   - (h) socially acceptable

5. **depend<u>ence</u> / depend<u>ent</u>**
   - (i) person supported by another
   - (j) being dependent

答
- (a) examiner
- (b) examinee
- (c) governance
- (d) government
- (e) defensible
- (f) defensive
- (g) respectful
- (h) respectable
- (i) dependent
- (j) dependence

接頭辞や接尾辞で変わる単語の意味 -16-

次の一対の語は同じ基本語から語形成されています。
語とその定義を組み合わせましょう。

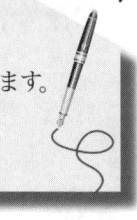

words

1. **complainant / complaint**
   (a) [law] someone who makes a formal complaint in a court of law
   (b) statement of complaining

2. **stylish / stylist**
   (c) person who invents styles or fashions
   (d) smart, elegant, and fashionable

3. **reality / realism**
   (e) accepting the way things really are in life
   (f) something or everything real

4. **earthy / earthly**
   (g) of this world
   (h) concerned with the body, not the mind

5. **tasty / tasteful**
   (i) showing good taste
   (j) tasting pleasant

答

(a) complainant
(b) complaint
(c) stylist
(d) stylish
(e) realism
(f) reality
(g) earthly
(h) earthy
(i) tasteful
(j) tasty

接頭辞や接尾辞で変わる単語の意味 -17-

次の一対の語は同じ基本語から語形成されています。
語とその定義を組み合わせましょう。

words

1 **compar<u>ative</u> / compar<u>able</u>**
    (a) similar
    (b) measured or judged by comparison

2 **fruit<u>y</u> / fruit<u>ful</u>**
    (c) having good results
    (d) tasting or smelling strongly of fruit

3 **<u>over</u>state / <u>under</u>state**
    (e) describe it in a way that it is more important than it really is
    (f) describe it in a way that it is less important than it actually is

4 **vari<u>ous</u> / vari<u>able</u>**
    (g) that changes or can be changed
    (h) different from each other

5 **<u>dis</u>affected / <u>un</u>affected**
    (i) lacking (esp. political) loyalty
    (j) not changed or influenced by something

答

(a) comparable
(b) comparative
(c) fruitful
(d) fruity
(e) overstate
(f) understate
(g) variable
(h) various
(i) disaffected
(j) unaffected

接頭辞や接尾辞で変わる単語の意味 -18-

次の一対の語は同じ基本語から語形成されています。
語とその定義を組み合わせましょう。

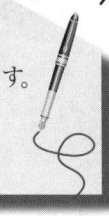

words

1. **econom<u>ics</u> / econom<u>ist</u>**
   (a) the study of the way in which money and goods are produced and used
   (b) someone who studies the systems of business

2. **expens<u>ive</u> / expend<u>able</u>**
   (c) that can be used up without worrying
   (d) costing a lot

3. **moment<u>ary</u> / moment<u>ous</u>**
   (e) lasting a moment
   (f) extremely important

4. **<u>un</u>satisfactory / <u>dis</u>satisfied**
   (g) not good enough
   (h) displeased

5. **<u>dis</u>able / <u>un</u>able**
   (i) not able
   (j) make unable to use one's body

答

(a) economics
(b) economist
(c) expendable
(d) expensive
(e) momentary
(f) momentous
(g) unsatisfactory
(h) dissatisfied
(i) unable
(j) disable

接頭辞や接尾辞で変わる単語の意味 -19-

次の一対の語は同じ基本語から語形成されています。
語とその定義を組み合わせましょう。

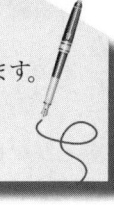

words

1. **real<u>ity</u> / real<u>ism</u>**
   (a) things that actually happen or are true
   (b) the ability to accept and deal with situations in a practical way

2. **health<u>ful</u> / health<u>y</u>**
   (c) enjoying good health
   (d) beneficial for health

3. **<u>over</u>hear / <u>mis</u>hear**
   (e) hear it wrongly
   (f) hear what others are saying without them knowing

4. **<u>pre</u>cook / <u>over</u>cook**
   (g) to cook too much
   (h) to cook beforehand

5. **<u>dis</u>organized / <u>un</u>organized**
   (i) do not have an organization to help or support
   (j) lacking any kind of plan

答
   (a) **reality**
   (b) **realism**
   (c) **healthy**
   (d) **healthful**
   (e) **mishear**
   (f) **overhear**
   (g) **overcook**
   (h) **precook**
   (i) **unorganized**
   (j) **disorganized**

接頭辞や接尾辞で変わる単語の意味 -20-

次の一対の語は同じ基本語から語形成されています。
語とその定義を組み合わせましょう。

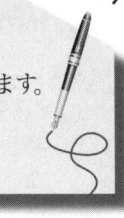

words

1. **overplay / underplay**
   - (a) make something seem less important than it is
   - (b) make something seem more important than it is

2. **variety / variation**
   - (c) not being always the same
   - (d) (example or degree of) varying

3. **outstay / overstay**
   - (e) to stay longer than expected
   - (f) to stay longer than permitted

4. **accountancy / accountant**
   - (g) person who controls and examines money accounts
   - (h) the profession of keeping or checking financial accounts

5. **incident / incidence**
   - (i) rate of happening
   - (j) event

答
- (a) underplay
- (b) overplay
- (c) variety
- (d) variation
- (e) outstay
- (f) ovetstay
- (g) accountant
- (h) accountancy
- (i) incidence
- (j) incident

接頭辞や接尾辞で変わる単語の意味 -21-

次の一対の語は同じ基本語から語形成されています。
語とその定義を組み合わせましょう。

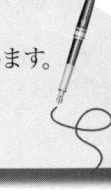

words

1. **posture / position**
   (a) situation
   (b) manner of behaving

2. **foresight / hindsight**
   (c) ability to understand the past, and esp. what went wrong
   (d) ability to imagine the future; wise planning

3. **liquidize / liquidate**
   (e) to arrange the end of (an unsuccessful company)
   (f) to crash fruit or vegetables into a thick liquid

4. **idolatry / idolater**
   (g) worship of idols
   (h) one who worships idols

5. **upgrade / degrade / downgrade**
   (i) to change to a simpler chemical form
   (j) to make something better
   (k) to make something seem less important or valuable than it is

答

(a) position
(b) posture
(c) hindsight
(d) foresight
(e) liquidate
(f) liquidize
(g) idolatry
(h) idolater
(i) degrade
(j) upgrade
(k) downgrade

接頭辞や接尾辞で変わる単語の意味 -22-

次の一対の語は同じ基本語から語形成されています。語とその定義を組み合わせましょう。

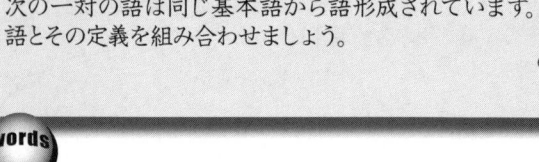

words

1. **displace / misplace**
   - (a) put in the wrong place
   - (b) force out of the proper place ; take the place of

2. **communic<u>ative</u> / communic<u>able</u>**
   - (c) that can be easily passed from one person to another
   - (d) willing to give information

3. **sensitize / <u>de</u>sensitize**
   - (e) make insensitive
   - (f) make sensitive

4. **install<u>ment</u> / install<u>ation</u>**
   - (g) single regular payment
   - (h) installing apparatus

5. **intention / intent**
   - (i) purpose
   - (j) plan

答
- (a) misplace
- (b) displace
- (c) communicable
- (d) communicative
- (e) desensitize
- (f) sensitize
- (g) installment
- (h) installation
- (i) intent
- (j) intention

接頭辞や接尾辞で変わる単語の意味 -23-

次の一対の語は同じ基本語から語形成されています。
語とその定義を組み合わせましょう。

words

1. **compul<u>sory</u> / compul<u>sive</u>**
   - (a) that must be done by law
   - (b) find it difficult to stop

2. **divi<u>sible</u> / divi<u>sive</u>**
   - (c) that can be divided
   - (d) causing disunity

3. **formal<u>ity</u> / formal<u>ization</u>**
   - (e) attention to rules
   - (f) making formal

4. **depend<u>ency</u> / depend<u>ence</u>**
   - (g) being dependent
   - (h) a country controlled by another country

5. **substan<u>tive</u> / substan<u>tial</u>**
   - (i) having reality, actuality, or importance
   - (j) noticeably large

答
- (a) compulsory
- (b) compulsive
- (c) divisible
- (d) divisive
- (e) formality
- (f) formalization
- (g) dependence
- (h) dependency
- (i) substantive
- (j) substantial

古典接辞
Classic-Affixes

✔古典接辞による語形成について

辞書の中に収まっている膨大な数の語彙化した語も、それらの語が作られた時代の社会に生き、その文化の様々な影響のもとにあった人々によって、必要に応じて作られたものです。私たちが難しいと感じるような語彙化した語の多くは、その語形成の過程において、その時代に流行っていた接頭辞や接尾辞が使われています。まさに、語は昔から現在に及ぶまで、いつも作られているのです。

その昔使われていた接頭辞の多くは現代使われているものと同じですが、中には現代の接頭辞と形は同じでも意味が異なってしまったものや、現在では使われていないものもあります。古典接辞の知識をもつことは、英語の語を認識する上で重要になります。

✓古典接頭辞のリスト

1.	a- (1)	"not" "without"	297
2.	a- (2)	"to" "toward"	298
3.	ab-	"from" "away"	299
4.	ambi-	"both"	300
5.	ante-	"before"	301
6.	bene-	"well" "good"	302
7.	circum-	"around"	303
8.	con- (1)	"with" "together"	304
9.	con- (2)	"thoroughly"	305
10.	contra-	"against"	306
11.	de-	"away from"	307
12.	di- (1)	"away"	308
13.	di- (2)	"twice" "double"	309
14.	dis-	"away" "apart"	310
15.	dys-	"ill" "bad"	311
16.	e-	"out"	312
17.	en-	"into" "on"	313
18.	epi-	"among"	314
19.	equi-	"equal"	315
20.	eu-	"good"	316
21.	ex-	"out"	317
22.	extra-	"outward"	318
23.	in-	"into" "on"	319
24.	inter-	"between"	320

25.	*intra-*	"*within*"	*321*
26.	*intro-*	"*into the inside*"	*322*
27.	*mal-*	"*bad*"	*323*
28.	*omini-*	"*all*"	*324*
29.	*pan-*	"*all*"	*325*
30.	*per-* (*1*)	"*through*"	*326*
31.	*per-* (*2*)	"*thoroughly*"	*327*
32.	*post-*	"*after*"	*328*
33.	*pre-*	"*before*"	*329*
34.	*pro-* (*1*)	"*forward*"	*330*
35.	*pro-* (*2*)	"*beforehand*"	*331*
36.	*re-*	"*again*"	*332*
37.	*retro-*	"*backward*"	*333*
38.	*sub-* (*1*)	"*under*"	*334*
39.	*sub-* (*2*)	"*under*"	*335*
40.	*super-*	"*above*"	*336*
41.	*sur-*	"*on*"	*337*
42.	*syn-*	"*together*"	*338*
43.	*trans-*	"*across*"	*339*

古典接頭辞による語形成

a- (1) : 否定
an- : 母音の前の a- の異形

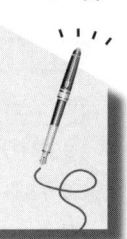

words

1. **a**morphous
   無定形の
   a + morph (形) + -ous

2. **a**theism
   無神論
   a + the (theo 神) + -ism (論)

3. **a**gnostic
   不可知論の、明確な見解のない
   a + gnos (gnosis 知る) + -ic

4. **a**pathy
   無感動、無感情、無関心、冷淡
   a + path (pathos 感じ) + -y

5. **a**chromatic
   無色の
   a + chrom (chromat 色) + -atic

6. **an**onymity
   匿名 (性)
   an + onym (nomen 名前) + -ity

7. **an**emia
   貧血症
   an + em (血) + -ia (症)
   ref. leukemia 白血病 (leuko- 白)

8. **an**esthesia
   麻酔
   an + esthesia (感覚、知覚)

9. **an**archy
   無政府状態
   an + archy (arch 指導者)

10. **a**phasis
    失語症
    a + pha (phrazein 話す) + -sis (症)

古典接頭辞による語形成

a- (2): 〜へ
語根の綴りによって "a-/ac-/ad-/af-/ag-/as-/at-" などになる。

words

1 **ad**verse
(〜に) 反対の、逆の
ad- + **verse** (vertere 向ける)

2 **ad**vent
(重要人物・事件の) 出現、到来
ad- + **vent** (venire 来る)

3 **ad**mit
(学校などへ) 入ることを許す
ad- + **mit** (mittere 送る)

4 **ad**dict
依存症の人、中毒者
ad- + **dict** (dicere 言う)

5 **ad**vice
忠告、助言
ad- + **vice** (visus 見ること)

6 **ad**here
付着する、粘着する
ad- + **here** (haerere くっつく)

7 **a**scend
(物が) 上昇する、(人が) 登る
a- + **scend** (scandere 登る)

8 **ac**cede
(要求などに) (しぶしぶ) 同意する
ac- + **cede** (cedere 行く)

9 **a**spire
(偉大なものや価値あるものを) 切望する
a- + **spire** (spirare 呼吸する)

10 **a**scribe
〜のせいだとする
a- + **scribe** (scribere 書く)

ab-

古典接頭辞による語形成

ab-：離れて

words

1 **ab**duct
   誘拐する
   ab- + **duct** (ducere 導く)

2 **ab**sent
   欠席する
   ab- + **sent** (esse ある)

3 **ab**hor
   ひどく嫌う
   ab- + **hor** (horrere 震える)

4 **ab**stain
   棄権する
   ab + **stain** (tinere 保つ)

5 **ab**rupt
   突然の、不意の
   ab + **rupt** (rumpere 破る)

古典接辞

ambi-

古典接頭辞による語形成
ambi-：両方へ

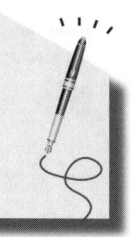

words

1. **ambi**dextrous　　両手利きの
   ambi- + **dextr** (dexter 器用な) + **-ous**

2. **ambi**tion　　功名心
   ambi- + **t** (ire 行く) + **-ion**

3. **ambi**valent　　相反する感情を同時にもつこと、両面価値の
   ambi- + **val** (valere 価値がある) + **ent**

4. **ambi**vert　　外向性と内向性の中間
   ambi- + **vert** (vertere 曲がる)

5. **ambi**guous　　二通り、またはそれ以上の解釈を許すこと
   ambi- + **gu** (agere 動く) + **-ous**

古典接頭辞による語形成
ante-：前に

words

1 **ante**cedent 先行の事情、前例
  ante- + **ced** (cedere 行く) + **-ent**

2 **ante**bellum 戦前
  ante- + **-bellum** (戦争)

3 **ante**mortem 死の直前の
  ante- + **mortem** (mort 死)

4 **ante**-nuptial 結婚前の
  ante- + **nupital** (結婚の)

5 **ante**diluvian ノアの洪水以前の
  ante- + **diluvian** (ノアの洪水の)

古典接頭辞による語形成
bene-：善い

注意
二重下線部分は語形成の際に脱落している。

1. **bene<u>volent</u>**
   善意の
   bene- + **vol** (volo 欲する) + **-ent**

2. **bene<u>fit</u>**
   有利、利点
   bene- + **fit** (factum 行為)

3. **beni<u>gn</u>**
   良性の
   beni- + **gn** (gignere 作りだす)

4. **bene<u>factor</u>**
   恩人、後援者
   bene + **fact** (facere 作る) + **-or**

5. **bene<u>ficial</u>**
   ためになる、助けになる
   bene + **fic** (facere 為す) + **-al**

古典接頭辞による語形成

circum- : 周りに、周りを

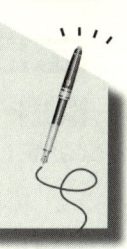

words

1 <u>circum</u>ference
円周、外周
circum- + fer (ferre 運ぶ) + -ence

2 <u>circum</u>locution
(言葉などで)遠まわしな言い方
circum- + locu (loqui 話す) + -tion

3 <u>circum</u>spect
用心深い
circum- + spect (specere 見る)

4 <u>circum</u>vent
避ける
circum- + vent (venire 来る)

5 <u>circum</u>stance
周囲の事情
circum- + st (stare 立つ) + -ance

con- (1)

古典接頭辞による語形成

con- (1) : 共に
com- : 語根が b/m/p で始まるとき。

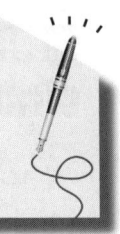

words

1 **companion**
仲間
com- + **pan** (panis パン) + **-ion**

2 **compassion**
他人への思いやり、深い同情
com- + **pass** (passare 歩く) + **-ion**

3 **concede**
(敗北などを) 認める
con- + **cede** (cedere 行く)

4 **convert**
改宗させる、換算する
con- + **vert** (vertere 曲がる)

5 **consent**
同意する
con- + **sent** (sentire 感じる)

6 **consolidate**
(権力・地位などを) 強固にする
con- + **solid** (solidus 固定した) + **-ate**

7 **confuse**
まごつかせる、面食らわせる、〜を混同する
con- + **fuse** (fundere 注ぐ)

8 **conserve**
〜を保存 [保護] する
con- + **serve** (servare 保つ)

9 **conscience**
良心、善悪の判断力
con- + **sci** (scire 知る) + **-ence**

10 **convene**
(議会・委員会などを) 召集する
con- + **vene** (venire 来る)

con- (2)

古典接頭辞による語形成

con- (2) : 完全に
com- : 語根が b/m/p で始まるとき。
cor- : 語根が r で始まるとき。

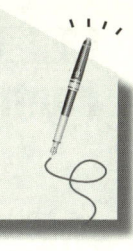

words

1 <u>com</u>pel
(事が)(人を)無理に(〜の状態に)させる
com- + pel (pellere 押す)

2 <u>con</u>ceive
(考えなどを)心にいだく;(計画などを)考え出す
con- + ceive (capere とる)

3 <u>con</u>clude
結論する
con- + clude (claudere 終わる)

4 <u>con</u>fine
(人・発言・努力などを)(〜の範囲に)限る
con- + fine (finis 境界)

5 <u>com</u>plete
すべての部分[要素]を含む、全部そろった、完全にする
com- + plete (pletus 満たす)

6 <u>com</u>placent
独りよがりの、悦に入った
com- + plac (placere 喜ばす) **+ -ent**

7 <u>com</u>prehend
(事情・事態などを)十分に把握する
com- + prehend (prehendere つかむ)

8 <u>cor</u>rect
(誤りなどを)訂正する
cor- + rect (regere 指示する)

9 <u>cor</u>rode
(金属などが)腐食する
cor- + rode (rodere むしばむ)

10 <u>con</u>vict
(公判の結果)(人に)有罪を宣告する
con- + vict (vincere 征服する)

古典接頭辞による語形成
contra- : 反して

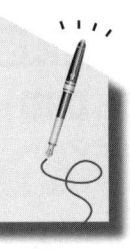

words

1. **contradiction**
   矛盾
   contra- + **dict** (dicere 話す) + **-ion**

2. **contraception**
   避妊
   contra- + **cept** (capere つかむ) + **-ion**

3. **contravene**
   (法律・慣例などを) 破る
   contra- + **vene** (venire 来る)

4. **contrast**
   〜を (〜と) 対比する
   contra- + **st** (stare 立つ)

5. **controversy**
   (社会・道徳・政治上の) 論争
   contro- + **vers** (vertere まわる) + **-y**

古典接頭辞による語形成

de- : 下へ、離れて

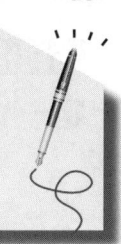

words

1 **de**mote
~に階級[地位]を下げる
de- + **mote** (movere 動く)

2 **de**nounce
公然と批判する
de- + **nounce** (nuntiare 発表する)

3 **de**flate
~から空気[ガス]を抜く
de- + **flate** (flare 吹く)

4 **de**port
国外へ追放する
de- + **port** (portare 運ぶ)

5 **de**grade
評判を落とす、格下げになる
de- + **grade** (gradus 段)

6 **de**duce
(結論などを)既知の事実・仮説などから推定する
de- + **duce** (ducere 導く)

7 **de**fine
~を定義する
de- + **fine** (finire 限定する)

8 **de**crease
~を減少させる
de- + **crease** (crescere 生長する)

9 **de**press
意気消沈させる
de- + **press** (premere 押す)

10 **de**fend
~を(敵・危害などから)守る、防御する
de- + **fend** (fendere 打つ)

古典接頭辞による語形成

di- (1)：離れて

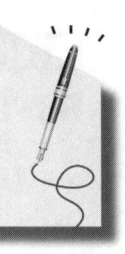

words

1 **diverge**
分岐する、(一点から) 分かれ出る
di- + verge (vergere 傾く)

2 **digress**
主題からはずれる、わき道へそれる
di- + gress (gradi 行く)

3 **diverse**
多様な
di- + verse (vertere 曲がる)

4 **distance**
間隔、距離
di- + st (stare 立つ) **+ -ance**

5 **divide**
分割する
di- + vide (videre 分かれる)

6 **disperse**
(人々を) (四方に) 散らす
di- + sperse (spargere ばらまく)

7 **direct**
導く、指導する
di- + rect (regere 支配する)

8 **differ**
(〜と…の間で) 異なる
di- + ffer (ferre 運ぶ)

9 **dilute**
〜を (水などで) 薄める
di- + lute (luere 洗う)

10 **diffuse**
熱 [光] を放散する
di- + ffuse (fundere 注ぐ)

古典接頭辞による語形成
di- (2) : 二つ

words

1 <u>di</u>chromatism 二色性
di- + chromat (色) + -ism

2 <u>di</u>lemma (二者択一の) 板ばさみ
di- + lemma (仮定)

3 <u>di</u>oxide 二酸化物
di- + oxide (酸化物)

4 <u>di</u>chotomy 二分法、二項対立
di + cho- (部分) + tomy (tomia 切ること)

5 <u>di</u>phthong 二重母音
di- + phthong (phthongos 音)

古典接頭辞による語形成
dis- : 離れて

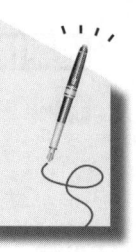

words

1. **disrupt** 　　混乱させる、(国家・政府などを)崩壊させる
   dis- + **rupt** (rumpere 壊す)

2. **dissolve** 　　(液体が)(物を)溶かす
   dis- + **solve** (solvere 解く)

3. **dissuade** 　　思いとどまらせる
   dis- + **suade** (suadere 説得する)

4. **dismiss** 　　(人の集まりを)解散[散会]させる
   dis- + **miss** (mittere 送る)

5. **discern** 　　識別する
   dis- + **cern** (cernere 分ける)

6. **discreet** 　　慎重な、分別のある
   dis- + **creet** (cernere 区別する)

7. **dispel** 　　(心配・恐怖などを)追い払う
   dis- + **pel** (pellere 押す)

8. **dissent** 　　異議を唱える
   dis- + **sent** (sentire 感じる)

9. **dispute** 　　論争する
   dis- + **pute** (putare 考える)

10. **disperse** 　　(四方に)散らす、散会する
    dis- + **perse** (spargere ばらまく)

古典接頭辞による語形成

dys-：障害

words

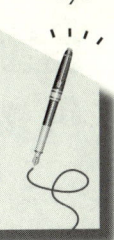

1. **dyslexia**
    読書障害、難読症
    dys- + lexia (lexis 語)

2. **dystrophy**
    栄養障害、[病] 筋ジストロフィ (muscular dystrophy)
    dys- + trophy (trophy 発育)

3. **dyspepsia**
    消化不良症
    dys- + peps (pepsin 胃液中にある消化酵素) + -ia (症)

4. **dysphasia**
    不全失語症
    dys- + phas (phrazein 話す) + -ia (症)

5. **dysgenics**
    劣生学
    dys- + gen (gene 遺伝子) + -ics (学)

6. **dysgraphia**
    書字障害
    dys- + graph (書く) + -ia (症)

7. **dysuria**
    排尿障害
    dys- + ur (urinate 排尿する) + -ia (症)

8. **dysphonia**
    発声障害
    dys- + phon (phone 音) + -ia (症)

9. **dysphoria**
    [精神医] 不快、精神不安
    dys- + phoria (気分)

10. **dysmenorrhea**
    [医] 月経困難
    dys- + menorrhea (月経)

古典接頭辞による語形成
e- : 外に、外へ

words

1. **e**voke
   (記憶・感情などを) 呼び起こす
   e- + **voke** (vocare 呼ぶ)

2. **e**ducate
   教育する
   e- + **duc** (ducere 導く) + **-ate**

3. **e**volve
   進化する
   e- + **volve** (volvere 回転する)

4. **e**loquent
   雄弁な、流暢な
   e- + **loqu** (loqui 話す) + **-ent**

5. **e**lect
   選挙する
   e- + **lect** (legere 選ぶ)

6. **e**migrate
   移住する
   e- + **migr** (migare 移動する) + **-ate**

7. **e**mit
   (液体・光・熱などを) 出す、放つ
   e- + **mit** (mittere 送る)

8. **e**rode
   (価値が) 減る、侵食される
   e- + **rode** (rodere むしばむ)

9. **e**lucidate
   (事・意味などを) 明らかにする
   e- + **lucid** (lucidus 明らかな) + **-ate**

10. **e**ccentric
    (人・行為などが) 常軌を逸している
    e- + **ccentr** (kentron 中心) + **-ic**

en-

古典接頭辞による語形成

en-: 中に、~の上に em-;en- の異形

words

1 **engage**
(人を)(〜に)従事させる、
en- + gage (gage 誓い)

2 **engender**
(感情・状態などを)生む
en- + gender (generare 生む)

3 **endow**
(人)に(才能・資質・権利などを)与える
en- + dow (douer 嫁資を与える)

4 **entice**
(人を)そそのかす
en- + tice (titio 燃え木)

5 **energy**
活力、活気、元気
en- + ergy (ergon 仕事)

6 **endorse**
是認[承認]する、支持する
en- + dorse (dorsum 裏に署名する)

7 **emblem**
印、表象、紋章
em- + blem (blema 置かれたもの)

8 **embarrass**
(人を)困惑させる
em- + barrass (barrabar 人の道に障害物を置く)

9 **embryo**
[生]胚子、(通例、妊娠8週末までの)胎児
em- + bryo (bryein 中で成長した)

10 **embrace**
抱擁する、(考え・申し出などを)快諾する
em- + brace (brace 二つの腕)

古典接辞

古典接頭辞による語形成

epi-：上に、間に、外に、後に

words

1 **epi**demic
   流行病の大発生
   epi- + **dem** (demos 人々) + **-ic**

2 **epi**dermis
   表皮
   epi- + **dermis** (derma 皮膚)

3 **epi**cardium
   [解] 心外膜
   epi- + **card** (cardi 心臓) + **-ium**

4 **epi**logue
   終章、終曲、結末
   epi- + **logue** (logos 演説)

5 **epi**center
   [地質] 震央;(地下核実験の) 爆心地点；活動などの発祥地
   epi- + **center** (中心)

古典接頭辞による語形成
equi-：等しい、等しく

words

1. **equi**vocal
   はっきりしない、どっちつかずの
   equi- + voc (vox 声) + -al

2. **equi**valent
   (〜と) 同等の
   equi- + val (valere 価値ある) + -ent

3. **equi**nox
   昼夜平分時 (the spring equinox 春分)
   equi- + nox (nox 夜)

4. **equi**lateral
   (図形が) 等辺の
   equi- + later (辺) + -al

5. **equi**librium
   平衡、均衡、平静
   equi- + libri (libra バランス) + -um

古典接頭辞による語形成
eu-：良い

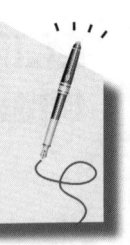

words

1. **eulogy**
   賛辞、ほめ言葉、弔辞
   eu- + logy (legein 言う)

2. **eugenics**
   優生学
   eu- + gen (gene 遺伝子) + -ics (学)

3. **euphony**
   音調の良さ
   eu- + phony (phone 音)

4. **euthanasia**
   安楽死
   eu- + thanas (Thanatos 古代ギリシャで擬人化された死) + -ia (症)

5. **euphemism**
   婉曲語句
   eu- + phem (phem 言うこと) + -ism (慣例)

6. **euphoria**
   強い幸福感
   eu- + phoria (phoria 気分)

古典接頭辞による語形成

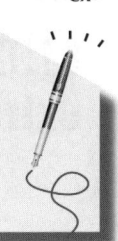

ex-：外へ

words

1 export
輸出する
ex- + **port** (portare 運ぶ)

2 expose
さらす、あばく
ex- + **pose** (poser 置く)

3 expatriate
国籍を離脱した人
ex- + **patria** (patria 故郷、父の国) + **-ate**

4 extortion
(金品などの) 強要
ex- + **tort** (torquere ねじる) + **-ion**

5 explode
(火薬などが) 爆発する、爆笑する
ex- + **plode** (plodere 拍手する)

6 extract
抜き取る、(歯・栓などを) (〜から) 抜く
ex- + **tract** (trahere 引く)

7 exhale
(息などを) 吐く
ex- + **hale** (halare 呼吸する)

8 exhaust
使い果たす、枯渇させる
ex- + **haust** (haurire 水を引く)

9 excuse
(人・態度・行動などを) 許す、容赦する
ex- + **cuse** (causa 罪)

10 exit
出口
ex- + **it** (ire 行く)

古典接頭辞による語形成

extra-: 〜外の、外を、〜を超えて

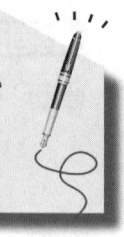

words

1. **extrovert**
   外向的な、社交的な
   extro- (extra の異形) + **vert** (verter 向く)

2. **extravagant**
   (金銭の) 浪費する、無駄づかいする
   extra- + **vaga** (vagans さまよう) + **-ant**

3. **extramural**
   [米] 2校以上の学校が参加する
   extra- + **mural** (壁の) + **-al**

4. **extraterrestrial**
   地球外での、地球外生物、宇宙人
   extra- + **terrestrial** (地球の)

5. **extrasensory**
   超感覚的な
   extra- + **sens** (sentire 感じる) + **-ory**

古典接頭辞による語形成

in-：中に / 上に
im-：語根が b/m/p で始まる場合

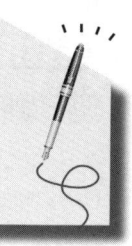

words

1 <u>in</u>vert
ひっくり返す
in- + **vert** (vertere 回る)

2 <u>in</u>spire
ひらめきを与える、鼓舞する
in- + **spire** (spirare 神の息吹)

3 <u>in</u>dict
(罪状で) 起訴 [告発] する
in- + **dict** (dicere 言う)

4 <u>im</u>pose
課する、押しつける
im- + **pose** (poser 置く)

5 <u>im</u>port
輸入する
im- + **port** (portare 運ぶ)

6 <u>in</u>flammable
引火性の、燃えやすい
in- + **flamm** (flambé 炎) + **-able**

7 <u>im</u>press
(人・物などに) 刻み込む、感銘をあたえる
im- + **press** (primere 押す)

8 <u>in</u>toxicate
~を (酒・麻薬などで) 酔わせる
in- + **toxic** (toxicum 毒) + **-ate**

9 <u>in</u>vade
侵略する
in- + **vade** (vadere 行く)

10 <u>in</u>semination
種まき；(人工) 授精
in- + **semin** (semen 種子) + **-ation**

古典接頭辞による語形成
inter-：間で

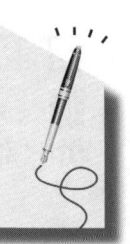

words

1. **intervention**　　仲裁、介入、おせっかい
   inter- + **ven** (venire 来る) + **-tion**

2. **intermission**　　(劇場などの) 休憩時間、幕間
   inter- + **miss** (mittere 送る) + **-ion**

3. **interject**　　(言葉などを) 不意にはさむ
   inter- + **ject** (jactare 投げる)

4. **intercede**　　取りなす、取り持つ
   inter- + **cede** (cedere 行く)

5. **interruption**　　妨害、途切れ、中断
   inter- + **rupt** (rumpere 壊す) + **-ion**

6. **interfere**　　邪魔する
   inter- + **fere** (ferire 打つ)

7. **interrogation**　　尋問、取り調べ
   inter- + **rog** (rogate 問う) + **-ation**

古典接頭辞による語形成
intra-:〜内の

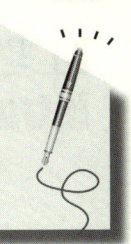

words

1 <u>intra</u>dermal　　皮膚内の
　　　　　　　　　　　intra- + **dermal**（dermis 皮膚の）

2 <u>intra</u>mural　　学内［校内］の、学内対抗の
　　　　　　　　　　　intra- + **mural**（muralis 壁の）

3 <u>intra</u>cardiac　　心臓内の
　　　　　　　　　　　intra- + **cardiac**（心臓の）

4 <u>intra</u>venous　　静脈内の
　　　　　　　　　　　intra- + **venous**（vein 静脈）

5 <u>intra</u>lingual　　言語内の
　　　　　　　　　　　intra- + **lingual**（言語の）

古典接頭辞による語形成
intro-：中に

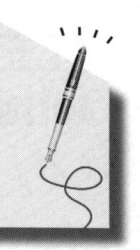

words

1 **intro**duce 導入する、紹介する
   intro- + duce (ducere 導く)

2 **intro**spect 内省する、内観する
   intro- + spec (specere 見る)

3 **intro**gression [遺] 遺伝質浸透
   intro- + gress (gradi 歩く) + -ion

4 **intro**vert 内向的な
   intro- + vert (vertere 曲がる)

5 **intro**mission 挿入
   intro- + mission (mitere 送る)

古典接頭辞による語形成
mal-：悪い

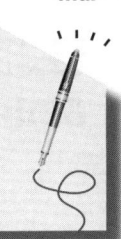

words

1 **mal**evolent 悪意の
  male- + vol (volo 欲する) + -ent

2 **mal**ediction のろい、中傷
  mal- + edic (dicere 言う) + -tion

3 **mal**ign (病気が) 悪性の
  mali- + gn (gignere 作り出す)

4 **mal**ice 悪意、敵意、恨み
  malice (malus 悪い)

5 **mal**ignancy 有害、悪影響
  mali- + gn (gignere 作り出す) + -ancy

古典接頭辞による語形成
omni- : すべての

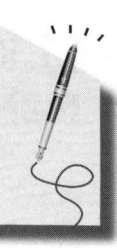

✓ 注意
二重下線部分は語形成の際に脱落している。

1. **omni**potence
   全能の神
   omni- + **pot** (potens 力を持つ) + **-ence**

2. **omni**vorous
   雑食性の
   omni- + **vore** (vorare むさぼる) + **-ous**

3. **omni**farious
   多方面にわたる、あらゆる種類の
   omni- + **fari** (farere 作る) + **-ous**

4. **omni**scient
   全知者 (神)
   omni- + **sci** (scire 知る) + **-ent**

5. **omni**ficent
   万物を造る
   omni- + **fic** (fingere 造る) + **-ent**

pan-

古典接頭辞による語形成
pan-：すべてにわたる

words

1 **pan**demic
全国的 [世界的] 流行の
pan- + **dem** (demo 人々) + **-ic**

2 **pan**chromatic
(フィルム・乾板が) 全整色の
pan- + **chrom** (chromare 色) + **-atic**

3 **Pan**theon
パンテオン (紀元前27年に建設されたローマの万神殿)
pan- + **theon** (the 神)

4 **pan**theism
汎神論
pan- + **the** (the 神) + **-ism**

5 **pan**acea
万能薬
pan- + **acea** (achos 治療)

古典接頭辞による語形成
per- (1): 通って / 通して

words

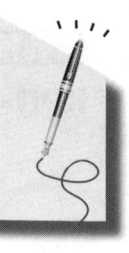

1. **per**spective
   眺め、眺望、視点、展望
   per- + spect (specere 見る) + -ive

2. **per**spire
   汗をかく
   per- + spire (spirare 呼吸する)

3. **per**vade
   (思想・宣伝などが) 〜全体に普及する
   per- + vade (vadere 行く)

4. **per**mit
   (行為・物・事を) 許す、容認する
   per- + mit (mittere 送る)

5. **per**sist
   (要求などを) しつこく繰り返す
   per- + sist (sister 立つ)

6. **per**petual
   (現象・存在などが) 永久の、果てしない
   per- + pet (petere 求める) + -al

7. **per**vious
   (水・光などを) 通す、道理などの分かる
   per- + vi (via 道) + -ous

8. **per**ennial
   一年中絶えない、絶え間のない
   per- + ennial (ennial 年期)

9. **per**mission
   許可、承諾
   per- + mis (mittere 送る) + -ion

10. **per**sistence
    固執、しつこさ、粘り強さ
    per- + sist (sistere 立つ) + -ence

古典接頭辞による語形成

per- (2): 完全に

words

1 **perfect**
完成する
per- + **fect** (facere 作る)

2 **pervert**
正しい道をそれる
per- + **vert** (vertere 曲がる)

3 **perceive**
(物・事に) (五感で) 気づく、認める
per- + **ceive** (capere つかむ)

4 **pertain**
〜に関連する
per- + **tain** (tenere 保つ)

5 **perturb**
人の心をひどくかき乱す
per- + **turb** (turbare 乱す)

6 **persuade**
〜を説得して(〜を)させる
per- + **suade** (suadere 説得する)

7 **persecute**
(宗教・人種などの相違で) 迫害する
per- + **secute** (sequi 従う)

8 **persevere**
(困難に屈せず) 目的を貫く
per- + **severe** (severus きびしい)

9 **perform**
演じる
per- + **form** (fournir 供給する)

10 **perish**
消える、崩壊する
per- + **ish** (ire 行く)

post-

古典接頭辞による語形成
post-：後に

words

1. **post**pone (〜まで) 延期する
   post- + pone (ponere 置く)

2. **post**script 追伸
   post- + script (scribere 書く)

3. **post**-meridian 午後の
   post- + meridian (meridianus 日の真ん中)

4. **post**mortem 検死の、死後の、死後に起こる
   post- + mortem (mortem 死)

5. **post**humous 死後に起こる
   post- + hum (humus 死体にかける土) + -ous

pre-

古典接頭辞による語形成

pre-：前に、前もって

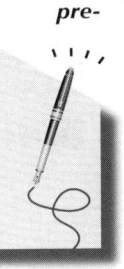

words

1 <u>pre</u>cede
〜に先行する
pre- + **cede** (cedere 行く)

2 <u>pre</u>cocious
(子供が) ませた、(人の知力・性格が) 早熟の
pre- + **coci** (conquere 熟す) + **-ous**

3 <u>pre</u>clude
〜を (…から) 排除する
pre- + **clude** (claudere 閉じる)

4 <u>pre</u>dict
〜を予想する、予報する
pre- + **dict** (dicere 言う)

5 <u>pre</u>fer
〜を (…より) 好む
pre- + **fer** (ferre 置く)

6 <u>pre</u>judice
(〜に対する) 偏見、先入観
pre- + **judice** (judicium 判断)

7 <u>pre</u>lude
(出来事などの) 前ぶれ、前兆
pre- + **lude** (ludere 演じる)

8 <u>pre</u>cedent
前例、先例
pre- + **cede** (cedere 行く) + **-ent**

9 <u>pre</u>scribe
(薬を) (人に) 処方する
pre- + **scribe** (scribere 書く)

10 <u>pre</u>vent
(〜するのを) 妨げる
pre- + **vent** (venire 来る)

古典接辞

古典接頭辞による語形成
pro- (1)：先の方に

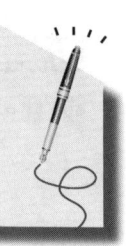

words

1 propose
提案する
pro- + pose (poser 置く)

2 prospect
見込み
pro- + spect (specere 見る)

3 proceed
続行する
pro- + ceed (cedere 行く)

4 progress
進歩、進展
pro- + gress (gradi 歩く)

5 provoke
(人・動物を) 立腹させる
pro- + voke (vocare 呼ぶ)

6 proclaim
～を公表する、(～であると) (公式に) 宣言する
pro- + claim (clamare 叫ぶ)

7 promote
～を助長[促進]する、～を昇格させる
pro- + mote (movere 動く)

8 prominent
目立った、卓越した、著名な
pro- + min (minere 突き出る) **+ -ent**

9 prolong
延長する、長引かせる
pro- + long (longus 長い)

10 profess
～と公言する
pro- + fess (fateri 述べる)

pro- (2)

古典接頭辞による語形成

pro- (2): 前もって、以前に

words

1 provide
(便宜などを) 与える、(資源などを) 供給する
pro- + vide (videre 見る)

2 prognosis
病気の結果の見通し
pro- + gnosis (gnosis 知る)

3 program
計画、予定、スケジュール
pro- + gram (gramma 書いたもの)

4 progenitor
(人・動物などの) 祖先、(〜の) 創始者
pro- + genit (genere 生む) **+ -or**

5 prologue
序幕的事件
pro- + logue (logos 言葉)

6 prophet
預言者 (神の啓示などにより語る人)
pro- + phet (phemi 話す)

7 proscribe
禁止する
pro- + scribe (scribere 話す)

8 procure
(注意・努力などをして) 手に入れる
pro- + cure (curare 世話する)

9 prosecute
起訴する
pro- + secute (sequi 従う)

10 proclaim
(公式に) 宣言する
pro- + claim (clamare 叫ぶ)

古典接辞

古典接頭辞による語形成
re-：再び、後ろへ

words

1 **repatriate**　　　　　(捕虜・亡命者などを) 本国へ送還する
　　　　　　　　　　　　re- + patri (pater 父) + -ate

2 **recede**　　　　　　　退く
　　　　　　　　　　　　re- + cede (cedere 行く)

3 **reverse**　　　　　　(方向・順序を) 逆にする
　　　　　　　　　　　　re- + verse (vertere 向く)

4 **revive**　　　　　　　〜を再び活動させる
　　　　　　　　　　　　re- + vive (vivere 生きる)

5 **resonant**　　　　　　反響する、共鳴する
　　　　　　　　　　　　re- + sonant (sonus 音)

古典接頭辞による語形成
retro-：再び元へ、後方へ、逆に

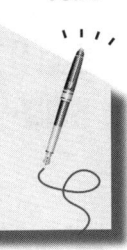

words

1. **retrospect**　　回顧、思い出
　　　　　　　　　　retro- + spect (specere 見る)

2. **retrogress**　　退く、後退する
　　　　　　　　　　retro- + gress (gradi 歩く)

3. **retroversion**　振り向くこと、振り返り、反転
　　　　　　　　　　retro- + vers (vertere 向く) + -ion

4. **retrograde**　　退歩[退化]する
　　　　　　　　　　retro- + grade (gradi 行く)

5. **retrocede**　　戻る、退く
　　　　　　　　　　retro- + cede (cedere 行く)

古典接頭辞による語形成
sub- (1) : 下に

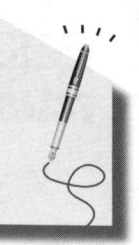

words

1 subside
(嵐、騒ぎなどが) 静まる、おさまる
sub- + side (sidere 座る)

2 subvert
(体制・権威などを) 転覆する
sub- + vert (vertere 曲がる)

3 submit
服従する、(書類などを) 提出する
sub- + mit (mittere 送る)

4 subsistence
必要最低限の生活
sub- + sist (sistere 立つ) + -ence

5 subscribe
(雑誌・新聞などを) 予約購読する
sub- + scribe (scribere 書く)

6 substance
材料、構成要素、本体
sub- + st (stare 立つ) + -ance

7 subtract
〜を (…から) 引き取る、減じる
sub- + tract (trahere 引く)

8 subterranean
地下の
sub- + terra (terra 土) + -nean

9 subduction
[地質] (プレートの) 沈み込み
sub- + duc (ducere 導く) + -ion.

10 submerge
〜を水中に入れる [沈める]、〜に水をかぶせる
sub- + merge (mergere 浸す)

古典接頭辞による語形成

sub- (2): 下に
語根のせいで綴りが suc-/suf-/sus-/sup- などに変化することがある。

words

1 **sustain** 維持する、持続する
sus- + tain (tenere 保つ)

2 **suspend** 一時中止する、下げる、つるす
sus- + pend (pendere ぶら下がる)

3 **succumb** (〜に) 負ける、(〜のために) 死ぬ
suc- + cumb (cumbere 横たわる)

4 **support** 支える、支持する
sup- + port (portare 運ぶ)

5 **suppression** (反乱・暴動の) 抑圧、鎮圧、弾圧
sup- + press (premere 押す) + -ion

6 **suspect** 嫌疑をかける
sus- + spect (specere 見る)

7 **succeed** 相続する
suc- + ceed (cedere 来る)

8 **suspect** 嫌疑をかける
sus- + spect (specere 見る)

9 **suppose** 仮定する
sup- + pose (posere 置く)

10 **suffer** 苦しむ
suf- + fer (ferre 耐える)

古典接頭辞による語形成
super- : 上に

words

1. **super**sede
   ～に取って代わる
   super- + **sede** (sedere 座る)

2. **super**pose
   ～を (～の上に) 置く、重ねる
   super- + **pose** (posere 置く)

3. **super**ficial
   外見上の、浅薄な、実体のない
   super- + **fic** (facere する) + **-ial**

4. **super**stition
   迷信、盲信
   super- + **st** (stare 立つ) + **-ition**

5. **super**vise
   監督する
   super- + **vise** (videre 見る)

6. **super**ior
   上司、上役
   superi (superus 上に位置する) + **or**

古典接頭辞による語形成

sur-：上に

words

1 surrender
引き渡す
sur- + render (rendre 与える)

2 survey
見渡す
sur- + vey (videre 見る)

3 surge
殺到する
sur- + ge (regere 起こる)

4 supply
供給する
sup- (sur- 異形) + ply (plere 満たす)

5 surmise
憶測する
sur- + mise (mittre 置く)

古典接頭辞による語形成

syn-:共に
sym-: 語頭が b/m/p で始まる場合

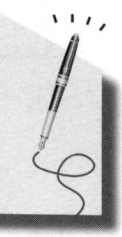

words

1 **syn**drome
症候群、一群の関連ある物[事件、行動]
syn- + **drome** (drom 走る)

2 **sym**pathy
同情、思いやり
syn- + **pathy** (pathein 苦しむ)

3 **syn**chronize
同時に進行する
syn- + **chron** (chronos 時) + **-ize**

4 **syn**onym
同義語
syn- + **onym** (onoma 名前)

5 **sym**metry
均整、調和、左右対称
sym- + **metry** (metron 尺度)

6 **sym**biosis
[生]共生、共存
sym- + **biosis** (生活様式)

7 **sym**ptom
徴候、症状
sym- + **ptom** (piptein 落ちる)

8 **sym**phony
交響曲
sym- + **phony** (phone 音)

9 **sym**posium
(聴衆の前で行う)討論会
sym- + **pos** (pinein 飲む) + **-ium**

10 **syn**cretism
(哲学・宗教上の)混合主義
syn- + **cret** (credere 信じる) + **-ism**

古典接頭辞による語形成
trans-：越えて

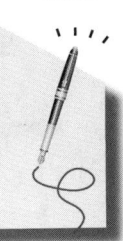

words

✔ 注意
二重下線部分は語形成の際に脱落している。

1 <u>trans</u>port
輸送する
trans- + **port** (portare 運ぶ)

2 <u>trans</u>cend
(経験・理性・理解の限界を) 越える
trans- + **scend** (scandere 登る)

3 <u>trans</u>cribe
(テープ・会話・講演を) 文字に起こす
trans- + **scribe** (scribere 書く)

4 <u>trans</u>mit
(光熱・力などを) 伝導する、(病気などを) (〜に) 移す
trans- + **mit** (mittere 送る)

5 <u>trans</u>fer
乗り換える、転任させる
trans- + **fer** (ferre 運ぶ)

6 <u>trans</u>fusion
輸血、注入、移住
trans- + **fuse** (fundere 注ぐ) + **-ion**

7 <u>trans</u>pire
(老廃物などが) (皮膚などから) 排出される、発散する
trans- + **spire** (spirare 呼吸する)

8 <u>trans</u>parent
透き通った
trans- + **par** (parere 現われる) + **-ent**

9 <u>trans</u>it
通過、通行
trans- + **it** (ire 行く)

10 <u>trans</u>gress
逸脱する
trans- + **gress** (gradi 歩く)

✓ 古典接尾辞のリスト

1.	-able	"can"	342
2.	-ary (1)	"place"	343
3.	-ary (2)	"related to"	344
4.	-ate (1)	"caused to be"	345
5.	-ate (2)	"characterized with"	346
6.	-ia	"illness"	347
7.	-ible	"can"	348
8.	-ic	"person suffering from"	349
9.	-ics	"study of"	350
10.	-ify	"to become"	351
11.	-itis	"inflammation"	352
12.	-itude	"quality"	353
13.	-ity	"example, quality"	354
14.	-ize	"done or doing"	355
15.	-orium	"place for"	356
16.	-ous	"characterized by"	357
17.	-sis	"illness" "condition"	358
18.	-th	"condition"	359

19.	*-ulent*	*"characterized with"*	…… *360*
20.	*-ure*	*"action, process, result"*	… *361*

古典接尾辞による語形成
-able：～できる

words

✔ 注意
二重下線部分は語形成の際に脱落している。

1 **port<u>able</u>**
携帯用の、持ち運びできる
port (portare 運ぶ) + **-able**

2 **ami<u>able</u>**
人に好かれる、感じのよい
ami (amicus 友) + **-able**

3 **soci<u>able</u>**
社交的な、交際好きの
soci (socius 友) + **-able**

4 **verit<u>able</u>**
本当の、真の、紛れもない
ver (verus 真実) + **-ity** + **-able**

5 **li<u>able</u>**
(負債・損害などに) 法的責任がある
li (ligare 結ぶ) + **-able**

6 **culp<u>able</u>**
(人・行為が) 非難に値する、責めを負う
culp (culpa 罪) + **-able**

7 **navig<u>able</u>**
(海・川・空を) 航行可能な
navi (navis 船) + **g** (agere 推進する) + **-able**

8 **termin<u>able</u>**
終わらせる [きりをつける] ことができる
termin (terminus 期限) + **-able**

9 **vulner<u>able</u>**
(物が) 傷つきやすい、(非難などを) 受けやすい
vulner (vulnerare 傷つける) + **-able**

10 **gener<u>able</u>**
発生 [生成] 可能の
gener (generare 発生する) + **-able**

古典接尾辞による語形成
-ary (1)：~に関する場所

words

1 sanctu<u>ary</u>
神聖な場所、教会の中で司祭がミサの準備をする香部屋
sanctu (sancire 神聖とする) **+ -ary**

2 mortu<u>ary</u>
死体安置場、(病院の)霊安室
mortu (mors 死) **+ -ary**

3 milit<u>ary</u>
軍隊、軍部
milit (miles 兵士) **+ -ary**

4 semin<u>ary</u>
(ローマンカトリックの) 神学校
semin (semen 苗) **+ -ary**

5 infirm<u>ary</u>
(学校・工場などの) 医務室
infirm (虚弱な) **+ -ary**

-ary (2)

古典接尾辞による語形成

-ary (2): 〜の、〜に関する、〜の性質をもつ

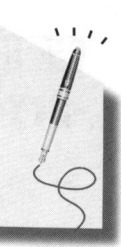

words

✔ 注意
二重下線部分は語形成の際に脱落している。

1 itinerary
旅行のスケジュール
itiner (itiner 旅行) + **-ary**

2 hereditary
遺伝の、世襲の
heredit (heredit 相続、遺伝) + **-ary**

3 voluntary
自発的な
volunt (volo 欲する) + **-ary**

4 temporary
一時の、束(つか)の間の
tempor (tempus 時間) + **-ary**

5 solitary
ひとりだけの、孤独な
solit (solitarius 未亡人) + **-ary**

6 sanitary
衛生用の
sanit (sanitas 健康) + **-ary**

7 primary
主要な、第一位の、最初の、主な
prime (primus 第1) + **-ary**

8 literary
文学の、文芸の
liter (litera 文字) + **-ary**

9 contemporary
現代の、当代の
con- (共に) + **tempor** (tempus 時間) + **-ary**

10 military
軍事の
milit (miles 兵士) + **-ary**

古典接尾辞による語形成
-ate (1): 〜にする

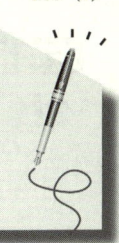

words

1 sophistic<u>ate</u>
(人を教育などによって) 洗練させる
sophistic (sophistes 賢明な) + **-ate**

2 domin<u>ate</u>
〜を支配する、服従させる
domin (dominus 主人) + **-ate**

3 equ<u>ate</u>
同等に扱う、同一視する
equ (equus 平らな) + **-ate**

4 stimul<u>ate</u>
刺激する
stimul (stimulus 刺し棒) + **-ate**

5 vac<u>ate</u>
〜を空(から)にする
vac (vacuus 空の) + **-ate**

6 accele<u>rate</u>
加速する、促進する
ac- (へ) + **celer** (速い) + **-ate**

7 simul<u>ate</u>
模擬実験する
simul- (simulatus 等しい) + **-ate**

8 regul<u>ate</u>
規制する
regul- (regula 尺度) + **-ate**

9 circul<u>ate</u>
循環する
circul- (circuitus 丸く回る) + **-ate**

10 advoc<u>ate</u>
主張する、擁護する
ad- (〜へ) + **voc** (vocare 呼ぶ) + **-ate**

古典接尾辞による語形成
-ate (2)：〜の特徴をもった

words

1 intric<u>ate</u>
こみ入った、入り組んだ、複雑[難解]な
in- (中に) + tric (tricae 障害) + -ate

2 liter<u>ate</u>
読み書きができる、教育のある
liter- (litera 文字) + -ate

3 accur<u>ate</u>
正確な、精密な
ac- (ac- 〜へ) + cur (cura 注意) + -ate

4 desper<u>ate</u>
(行為などが) 自暴自棄の
de- (離れて) + spe (sperare 期待する) + -ate

5 deliber<u>ate</u>
意図的な
de- (完全に) + liber (liberare 目方をはかる) + -ate

6 duplic<u>ate</u>
重複の、二重の
du- (2) + plic (plicare たたむ) + -ate

7 complic<u>ate</u>
複雑な、込み入った
com- (共に) + plic (plicare たたむ) + -ate

古典接尾辞による語形成

-ia：症状

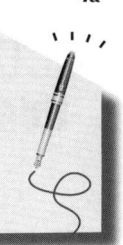

words

1 schizophrenia
精神分裂病
schizo (分裂) + **phren** (精神) + **-ia**

2 anemia
貧血症、無気力
an- (無) + **em** (血) + **-ia**

3 hemophilia
血友病
hemo (血) + **phil** (phile 愛する) + **-ia**

4 leukemia
白血病
leuk (leuko 白血球) + **em** (血) + **-ia**

5 insomnia
不眠症
in- (否定) + **somn** (som 眠り) + **-ia**

6 amnesia
記憶喪失、健忘症
amnes (amnes 忘れる) + **-ia**

7 dementia
痴呆、認知症
dement (dement 痴呆の) + **-ia**

8 paranoia
被害妄想
parano (被害妄想) + **-ia**

9 euthanasia
安楽死
eu- (良い) + **thanas** (Thanatos 古代ギリシャで擬人化された死) + **-ia**

10 dyslexia
読書障害
dys- (障害) + **lex** (lexicon 語) + **-ia**

-ible

古典接尾辞による語形成
-ible : 〜できる

words

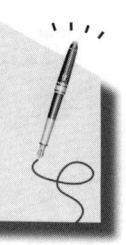

1. **cred<u>ible</u>** — (人・供述などが) 信じられる、信用できる
   cred (credere 信じる) + **-ible**

2. **leg<u>ible</u>** — (字・印刷が) 読みやすい、判読できる
   leg (legere 読む) + **-ible**

3. **tang<u>ible</u>** — (物体などが) 触れられる、有形の
   tang (tangere 触れる) + **-ible**

4. **poss<u>ible</u>** — (物事が) 可能である
   poss (poss 力を持つ) + **-ible**

5. **terr<u>ible</u>** — 過酷な、恐ろしい
   terr (terrere 脅かす) + **-ible**

6. **aud<u>ible</u>** — (声・音が) 聞こえる
   audi (audire 聞く) + **-ible**

7. **flex<u>ible</u>** — 柔軟性がある
   flex (flectere 曲がる) + **-ible**

8. **deris<u>ible</u>** — ばかばかしい、笑わせる
   deris (deridere 嘲る) + **-ible**

9. **vis<u>ible</u>** — 目に見える、可視の
   vis (videre 見る) + **-ible**

10. **compat<u>ible</u>** — 両立[共存]できる、互換性がある
    com- (共に) + **-pat** (patere 広く開いている) + **-ible**

古典接尾辞による語形成

-ic : ～症の人   -tic / -c : -ic の異形

words

✔ 注意
二重下線部分は語形成の際に脱落している。

1 schizophrenic
精神分裂症の人
schizophrenia (精神分裂症) + **-ic**

2 psychotic
精神病患者
psychosis (精神異常) + **-tic**

3 paranoiac
被害妄想の患者
paranoia (被害妄想) + **-c**

4 hemophiliac
血友病患者
hemophilia (血友病) + **-c**

5 narcoleptic
居眠り病患者
narcolepsy (居眠り病) + **-tic**

6 dyslexic
難読症の人
dyslexia (難読症) + **-ic**

7 amnesiac
記憶喪失者
amnesia (記憶喪失・健忘症) + **-c**

8 agnostic
不可知[懐疑]論者
a- (否定) + **gnos** (gnosis 知る) + **-tic**

9 aphasic
失語症患者
a- (無し) + **phas** (phrazein 話す) + **-ic**

10 psychic
霊能者、霊媒
psych (精神) + **-ic**

古典接尾辞による語形成
-ics：〜学、〜術

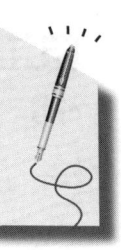

✔ 注意
二重下線部分は語形成の際に脱落している。

1 kinetics
動力学
kinet (kinein 動く) + **-ics**

2 aesthetics
美学、美観、美的な外見
aesthet (aisthe 感受する) + **-ics**

3 demographics
実態的人口統計
demo (人々) + **graphy** (書いたもの) + **-ics**

4 ethics
倫理学
eth (ethikos 価値体系) + **-ics**

5 bionomics
人間生態学
bio (生命) + **nom** (nomos 法則) + **-ics**

6 tectonics
構造学
tecton (tecton 構造) + **-ics** (学)

7 gymnastics
体育
gymnast (gymnos 裸で身体を鍛える) + **-ics** (学)

8 obstetrics
産科学
obstetr (obste 分娩の) + **-ics** (学)

9 physics
物理学
phys (physike 自然に関する学問) + **-ics** (学)

10 genetics
遺伝学
genet (gene 遺伝子) + **-ics** (学)

古典接尾辞による語形成
-ify：〜にする

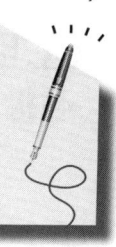

words

✓ 注意
　二重下線部分は語形成の際に脱落している。

1 cert<u>an</u>ify
〜を保証する
cert (certanus 決定) + -ify

2 magn<u>us</u>ify
大きく見せる
magn (magnus 大きな) + -ify

3 ver<u>us</u>ify
〜が真実であることを証明する
ver (verus 真実) + -ify

4 rect<u>ere</u>ify
〜を改正 [修正] する
rect (regere 指示する) + -ify

5 grat<u>us</u>ify
(人を) 満足させる
grat (gratus 楽しい) + -ify

6 sanct<u>us</u>ify
神聖にする
sanct (sanctus 聖なる) + -ify

7 sign<u>um</u>ify
(〜ということを) 表明する
sign (signum 印) + -ify

8 terr<u>ere</u>ify
恐れさせる
terr (terrere 脅かす) + -ify

9 spec<u>ies</u>ify
明確 [具体的に] 述べる
spec (species 種類) + -ify

10 petr<u>i</u>ify
(驚き・恐怖で) 呆然とさせる、恐ろしさのあまり立ちすくむ
petri (岩) + -ify

古典接尾辞による語形成
-itis : 器官の炎症

words

✔ 注意
1. 二重下線部分は語形成の際に脱落している。
2. 子音が母音に挟まれる場合には、子音を重ねる。

1 bronchitis
[病] 気管支炎
broncho(気管支) + **-itis**

2 neuritis
[病] 神経炎
neuro(神経) + **-itis**

3 gastritis
[病] 胃炎
gastro(胃) + **-itis**

4 appendicitis
[病] 盲腸炎
appendic(appendix 虫垂) + **-itis**

5 dermatitis
[病] 皮膚炎
dermato(皮膚) + **-itis**

6 tonsillitis
[病] 扁桃腺炎
tonsil(扁桃腺) + **-itis**

7 carditis
[病] 心臓炎
card(cardio 心臓膚) + **-itis**

8 hepatitis
[病] 肝炎
hepat(hepato 肝臓) + **-itis**

9 pyelitis
[病] 腎盂炎
pyel(pyelo 腎盂) + **-itis**

10 cystitis
[病] 膀胱炎
cyst(cysto 膀胱) + **-itis**

古典接尾辞による語形成
-itude：状態

words

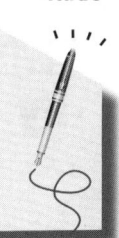

1 beat<u>itude</u>
至福、無上の幸福
beat (beati 至福の) + **-itude**

2 cert<u>itude</u>
確実性
cert (cernere 決定する) + **-itude**

3 grat<u>itude</u>
(物事への) 感謝の念
grat (gratus 喜び) + **-itude**

4 magn<u>itude</u>
規模、大きさ、大小
magn (magnus 偉大な) + **-itude**

5 sol<u>itude</u>
独居、孤独
sol (solus ひとりの) + **-itude**

6 rect<u>itude</u>
公正、厳正、(判断などの) 正しさ
rect (regere 指示する) + **-itude**

7 serv<u>itude</u>
隷属、隷従、奴隷状態
serv (servire 奴隷として仕える) + **-itude**

8 simil<u>itude</u>
類似、相似、類似性、類似点
simil (similis 似ている) + **-itude** (状態)

9 apt<u>itude</u>
素質、才能
apt (apere 結びつける) + **-itude**

10 mult<u>itude</u>
多数であること
mult (multi 多い) + **-itude**

古典接尾辞による語形成
-ity：状態 / 性質

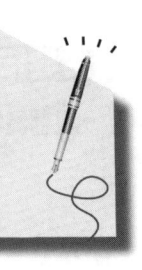

words

1 enormity
(状況・出来事などの)深刻さ、(問題・仕事などの)大きさ
e- (はずれた) + **norm** (norma 尺度) + **-ity**

2 sanctity
神聖さ、高潔さ
sanct (sanctus 聖なる) + **-ity**

3 amity
(特に国家間の)友好、親善
am (amicus 友) + **-ity**

4 verity
真実性
ver (verus 真実の) + **-ity**

5 toxicity
毒性
toxic (toxin 毒性) + **-ity**

6 humility
謙遜、謙遜な行為
humil (humus 墓にかける土) + **-ity**

7 heredity
[生]遺伝、(親譲りの)性格
hered (heres 相続人) + **-ity**

8 identity
同一性、本人であること、独自性、個性
ident (identitas 同じであること) + **-ity**

9 celebrity
有名人、名士
celebr (celeber 有名な) + **-ity**

10 voracity
大食
vorac (vorare むさぼる) + **-ity**

古典接尾辞による語形成
-ize：〜のようにする、〜化する

words

✓ 注意
二重下線部分は語形成の際に脱落している。

1 analize
〜を（構成要素に）分析する
ana（対して）+ li（lyein ばらばらに）+ -ize

2 paralyze
（手・足などを）麻痺させる
paraly（paralysis 麻痺）+ -ize

3 homogenize
同質[均質]にする
homo（同質の）+ gen（genus 種族）+ -ize

4 anatomize
（動植物を）解剖する
ana（完全に）+ -tom（temnein 切る）+ -ize

5 economize
節約する
eco（oikos 家）+ nom（nomia 管理）+ -ize

6 synchronize
（〜と）同時に進行する
syn（同じに）+ chron（chronos 時間）+ -ize

7 sympathize
同情する
sym-（同じく）+ path（pathein 苦しむ）+ -ize

8 hypnotize
催眠をかける
hypnot（hypno 催眠）+ -ize

9 eulogize
賛辞を呈する
eu（快い）+ log（logos 言葉）+ -ize

10 verbalize
言葉で表現する
verb（verbum 言葉）+ -al + -ize

古典接尾辞による語形成
-orium：場所、手段
-arium：-orium の異形

words

1 aquarium
水族館、人工池
aqu (aqua 水) + -arium

2 sanatorium
治療所、保養地
sanat (sanitas 健康) + -orium

3 emporium
大規模なスーパーマーケット、店
emp (emporos 商人) + -orium

4 planetarium
天文台
planet (planet 惑星) + -arium

5 terrarium
(植物栽培用) ガラス器、陸生、
小動物の飼育器
terr (terra 土) + -arium

6 auditorium
講堂
audit (audire 聴く) + -orium

7 moratorium
(危険活動の) 一時停止
morat (moratory 支払い猶予の) + -orium

古典接尾辞による語形成
-ous：〜の特徴の

words

1 anxious
案じて、気にして、切望して
anxi (angere 窒息させる) + **-ous**

2 cautious
用心深い
cauti (cavere 注意する) + **-ous**

3 malicious
悪意のある
malice- (malus 悪い) + **-ous**

4 enormous
法外に大きい
e- (はずれた) + **norm** (norma 尺度) + **-ous**

5 generous
寛大な
gener (genus 種族→崇高な生まれの) + **-ous**

6 ludicrous
馬鹿げた、滑稽な
ludicr (ludere 滑稽な) + **-ous**

7 nauseous
むかつく、吐き気がする
nause (naus 船→船酔いする) + **-ous**

8 populous
人口の多い、人口密度の高い
popul (populus 人民) + **-ous**

9 precious
貴重な
preci (pretium 価値) + **-ous**

10 serious
真剣な
seri (serius 重い) + **-ous**

古典接尾辞による語形成
-sis：〜症、状態、作用

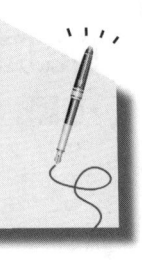

words

1 paraly<u>sis</u>　　　[病]麻痺
　　　　　　　　　　　paraly (麻痺) + -sis

2 neuro<u>sis</u>　　　[病]神経症、ノイローゼ
　　　　　　　　　　　neuro (神経) + -sis

3 psycho<u>sis</u>　　　[病]精神病
　　　　　　　　　　　psycho (精神) + -sis

4 sclero<u>sis</u>　　　[病]硬化症
　　　　　　　　　　　sclero (sclero 強膜の) + -sis

5 osteoporo<u>sis</u>　[病]骨粗鬆症（こつそしょうしょう）
　　　　　　　　　　　osteo (骨) + -poro (pors 通路) + -sis

6 narco<u>sis</u>　　　[病]知覚麻痺、失神状態
　　　　　　　　　　　narco (麻痺) + -sis

7 toxico<u>sis</u>　　　中毒症
　　　　　　　　　　　toxico (toxicum 毒) + -sis

8 analy<u>sis</u>　　　分析
　　　　　　　　　　　ana (対して) + li (lyein ばらばらに) + -sis

9 metamorpho<u>sis</u>　(構造・本質の) 完全な変化
　　　　　　　　　　　meta (変化する) + morph (形) + -sis

10 cathar<u>sis</u>　　(感情などの) 浄化法
　　　　　　　　　　　cathar (浄化) + -sis

古典接尾辞による語形成

-th：状態、性質

words

1 strength
力、強さ、体力
sterng (strong 強い) + -th

2 length
長さ
leng (long 長い) + -th

3 health
健康
heal (heal 病気を治す) + -th

4 worth
値打ち、真価
wor (worthy 価値がある) + -th

5 wealth
富
weal (wealthy 豊かな) + -th

6 growth
伸び、成長
grow (grow 成長する) + -th

7 warmth
暖かさ
warm (warm 暖かな) + -th

8 width
幅、広さ
wid (wide 広い) + -th

9 breadth
横幅
bread (brad 広い) + -th

10 depth
深さ
dep (deep 深い) + -th

古典接尾辞による語形成
-ulent：〜で充満した

words

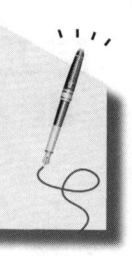

✔ 注意
　二重下線部分は語形成の際に脱落している。

1 **fraud<u>ulent</u>**　　　詐欺的な、不正直な
　　　　　　　　　　　fraud (詐欺) + -ulent

2 **vir<u>ulent</u>**　　　　伝染性の強い、有毒な
　　　　　　　　　　　vir~~us~~ (ウイルス) + -ulent

3 **corp<u>ulent</u>**　　　(人・体が) 肥満した
　　　　　　　　　　　corp (corpus 体) + -ulent

古典接尾辞による語形成
-ure：動作 / 結果

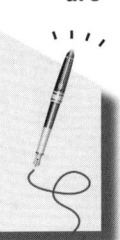

words

1. tor**ture**
   拷問
   tort (tortquere ねじる) **+ -ure**

2. rup**ture**
   破裂、裂け目
   rupt (rumpere 壊す) **+ -ure**

3. scrip**ture**
   聖書、(キリスト教以外の) 経典、聖典
   script (scribere 書く) **+ -ure**

4. minia**ture**
   縮小模型
   miniat (minuere 小さい) **+ -ure**

5. deben**ture**
   借入証明書
   deb (debitum 借金) **+ -ent + -ure**

6. cap**ture**
   捕獲、逮捕
   capt (capere とる) **+ -ure**

7. proce**dure**
   逮捕手順、順序、やり方
   pro- (前に) **+ -ced** (cedere 行く) **+ -ure**

8. junc**ture**
   重大な局面、連結、結合
   junct (jungere 結合する) **+ -ure**

9. litera**ture**
   文学
   literat (litera 文字) **+ -ure**

10. crea**ture**
    被造物
    creat (creatus 造る) **+ -ure**

古典接辞で意味が変わる単語 -1-

その昔に作られ辞書に入っている化石化［語彙化］した語でも、接頭辞や接尾辞の違いによって意味が異なります。語形成はその昔からあったことが分かります。語とその定義を組み合わせましょう。

words

1. **anti**pathy / **a**pathy
   - (a) lack of interest in things
   - (b) fixed strong dislike; hatred

2. **con**structive / **de**structive
   - (c) intending to be helpful and to suggest improvement
   - (d) causing damage

3. **im**plicit / **ex**plicit
   - (e) (of a statement) clearly and fully expressed
   - (f) meant though not expressed

4. **op**ponent / **pro**ponent
   - (g) person who supports something
   - (h) person who opposes someone or something

5. **in**ternal / **ex**ternal
   - (i) inside, not foreign
   - (j) coming from outside

答

(a) apathy	(f) implicit
(b) antipathy	(g) proponent
(c) constructive	(h) opponent
(d) destructive	(i) internal
(e) explicit	(j) external

古典接辞で意味が変わる単語 -2-

その昔に作られ辞書に入っている化石化[語彙化]した語でも、接頭辞や接尾辞の違いによって意味が異なります。語形成はその昔からあったことが分かります。語とその定義を組み合わせましょう。

words

1. **male**ficent / **bene**ficent
   (a) able to do evil things
   (b) doing things to help people

2. **re**patriate / **ex**patriate
   (c) send (someone) back to their own country
   (d) (person) living abroad

3. **at**tach / **de**tach
   (e) connect one thing to another
   (f) separate from something larger

4. **pro**mote / **de**mote
   (g) make someone's rank or position lower
   (h) give someone a better, more responsible job in a company

5. **prog**nosis / **dia**gnosis
   (i) prediction on how something will develop or end
   (j) judgment by discovering the nature of a disease

答

(a) maleficent
(b) beneficent
(c) repatriate
(d) expatriate
(e) attach
(f) detach
(g) demote
(h) promote
(i) prognosis
(j) diagnosis

古典接辞で意味が変わる単語 -3-

その昔に作られ辞書に入っている化石化［語彙化］した語でも、接頭辞や接尾辞の違いによって意味が異なります。語形成はその昔からあったことが分かります。語とその定義を組み合わせましょう。

words

1. **exhale / inhale**
   - (a) breathe in
   - (b) breathe out

2. **accelerate / decelerate**
   - (c) move faster
   - (d) go slower

3. **converge / diverge**
   - (e) go into different directions
   - (f) come from different directions and meet at the same point

4. **sympathy / empathy**
   - (g) sensitivity to and pity for others' suffering
   - (h) ability to imagine oneself in the position of another person

5. **benign / malign**
   - (i) causing harm
   - (j) kind and harmless

答

(a) inhale	(f) converge
(b) exhale	(g) sympathy
(c) accelerate	(h) empathy
(d) decelerate	(i) malign
(e) diverge	(j) benign

古典接辞で意味が変わる単語 -4-

その昔に作られ辞書に入っている化石化［語彙化］した語でも、接頭辞や接尾辞の違いによって意味が異なります。語形成はその昔からあったことが分かります。語とその定義を組み合わせましょう。

words

1. **inflate / deflate**
   - (a) blow up with air
   - (b) let air or gas out of (a tire, etc.)

2. **prescribe / proscribe**
   - (c) order as a medicine or treatment
   - (d) forbid especially by law

3. **explosion / implosion**
   - (e) inwards explosion
   - (f) outwards explosion

4. **propose / depose**
   - (g) remove (a ruler) from power
   - (h) suggest

5. **ascend / descend**
   - (i) go up
   - (j) go down

答

- (a) inflate
- (b) deflate
- (c) prescribe
- (d) proscribe
- (e) implosion
- (f) explosion
- (g) depose
- (h) propose
- (i) ascend
- (j) descend

古典接辞で意味が変わる単語 -5-

その昔に作られ辞書に入っている化石化 [語彙化] した語でも、接頭辞や接尾辞の違いによって意味が異なります。語形成はその昔からあったことが分かります。語とその定義を組み合わせましょう。

words

1 negligent / negligible
   (a) too slight or unimportant to worry
   (b) not taking enough care

2 benevolent / malevolent
   (c) wishing to do evil to others
   (d) wishing to do good

3 monologue / dialogue
   (e) exchange of opinions
   (f) long speech by one person

4 depress / impress / suppress
   (g) prevent from being shown
   (h) fill with admiration
   (i) feel sad and hopeless

5 dispel / compel
   (j) drive away
   (k) force to do something

答

(a) negligible
(b) negligent
(c) malevolent
(d) benevolent
(e) dialogue
(f) monologue
(g) suppress
(h) impress
(i) depress
(j) dispel
(k) compel

古典接辞で意味が変わる単語 -6-

その昔に作られ辞書に入っている化石化[語彙化]した語でも、接頭辞や接尾辞の違いによって意味が異なります。語形成はその昔からあったことが分かります。語とその定義を組み合わせましょう。

words

1. **dissent / consent**
   (a) give permission
   (b) disagree with an opinion

2. **digress / progress / regress**
   (c) go back to a former and usually worse condition
   (d) move away from the subject
   (e) move forwards

3. **introvert / extrovert**
   (f) quiet introspective person
   (g) cheerful person who likes to be with others

4. **convert / pervert**
   (h) person who does unnatural sexual acts
   (i) change into another form

5. **import / export**
   (j) bring in (goods) from abroad
   (k) send (goods) abroad for sale

答

(a) consent
(b) dissent
(c) regress
(d) digress
(e) progress
(f) introvert
(g) extrovert
(h) pervert
(i) convert
(j) import
(k) export

古典語根
Classic Roots

✔古典語根による語形成について

英語はその語形成において、古典ギリシャ語や古典ラテン語の接辞や語根を多く借用しているので、すでに語彙化［化石化］している語の意味を考察するには、古典ギリシャ語や古典ラテン語の語根についての知識が助けとなります。それらすべてを知ることは出来ませんが、頻出する語についてだけでもその知識をもっていると語の認識力が増します。そればかりか、だんだんと、語が見えてきます。語形成のようすが分かってくると、語のキャラクターまでもが見えてくるのです。もともとの語がもつ可能性も見えてきます。辞書などには書いていない、語のニュアンスも感じられるようになります。そこで、知っていると役に立つと思われる古典語根を紹介します。これらを見て、その昔に起こっていた語形成を楽しんでください。

ギリシャ語：***Greek***（G）
ラテン語：***Latin***（L）

✓ 古典語根のリスト

1.	acer (L)	sharp	378
2.	amour (L)	love	379
3.	anima (L)	breath	380
4.	animus (L)	mind	381
5.	aster (G)	star	382
6.	audire (L)	to hear	383
7.	capere (L)	to hold	384
8.	carn (L)	flesh	385
9.	cedere (L)	to go	386
10.	celer (L)	fast	387
11.	chromat (G)	color	388
12.	chromos (G)	time	389
13.	clamare (G)	to shout	390
14.	claudere (L)	to close	391
15.	cognoscere (L)	to know	392
16.	corpus (L)	body	393
17.	credere (L)	to believe	394
18.	crux (L)	severe pain	395
19.	culpa (L)	sin	396
20.	currere (L)	to run	397
21.	debitum (L)	to owe	398

22.	*demos* (L)	*people*	……	*399*
23.	*dens* (L)	*tooth*	……	*400*
24.	*dermato* (G)	*skin*	……	*401*
25.	*dicere* (L)	*to say*	……	*402*
26.	*dominus* (L)	*to rule*	……	*403*
27.	*ducere* (L)	*to lead*	……	*404*
28.	*duo* (L)	*2*	……	*405*
29.	*dynamis* (G)	*power*	……	*406*
30.	*ennial* (L)	*year*	……	*407*
31.	*equi* (L)	*equal*	……	*408*
32.	*eros* (G)	*goddess of love*	……	*409*
33.	*facere* (L)	*to make or to do*	……	*410*
34.	*ferre* (L)	*to carry*	……	*411*
35.	*fidere* (L)	*faith*	……	*412*
36.	*flectere* (L)	*to bend*	……	*413*
37.	*fluere* (L)	*to flow*	……	*414*
38.	*fortis* (L)	*strong*	……	*415*
39.	*frangere* (L)	*to break*	……	*416*
40.	*fraternus* (L)	*brother*	……	*417*
41.	*fundere* (L)	*to pour*	……	*418*
42.	*gignere* (L)	*to give birth to*	……	*419*

43.	gnosis (G)	to know	420
44.	gradi (L)	to walk	421
45.	gratus (L)	joyous	422
46.	grex (L)	crowd	423
47.	jacere (L)	to throw	424
48.	juris (L)	to judge or to swear	425
49.	legalis (L)	law	426
50.	lexis (G)	word	427
51.	libertas (L)	to be free	428
52.	logos (G)	to say	429
53.	loqui (L)	to talk	430
54.	lumen (L)	light	431
55.	magnus (L)	great	432
56.	manus (L)	hand	433
57.	mater (L)	mother	434
58.	militaris (L)	soldier	435
59.	minuere (L)	little	436
60.	mittere (L)	to send	437
61.	morph (G)	form	438
62.	mors (L)	death	439
63.	movere (L)	to move	440

64.	mutare (L)	to change	441
65.	natus (L)	birth	442
66.	nomen (L)	name	443
67.	novellus (L)	new	444
68.	nuntiare (L)	to present	445
69.	pater (L)	father	446
70.	patho (G)	disease	447
71.	pathos (G)	feeling	448
72.	pax (L)	peace	449
73.	pedi (L)	foot	450
74.	pedo- (G)	child	451
75.	pellere (L)	to drive	452
76.	pendere (L)	to hang	453
77.	phrazein (G)	to speak	454
78.	physike (G)	of the body or of the nature	455
79.	plectere (L)	to weave	456
80.	plenire (L)	to fill	457
81.	ponere (L)	to put	458
82.	portare (L)	to carry	459
83.	poser (L)	to put	460
84.	potens (L)	able	461

85.	*primere* (L)	*to press*	462
86.	*primus* (L)	*first*	463
87.	*psych* (G)	*mind*	464
88.	*quaerere* (L)	*to ask*	465
89.	*rodere* (L)	*to bite*	466
90.	*rumpere* (L)	*to break*	467
91.	*sacrare* (L)	*make holy*	468
92.	*sancire* (L)	*make holy*	469
93.	*sanitas* (L)	*health*	470
94.	*scandere* (L)	*to climb*	471
95.	*scire* (L)	*to know*	472
96.	*scribere* (L)	*to write*	473
97.	*secare* (L)	*to cut*	474
98.	*senex* (L)	*old*	475
99.	*sentire* (L)	*to feel*	476
100.	*sequi* (L)	*to follow*	477
101.	*sidere* (L)	*to sit*	478
102.	*sistere* (L)	*to stand*	479
103.	*solus* (L)	*lone*	480
104.	*solvere* (L)	*to solve*	481
105.	*sonor* (L)	*sound*	482

106.	*sophos* (G)	*prudence*	*483*
107.	*specere* (L)	*to see*	*484*
108.	*spirare* (L)	*to breathe*	*485*
109.	*stare* (L)	*to stand still*	*486*
110.	*sumere* (L)	*to take up*	*487*
111.	*temnein* (G)	*to cut*	*488*
112.	*tempus* (L)	*time*	*489*
113.	*tendere* (L)	*stretch*	*490*
114.	*tenere* (L)	*to hold*	*491*
115.	*terminus* (L)	*to end*	*492*
116.	*terra* (L)	*earth, land*	*493*
117.	*theos* (G)	*god*	*494*
118.	*thermo* (G)	*heat*	*495*
119.	*torquere* (L)	*to twist*	*496*
120.	*toxicum* (G)	*poison*	*497*
121.	*trahere* (L)	*to draw or to pull*	*498*
122.	*trudere* (L)	*to thrust*	*499*
123.	*vacuus* (L)	*empty*	*500*
124.	*vadere* (L)	*to go*	*501*
125.	*valere* (L)	*value*	*502*
126.	*venire* (L)	*to come*	*503*

127.	*verbum* (L)	*word*	*504*
128.	*vergere* (L)	*to lean*	*505*
129.	*vertere* (L)	*to turn*	*506*
130.	*verus* (L)	*truth*	*507*
131.	*videre* (L)	*to see*	*508*
132.	*vita* (L)	*life*	*509*
133.	*vivere* (L)	*to live*	*510*
134.	*vocare* (L)	*to call*	*511*
135.	*volo* (L)	*to want*	*512*
136.	*volvere* (L)	*to roll*	*513*
137.	*vorare* (L)	*to eat up*	*514*

acer

古典語根による語形成

語形成 acer : (L) sharp 鋭い

words

✓ 注意
　二重下線部分の *-y* は語形成の際に *-i* に変わっている。

1 **acerbity**
(気性・言葉の) 激しさ
acerb (acer 鋭い) + **-ity**

2 **acerbic**
辛辣な、激しい
acerb (acer 鋭い) + **-ic**

3 **acrid**
(味・においが) (鼻・舌・目などを) 刺すような
acr (acer 鋭い) + **-id** (形容詞語尾 -ic の異形)

4 **acrimony**
(気質・言葉・態度などの) 痛烈さ、とげとげしさ
acri (acer 鋭い) + **-mony**

5 **acrimonious**
手厳しい、辛辣な、とげとげしい
acri (acer 鋭い) + **-mon*y*** + **-ous**

古典語根による語形成

語形成 amour : (L) love 愛

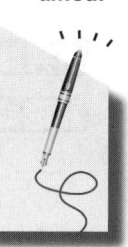

words

1 amateur
素人愛好家
ama (amour 愛) + -teur

2 amour
情事
ama (amour 愛) + -our

3 amorist
好色家、恋愛小説作家
amor (amour 愛) + -ist (人)

4 enamor
魅惑する
en (〜の状態にする) + amor (amour 愛)

5 inamorato
男の恋人、情夫
in (〜の中に) + amor (amour 愛) + -ato

古典語根による語形成

語形成 anima: (L) breath 息

words

✓ 注意
二重下線部分は語形成の際に脱落している。

1 **animal**
動物
animal (animalis 息)

2 **animate**
生命を与える
anima (anima 息) + -ate

3 **animation**
動画
anima (anima 息) + -ation

4 **animator**
アニメ制作者；動画作家
animat (anima 息) + -or (人)

5 **inanimate**
生命のない、無生物の
in- (否定) + anim (anima 息) + -ate

古典語根による語形成

語形成 animus : (L) mind 魂、精神

words

1 <u>anim</u>ism

あらゆる自然物、自然現象に霊魂があるとする信仰
anim (animus 魂) + -ism

2 un<u>anim</u>ous

満場一致で
un (unus 一つ) + anim (animus 精神) + -ous

3 magn<u>anim</u>ous

度量の大きい、寛大な
magn (magnus 大きい) + anim (animus 魂) + -ous

4 un<u>anim</u>ity

全員異議のないこと
un (unus 一つの) + anim (animus 精神) + -ity

5 magn<u>anim</u>ity

度量の大きいこと、寛大
magn (magnus 大きい) + anim (animus 魂) + -ity

古典語根による語形成

語形成 aster : (G) star 星

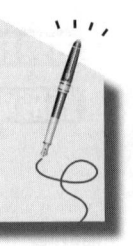

1 <u>aster</u>isk
星印:参照・省略・疑義・非文法性などを示す
aster + -isk (小さい)

2 <u>aster</u>oid
小惑星、小遊星
aster + -oid (類似性)

3 dis<u>aster</u>
災害、災難、惨事
dis- (分離) **+ aster**

4 <u>astro</u>naut
宇宙飛行士
astro (aster 星) **+ -naut** (航行する人)

5 <u>astro</u>nomy
天文学
astro (aster 星) **+ nomy** (nomos 法則)

audire

古典語根による語形成

語形成 audire : (L) to hear 聞く

words

✓ 注意
二重下線部分は語形成の際に脱落している。

1 aud<u>i</u>ble
(声・音が) 聞こえる
audi (audire 聞く) + **-ible**

2 audit<u>o</u>rium
講堂、ホール
audit (audire 聞く) + **-orium** (場所)

3 auditor
(大学の) 聴講生
audit (audire 聞く) + **-or**

4 audit<u>o</u>ry
聴覚の
audit (audire 聞く) + **-oty**

5 audition
(〜のための) 審査、試演
audit (audire 聞く) + **-ion**

capere

古典語根による語形成

語形成 capere :(L) to hold 取る

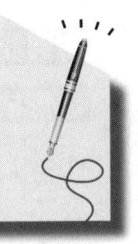

words

1 con**ceive**
考えなどをいだく
con- (完全に) + **ceive** (capere 取る)

2 de**ceive**
人を欺く
de- (離れて) + **ceive** (capere 取る)

3 per**ceive**
(五感によって) 気づく、知覚する
per- (完全に) + **ceive** (capere 取る)

4 re**ceive**
受け取る
re- (後へ) + **ceive** (capere 取る)

5 precon**ceive**
あらかじめ考える
pre- (前もって) + **ceive** (capere 取る)

古典語根による語形成

語形成 carn : (L) flesh 肉

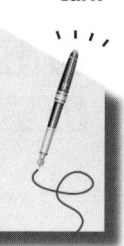

1 carnage
大虐殺
carn + -age (aggio 支払い)

2 carnivorous
肉食の
carni (carn 肉) + vor (vorare むさぼる) + -ous

3 carnival
謝肉祭
carni (carn 肉) - + val (vale 別れ)

4 incarnation
具現化、肉体化
in- (〜の中に) + carn (carn 肉) + -ation

5 reincarnation
(〜の) 生まれ変わり
re- (再び) + in- (〜の中に) + carn (carn 肉) + -ation

cedere

古典語根による語形成
語形成 cedere : (L) to go 行く

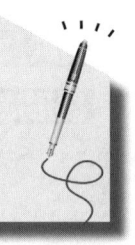

words

1 ante<u>cede</u>
(時・順序で) 先行する
ante- (前に) + **cede** (cedere 行く)

2 con<u>cede</u>
妥協して解決する、(真実・正当であると) 認める
con- (共に) + **cede** (cedere 行く)

3 pre<u>cede</u>
(重要性の点で) 上位である、(時間的に) 先に起こる
pre- (前に) + **cede** (cedere 行く)

4 ex<u>ceed</u>
[範囲・限界などを] 超える
ex- (外に) + **ceed** (cedere 行く)

5 pro<u>ceed</u>
続行する
pro- (前方へ) + **ceed** (cedere 行く)

6 suc<u>ceed</u>
〜の後に続く
suc- (下に・次に) + **ceed** (cedere 行く)

7 ex<u>cess</u>
過剰、過度
ex- (外へ) + **cess** (cedere 行く)

8 pro<u>cess</u>
(製造・加工などの) 過程
pro- (前方へ) + **cess** (cedere 行く)

9 re<u>cess</u>
休憩
re- (後へ) + **cess** (cedere 行く)

10 ac<u>cess</u>
接近、通路、交通の便
ac- (a へ) + **cess** (cedere 行く)

古典語根による語形成

語形成 celer : (L) fast 速い

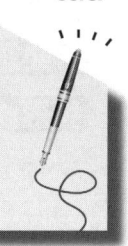

✓ 注意
二重下線部分は語形成の際に脱落している。

1. **accelerate**
   加速する、促進する
   ac- (へ) + **celer** (速い) + **-ate**

2. **accelerator**
   自動車のアクセル、加速するもの
   ac- (へ) + **celer** (速い) + **ate** + **-or**

3. **celerity**
   敏捷さ、機敏さ
   celer (速い) + **-ity**

4. **decelerate**
   減速する
   de- (逆をする) + **celer** (速い) + **-ate**

5. **acceleration**
   加速
   accelerate (速い) + **-ation**

古典語根による語形成

語形成 chromat: (G) color 色

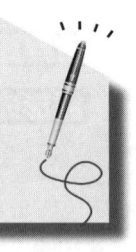

words

1 dichromatism
二色性
di (二つ) + **chromat** (chromat 色) + **-ism**

2 polychromatic
多色の
poly (多くの) + **chromat** (chromat 色) + **-ic**

3 achromatic
無色の、色消しの
a (無い) + **chromat** (chromat 色) + **-ic**

4 monochromatic
単色の
mono (一つ) + **chromat** (chromat 色) + **-ic**

5 chromatics
色彩論
chromat (chromat 色) + **-ics** (論)

古典語根による語形成

語形成 chronos : (G) time 時

words

1 syn<u>chron</u>ize
(〜と) 同時に進行する
syn (同じに) + **chron** (chronos 時) + **-ize**

2 ana<u>chron</u>ism
時代錯誤
ana (さかのぼって) + **chron** (chronos 時) + **-ism**

3 dia<u>chron</u>ic
通時的な
dia- (〜を通過する) + **chron** (chronos 時) + **ic**

4 iso<u>chron</u>ism
同時性、等時運動
iso- (等しい) + **chron** (chronos 時) + **ism**

5 <u>chron</u>icle
年代記、事件の経過
chroni (chronos 時) + **-cle** (ka 指小辞)

古典語根による語形成

語形成 clamare: (G) to shout 叫ぶ

words

✔ 注意

二重下線部分は語形成の際に脱落している。

1 claim
(当然の権利として) 要求する
claim (clamare 叫ぶ)

2 disclaim
(責任・関係を) 否認する
dis- (除去する) + claim (clamare 叫ぶ)

3 exclaim
絶叫する
ex- (外へ) + claim (clamare 叫ぶ)

4 exclamation
絶叫
ex- (外へ) + claim (clamare 叫ぶ) + -ation

5 proclaim
公表する、公式に宣言する
pro- (前方へ) + claim (clamare 叫ぶ)

古典語根による語形成
語形成 claudere: (L) to close 閉じる

1 include
含む
in- (中へ) + **clude** (claudere 閉じる)

2 exclude
(人・物を) 〜から締め出す
ex- (外へ) + **clude** (claudere 閉じる)

3 conclude
結論をだす、終了する
con- (完全に) + **clude** (claudere 閉じる)

4 preclude
〜を (〜から) 除外 [排除] する
pre- (前に) + **clude** (claudere 閉じる)

5 seclude
遮断する、隔離する
se- (離して) + **clude** (claudere 閉じる)

cognoscere

古典語根による語形成

語形成 cognoscere: (L) to know 知る

words

✔ 注意
二重下線部分は語形成の際に脱落している。

1 <u>cogni</u>ze
[哲]～を認知する
cogni (cognoscere 知る) + **-ize**

2 <u>cogni</u>tion
認知
cogni (cognoscere 知る) + **-ition**

3 <u>cogni</u>tive
認知の
cogni (cognoscere 知る) + **-tive**

4 re<u>cogni</u>ze
～を思い出す
re- (再び) + **cogni** (cognoscere 知る) + **-ize**

5 re<u>cogni</u>tion
～という認識、認定、承認
re- (再び) + **cogni** (cognoscere 知る) + **-ition**

corpus

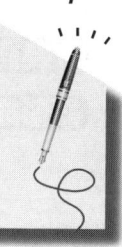

古典語根による語形成

語形成 corpus: (L) body 体

words

✔ 注意
　二重下線部分は語形成の際に脱落している。

1 **corps**　　兵団、隊、団
　　　　　　corps (corpus 体)

2 **incorporate**　　合体する、～を法人組織にする
　　　　　　in- (中へ) + corpor (corpus 体) - + ate

3 **corporation**　　法人組織
　　　　　　corpor (corpus 体) + -ate + -ion

4 **corporal**　　(精神などと対比して) 身体の
　　　　　　corpor (corpus 体) + -al

5 **corpulent**　　(人・体が) 肥満した
　　　　　　corp (corpus 体) + -ulent

古典語根

credere

古典語根による語形成

語形成 credere : (L) to believe
信じる

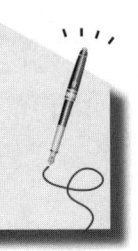

words

✔ 注意
二重下線部分は語形成の際に脱落している。

1 **credit**
信用貸し、貸金
credit (credere 信じる)

2 **credulity**
すぐに信じてしまう性格、だまされやすさ
credul (credere 信じる) + **-ity**

3 **credulous**
(人が) 信じやすい、だまされやすい
credul (credere 信じる) + **-ous**

4 **credential**
信用証明書、信任状、資格認書、資格、適正、業績
credence (credere 信じる) + **-tial**

5 **credibility**
信頼性、真実性
cred (credere 信じる) + **-ibility**

古典語根による語形成

語形成 crux : (L) severe pain
激しい苦痛、議論の核心

words

1. **crucifixion**
   十字架刑
   cruci (crux 激しい苦痛) + **fix** (figere 固定する) + **-ion**

2. **crucifix**
   十字架像、キリスト磔刑像
   cruci (crux 激しい苦痛) + **fix** (figere 固定する)

3. **crucial**
   極めて重要な
   cruci (crux 議論の核心) + **-al**

4. **excruciate**
   激しい苦痛を与える
   ex- (外へ) + **cruci** (crux 激しい苦痛) + **-ate**

5. **crucify**
   十字架に張り付ける
   cruci (crux 激しい苦痛) + **-fy** (facere 作る)

culpa

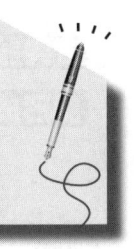

古典語根による語形成
語形成 culpa :(L) sin 罪

words

1 **cul**pable
(人・行為が) 非難に値する
culp (culpa 罪) **+ -able**

2 **cul**prit
刑事被告人、罪人
cul (culpa 罪) **+ prit** (prit 用意された)

3 ex**culp**ate
無実の罪を晴らす、弁明の
ex- (外へ) **+ culp** (culpa 罪) **+ -ate**

4 ex**culp**atory
無実の罪を晴らす
ex- (外へ) **+ culpat** (culpa 罪) **+ -ory**

5 in**culp**ate
(人に) 罪を負わせる
in- (〜を課す) **+ culp** (culpa 罪) **+ -ate**

古典語根による語形成

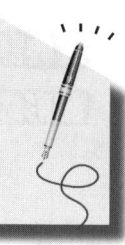

語形成 currere : (L) to run 走る

words

1 in<u>cur</u>
(好ましくない結果に) 陥る
in- (中へ) + **cur** (currere 走る)

2 oc<u>cur</u>
(事件・物などが) 起きる、生じる
oc- (へ) + **cur** (currere 走る)

3 pre<u>curs</u>or
前ぶれ、先駆者
pre- (前を) + **curs** (currere 走る) + **-or**

4 re<u>cur</u>
(物事が) 繰り返される
re- (再び) + **-cur** (currere 走る)

5 con<u>cur</u>
(事情などが) (〜と) 同時に起こる、同じ意見である
con- (共に) + **cur** (currere 走る)

debitum

古典語根による語形成

語形成 debitum : (L) to owe
借金がある

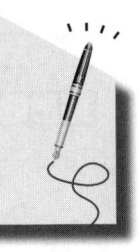

words

1. **debit**
   借方勘定
   debit (debitum 借金がある)

2. **debt**
   借金、負債、恩義
   debt (debitum 借金がある)

3. **debenture**
   借入証明書
   deb (debitum 借金がある) + **-ent** + **-ure**

4. **indebtedness**
   負債額
   in- (ある状態にする) + **debt** (debitum 借金がある) + **-ness**

5. **debtor**
   借金している人
   debt (debitum 借金がある) + **-or**

demos

古典語根による語形成

語形成 demos : (L) people 人々

words

1 epi**demic**
(病気の) 流行
epi- (間に) + **demic** (demos 人々)

2 pan**demic**
病気が全地域にわたる
pan- (pan 全) + **demic** (demos 人々)

3 **demo**graphics
実態的人口統計
demo (demos 人々) + **-graphics** (表記法)

4 **demo**cracy
民主主義
demo (demos 人々) + **cracy** (krania 政治)

5 **demo**graphy
人口統計学
demo (demos 人々) + **-graphy** (学)

dens

古典語根による語形成

語形成 dens : (L) tooth 歯

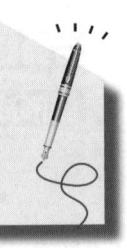

words

1. **dentist**
   歯医者
   dent (dens 歯) + -ist

2. **dentistry**
   歯学、歯科
   dentist + -ry (〜学)

3. **dentition**
   歯群、歯の状態
   dent (dens 歯) + -ition

4. **denture**
   部分義歯
   dent (dens 歯) + -ure

5. **denturist**
   義歯技工士
   dent (dens 歯) + ure + -ist

古典語根による語形成

語形成 dermato : (G) skin 皮膚

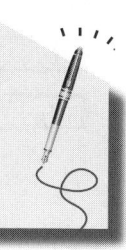

1 dermatitis
[病] 皮膚炎
dermat (dermato 皮膚) + **-itis** (炎症)

2 epidermal
表皮性の
epi- (外の) + **derm** (dermato 皮膚) + **-al**

3 epidermis
表皮
epi- (外の) + **dermis** (dermato 皮膚)

4 pachyderm
厚皮動物 (象・カバ・サイなど)
pachy (厚い) + **derm** (dermato 皮膚)

5 taxidermy
剥製 (はくせい)
taxare (評価する) + **derm** (dermato 皮膚) + **-y**

古典語根による語形成

語形成 dicere : (L) to say 言う

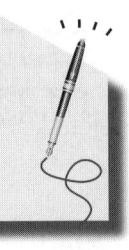

words

✔ 注意
二重下線部分は語形成の際に脱落している。

1 pre**dict**
予言する、予報する
pre- (前に) + **dict** (dicere 言う)

2 contra**dict**
矛盾する
contra- (反対を) + **dict** (dicere 言う)

3 ver**dict**
陪審員団の評決
verus (真実) + **dict** (dicere 言う)

4 vale**dict**orian
卒業生総代 (告別の辞を述べる人)
vale- (別れ) + **dictory** (dicere 言う) + **-ian** (人)

5 in**dict**ment
起訴、告発
in- (中へ) + **-dict** (dicere 言う) + **-ment**

古典語根による語形成

語形成 dominus : (L) to rule
支配する

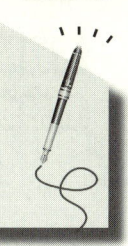

words

1. **dominate**
   〜を支配する
   domin (dominus 支配する) + -ate

2. **dominant**
   支配的な、権威のある、最有力な
   domin (dominus 支配する) + -ant

3. **domination**
   支配[威圧・抑制する]こと、優位を占めること
   domin (dominus 支配する) + -ation

4. **dominion**
   支配権、統治権
   domin (dominus 支配する) + -ion

5. **predominate**
   優位を占める
   pre- (前に) + domin (dominus 支配する) + -ate

ducere

古典語根による語形成

語形成 ducere : (L) to lead 導く

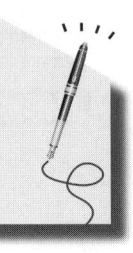

words

1. **pro<u>duce</u>**
   生み出す、生産する
   pro-（先方へ）+ **duce**（ducere 導く）

2. **intro<u>duce</u>**
   導入する、紹介する
   intro-（内へ）+ **duce**（ducere 導く）

3. **de<u>duce</u>**
   （結論などを）（既知の事実などから）推定する
   de-（離れて）+ **duce**（ducere 導く）

4. **con<u>duct</u>**
   導く、運営する
   con-（共に）+ **duct**（ducere 導く）

5. **ab<u>duct</u>**
   誘拐する
   ab-（離して）+ **duct**（ducere 導く）

6. **se<u>duce</u>**
   （若い未経験の女性を）誘惑する
   se-（離れて）+ **duct**（ducere 導く）

7. **in<u>duce</u>**
   （人を）（〜する気に）させる
   in-（中へ）+ **duct**（ducere 導く）

8. **re<u>duce</u>**
   （〜かの程度・数量など）を減らす
   re-（後ろへ）+ **duct**（ducere 導く）

duo

古典語根による語形成
語形成 duo :(L) 2

words

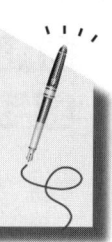

1. **duplex** 　　二重の
   du (duo 2) + -plex (plectere 織る)

2. **duplicity** 　　(言動に) 表裏のあること
   du (duo 2) + -plic (plicare たたむ) + -ity

3. **dualism** 　　二元論
   du (duo 2) + -al (alis) + ism

4. **dubious** 　　疑わしい
   dubi (duo 2) + -ous

5. **dualistic** 　　二元論的な
   du (duo 2) + -al (alis) + -istic

dynamis

古典語根による語形成
語形成 dynamis : (G) power 力

words

1 **dynam**ics
力学的原理
dynam (dynamis 力) + **-ics** (特性)

2 **dynam**ism
力強さ、活力
dynam (dynamis 力) + **-ism**

3 **dynam**ite
ダイナマイト
dynam (dynamis 力) + **-ite** (爆薬・化合物)

4 **dynam**ize
〜を活気づける
dynam (dynamis 力) + **-ize**

5 **dynam**ic
力強い、精力的な、行動的な
dynam (dynamis 力) + **-ic**

古典語根による語形成

語形成 ennial : (L) year 年

words

1 **mill<u>ennial</u>**
千年の；至福千年の
mill (mille 1000) **+ -ennial**

2 **cent<u>ennial</u>**
百年祭の
cent (centi 100) **+ -ennial**

3 **per<u>ennial</u>**
永続する、一年中絶えない
per (per 通して) **+ -ennial**

4 **bi<u>ennial</u>**
隔年の
bi (bi 2) **+ -ennial**

5 **tri<u>ennial</u>**
三年ごとの
tri (tri 3) **+ -ennial**

6 **quadr<u>ennial</u>**
四年ごとの
quadr- (quadri 4) **+ ennial**

7 **quinqu<u>ennial</u>**
五年ごとの
quinqu- (quinque 5) **+ ennial**

8 **sex<u>ennial</u>**
六年ごとの
sex- (sexi 6) **+ -ennial**

9 **sept<u>ennial</u>**
七年ごとの
sept- (septem 7) **+ -ennial**

10 **oct<u>ennial</u>**
八年ごとの
oct (octa 8) **+ -ennial**

equi

古典語根による語形成

語形成 equi : (L) equal 等しい

words

1 equality
平等、均等
equ (equi 等しい) + -al + -ity

2 equate
同等に扱う
equ (equi 等しい) + -ate

3 equivocal
(語句が) 両意に取れる、まぎらわしい
equi (equi 等しい) + voc (vox 声) + -al

4 equalize
平等 [同等] にする
equ (equi 等しい) + -al + -ize

5 equivalent
(〜と) 同等の、同価値の
equi (equi 等しい) + val (valere 価値のある) + -ent

eros

古典語根による語形成

語形成 eros : (G) goddess of love
性愛

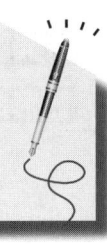

words

1. **erotic**
   性欲をかきたてる
   ero (eros 性愛) + **-tic**

2. **erotica**
   性愛を扱った文学[絵画]
   ero (eros 性愛) + **-tic** (形容詞語尾) + **-a**

3. **eroticism**
   (文学・絵画などの) 性的描写
   ero (eros 性愛) + **-tic** (形容詞語尾) + **-ism**

4. **erogenous**
   性的満足を与える、性欲を刺激する
   ero (eros 性愛) + **gen** (〜を生じる) + **-ous**

5. **erotomania**
   淫乱症、色情狂
   eroto (eros 性愛) + **-mania** (精神の興奮)

facere

古典語根による語形成

語形成 facere : (L) to make or to do 作る

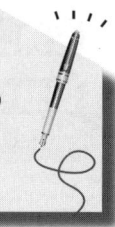

words

1. **bene<u>fact</u>or**　　恩人、後援者
   bene (善を) + **fact** (facere 作る) + **-or**

2. **manu<u>fact</u>ure**　　～を作る、製作[製造]する
   manu (手で) + **fact** (facere 作る) + **-ure**

3. **in<u>fect</u>**　　完成する (人体・器官・傷口を) 病菌で冒す
   in- (中に) + **fect** (facere 作る)

4. **male<u>fact</u>or**　　悪人、害になる人物
   mal- (悪を) + **fact** (facere 作る) + **or**

5. **per<u>fect</u>**　　完成する
   per- (完全に) + **fect** (facere 作る)

ferre

古典語根による語形成

語形成 **ferre**：(L) to carry 運ぶ

words

1. **trans<u>fer</u>** — (物を)移す、(人を)転任させる
   trans-(越えて) + **fer**(ferre 運ぶ)

2. **con<u>fer</u>** — 協議する
   con-(共に) + **fer**(ferre 運ぶ)

3. **re<u>fer</u>** — (人を)(人・場所・参考書などに)差し向ける
   re-(後へ) + **fer**(ferre 運ぶ)

4. **pre<u>fer</u>** — ～を(…より)好む
   pre-(前に) + **fer**(ferre 運ぶ)

5. **in<u>fer</u>** — ～を推論する
   in-(中に) + **fer**(ferre 運ぶ)

fidere

古典語根による語形成

語形成 fidere :(L)faith 信用、信頼

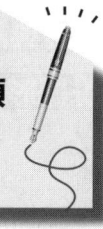

words

✓ 注意
二重下線部分は語形成の際に脱落している。

1 **con<u>fid</u>ant**　　　心を打ち明けられる人
　　　　　　　　　　　con- (共に) + **fid** (fidere 信用) + **-ant**

2 **con<u>fide</u>**　　　　秘密を打ち明ける
　　　　　　　　　　　con- (共に) + **fide** (fidere 信用)

3 **con<u>fid</u>ence**　　信頼、信任
　　　　　　　　　　　confide (fidere 信頼) + **-ence**

4 **<u>fid</u>elity**　　　　忠義、忠誠
　　　　　　　　　　　fidel (fidere 信頼) + **-ity**

5 **in<u>fid</u>elity**　　　不義、背信、不誠実
　　　　　　　　　　　in- (否定) + **fidel** (fidere 信頼) + **-ity**

flectere

古典語根による語形成
語形成 flectere :(L) to bend 曲がる

words

1 de**flect**
屈折させる
de- (離れて) + **flect** (flectere 曲がる)

2 **flex**ible
柔軟性がある
flex (flectere 曲がる) + **-ible** (され得る)

3 re**flect**
(光・熱を) 反射する；熟考する
re- (後ろへ) + **flect** (flectere 曲がる)

4 in**flect**ion
屈折
in- (中へ) + **flect** (flectere 曲がる) + **-ion**

5 re**flex**ology
反射法、手足などのマッサージにより体内をなおす
re- (後ろへ) + **flex** (flectere 曲がる) + **-ology** (術)

fluere

古典語根による語形成
語形成 fluere : (L) to flow 流れる

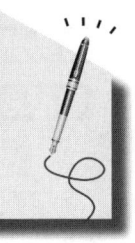

words

1. circum**flu**ent
   周りを流れる
   circum- (周囲) + flu (fluere 流れる) + -ent

2. **flu**ctuate
   (波動のように) 大きく上下する、変動する
   fluctu (fluere 流れる) + -ate

3. in**flu**x
   流入
   in- (中へ) + flux (fluere 流れる)

4. out**flu**x
   流出
   out- (外へ) + flux (fluere 流れる)

5. super**flu**ous
   不必要な、余分な
   super (過分に) + flu (fluere 流れる) + -ous

fortis

古典語根による語形成

語形成 fortis :(L) strong 強い

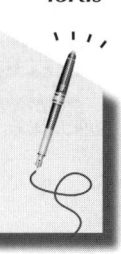

words

1. com**fort**
   (人を) 慰める、励ます
   com- (共に) + **fort** (fortis 強い)

2. e**ffort**
   (肉体的・精神的な) 努力
   e- (外に向ける) + **fort** (fortis 強い)

3. **forte**
   強音部
   forte (fortis 強い)

4. **fortify**
   (都市などを) (攻撃に備えて) 強化する
   fort (fortis 強い) + **-ify** (facere 作る)

5. **fortitude**
   不屈の精神
   fort (fortis 強い) + **-itude** (状態)

frangere

古典語根による語形成

語形成 frangere : (L) to break 割る

words

1. **frac**tion
   分数、(全体の) 部分
   frac (frangere 割る) + **-tion**

2. **frac**ture
   骨折、破損
   frac (frangere 割る) + **-ture**

3. **frag**ile
   壊れやすい、もろい
   frag (frangere 割る) + **-ile**

4. **frag**ment
   (物の) 破片、かけら
   frag (frangere 割る) + **-ment**

5. **fragment**ation
   分裂状態、(規範の) 崩壊
   fragment (frangere 割る) + **-ation**

古典語根による語形成

語形成 fraternus : (L) brother 兄弟

words

1. **fraternal**
   兄弟のような、友愛の
   fratern (fraternus 兄弟) + -al

2. **fraternity**
   友愛、兄弟愛、同胞愛
   fratern (fraternus 兄弟) + ity

3. **fraternize**
   兄弟のように交わる
   fratern (fraternus 兄弟) + ize

4. **fratricide**
   兄弟殺し
   fratri (fraternus 兄弟) + cide (cide 殺し)

古典語根による語形成

語形成 fundere : (L) to pour 注ぐ

words

1. **circum<u>fuse</u>**
   〜を (光・液体などで) 包む、おおう
   circum- (周りに) + **fuse** (fundere 注ぐ)

2. **con<u>fuse</u>**
   困惑させる、まごつかせる
   con- (共に) + **fuse** (fundere 注ぐ)

3. **pro<u>fuse</u>**
   豊富な、物惜しみしない
   pro- (前へ) + **fuse** (fundere 注ぐ)

4. **trans<u>fuse</u>**
   (液体を) 容器に注ぐ
   trans- (超えて) + **fuse** (fundere 注ぐ)

5. **ef<u>fuse</u>**
   (液体・空気・光・におい・熱などを) 放出 [発散] する
   e- (外に) + **fuse** (fundere 注ぐ)

6. **in<u>fuse</u>**
   吹き込む、注ぎ込む
   in- (中へ) + **fuse** (fundere 注ぐ)

古典語根による語形成

語形成 gignere : (L) to give birth to 作り出す

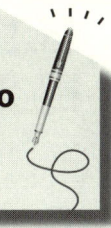

words

1 benign
[病] 良性の
ben (bene 良い) + ign (gignere 作り出す)

2 malign
[病] 悪性の
mal (悪い) + ign (gignere 作り出す)

3 malignancy
[病] 悪性腫瘍
mal (悪い) + ign (gignere 作り出す) + -ancy

4 malignant
極めて有害な、悪意に満ちた
mal (悪い) + ign (gignere 作り出す) + -ant

5 benignancy
[病] 良性、恵み深さ、やさしさ
ben (bene 良い) + ign (gignere 作り出す) + -ancy

gnosis

古典語根による語形成
語形成 gnosis : (G) to know 知る

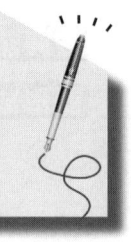

words

1 **dia<u>gno</u>se**　　　診断する、究明する
　　　　　　　　　　dia- (わたって) + **gno** (gnosis 知る) + **-se**

2 **pro<u>gnos</u>is**　　　病気の経過の見通し、予想
　　　　　　　　　　pro- (先の方を) + **gno** (gnosis 知る) + **-sis**

3 **a<u>gno</u>sia**　　　認知不能、失認症
　　　　　　　　　　a- (否定) + **gno** (gnosis 知る) + **-sia** (症)

4 **a<u>gno</u>stic**　　　不可知 [懐疑] 論者
　　　　　　　　　　a- (否定) + **gno** (gnosis 知る) + **-stic**

5 **a<u>gno</u>sticism**　　不可知 [懐疑] 論
　　　　　　　　　　a- (否定) + **gno** (gnosis 知る) + **-stic** + **-ism** (論)

6 **<u>Gnosticism</u>**　　グノーシス主義
　　　　　　　　　　(1〜4世紀に広まった思想運動)
　　　　　　　　　　a- (否定) + **gno** (gnosis 知る) + **-stic** + **-ism** (論)

gradi

古典語根による語形成

語形成 **gradi** :(L) to walk 歩く

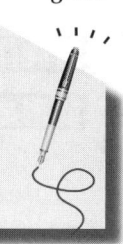

words

1. **progress**
   進歩
   pro- (前方へ) + **gress** (gradi 歩く)

2. **regress**
   後退
   re- (後方へ) + **gress** (gradi 歩く)

3. **congress**
   議会、国会
   con- (共に) + **gress** (gradi 歩く)

4. **digress**
   (人が) (主題から) はずれる、脱線する
   di- (離れて) + **gress** (gradi 歩く)

5. **transgress**
   (限界・境界・範囲を) 超える
   trans- (超えて) + **gress** (gradi 歩く)

gratus

古典語根による語形成

語形成 gratus : (L) joyous 喜ばしい

✔ 注意
二重下線部分は語形成の際に脱落している。

1 gratify
人を満足させる、喜ばせる
grat (喜ばしい) + **-ify** (ficare する)

2 gratitude
(物事への) 感謝の念
grat (喜ばしい) + **-itude** (状態)

3 gratification
満足、大喜び
grat (喜ばしい) + **-ify** (facere 作る) + **-ication**

4 gratuity
心づけ、祝儀
grat (喜ばしい) + **-uity**

5 gratifying
満足のゆく、喜ばしい
grat (喜ばしい) + **-ify** (facere 作る) + **-ing**

grex

古典語根による語形成

語形成 grex : (L) crowd 群

words

1 con**greg**ate
集合する、集まる
con- (共に) + **greg** (grex 群) + **-ate**

2 **greg**arious
社交好きな、群居する
greg (grex 群) + **-arious**

3 ag**greg**ate
集まる、まとまる
ag- (へ) + **greg** (grex 群) + **-ate**

4 se**greg**ate
分離する、群れから離す
se- (離れて) + **greg** (grex 群) + **-ate**

5 e**greg**ious
[悪い意味を持つ言葉を伴って] とんでもない
e- (離れた) + **greg** (grex 群) + **-ious**

古典語根による語形成

語形成 jacere : (L) to throw 投げる

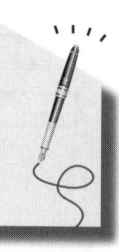

words

1 **inter<u>ject</u>**　　　　　　〜を投げ込む、(言葉などを) 不意にさしはさむ
　　　　　　　　　　　　inter- (間に) **+ ject** (jacere 投げる)

2 **e<u>ject</u>**　　　　　　　(ボタンを押して) 機械からものを取り出す
　　　　　　　　　　　　e- (外へ) **+ ject** (jacere 投げる)

3 **re<u>ject</u>**　　　　　　　拒絶する、〜を退ける
　　　　　　　　　　　　re- (後ろへ) **+ ject** (jacere 投げる)

4 **pro<u>ject</u>**　　　　　　(〜する) 計画、企画、案
　　　　　　　　　　　　pro- (前方へ) **+ ject** (jacere 投げる)

5 **de<u>ject</u>**　　　　　　　気落ちさせる
　　　　　　　　　　　　de- (離れて) **+ ject** (jacere 投げる)

古典語根による語形成

語形成 juris : (L) to judge or to swear 裁く

words

1. **juris**prudence
   法体系、法学
   juris (裁く) + **prud** (知識) + **-ence**

2. **judg**ment
   判断、判定、判決
   judg (juris 裁く) + **-ment**

3. **jur**y
   陪審員団
   jur (juris 裁く) + **-y**

4. **jur**or
   陪審員
   jur (juris 裁く) + **-or** (人)

5. pre**jud**ice
   偏見
   pre- (前に) + **judice** (judicium 判断)

legalis

古典語根による語形成
語形成 legalis : (L) law 法律

words

✔ 注意
　二重下線部分は語形成の際に脱落している。

1 legal
合法的な
leg (legalis 法律) + -al

2 legislate
法律を制定する
legisl (legalis 法律) + -ate

3 legislature
議会などの立法機関
legisl (legalis 法律) + -at̲e̲ + -ure

4 legislative
立法上の
legisl (legalis 法律) + -at̲e̲ + -ive

5 legitimacy
合法、適法、正当
legitim (legitimatus 合法にする) + -acy

lexis

古典語根による語形成
語形成 lexis : (G) word 語

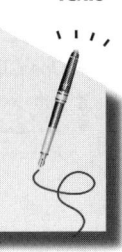

words

1 **lex**icon
語彙
lexicon (lexic 語)

2 **lex**icography
辞書編集
lexico (lexis 語) + **-graphy** (記録する術)

3 **lex**icographer
辞書執筆者
lexico (lexis 語) + **-grapher** (記録する人)

4 dys**lex**ia
読書障害
dys- (異常) + **-lexia** (lexis 語)

5 **lex**eme
語彙素
lex (lexis 語) + **-eme** (素)

古典語根による語形成

語形成 libertas : (L) to be free
自由であること

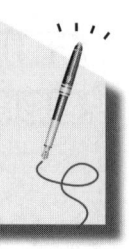

words

✔ 注意
二重下線部分は語形成の際に脱落している。

1. **liberty**
   (圧政・暴力的支配からの) 自由
   liber (libertas 自由) + -ty

2. **liberal**
   自由主義の、心の広い、寛容な
   liber (libertas 自由) + -al

3. **liberalize**
   自由化する、(法律などを) ゆるめる
   liber (libertas 自由) + al + -ize

4. **liberalist**
   (政治・宗教上の) 自由主義者
   liber (libertas 自由) + al + -ist

5. **liberator**
   解放者、釈放者
   liber (libertas 自由) + -ate + -or

logos

古典語根による語形成

語形成 logos :(G) to say 言葉

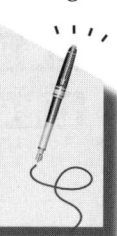

words

1. pro**log**
   序言、序文
   pro-(前に) + **log** (logos 言葉)

2. dia**log**
   対話
   dia-(間で) + **log** (logos 言葉)

3. epi**log**
   (文芸作品・楽曲などの) 結び
   epi-(後で) + **log** (logos 言葉)

4. mono**log**
   独白劇、一人芝居
   mono-(一つ) + **log** (logos 言葉)

5. deca**log**
   十戒 (Ten Commandments)
   deca-(10) + **log** (logos 言葉)

古典語根

loqui

古典語根による語形成

語形成 loqui :(L) to talk 話す

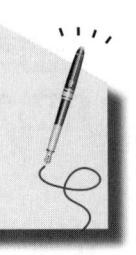

words

1	circum**locu**tion	遠まわしな言い方 **circum-** (周りに) + **locu** (loqui 話す) + **-tion**
2	e**loqu**ence	雄弁 **e-** (外に) + **loqu** (loqui 話す) + **-ence**
3	col**loqu**ial	口語的な **col-** (共に) + **loqui** (loqui 話す) + **-al**
4	soli**loqu**y	独り言、独白 **soli** (独りで) + **loqu** (loqui 話す) + **y**
5	**loqu**acious	おしゃべりの、話し好きの **loqu** (loqui 話す) + **acious**

古典語根による語形成
語形成 lumen：(L) light 光

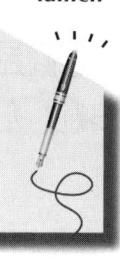

lumen

words

✔ 注意
　二重下線部分は語形成の際に脱落している。

1 bio<u>lumin</u>escence　　(深海魚・蛍などの) 生物発光
bio (命) + **luminesc** (lumen 光) + **-ence**

2 il<u>lumin</u>ate　　〜を照らす、〜で明るくする
il- (〜の状態にする) + **lumin** (lumen 光) + **-ate**

3 <u>lumin</u>ary　　発光物体；(特に太陽・月などの) 天体
lumin (lumen 光) + **-ary**

4 <u>lumin</u>ous　　暗闇で光る
lumin (lumen 光) + **-ous**

5 <u>lumin</u>osity　　実光度、輝かしいもの
lumin (lumen 光) + **-ou̲s̲** + **-ity**

magnus

古典語根による語形成

語形成 magnus : (L) great 偉大な

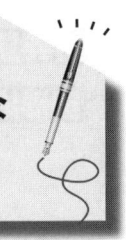

words

1. **magn**animity
   度量の大きいこと
   magn (magnus 偉大な) + **anim** (心) + **-ity**

2. **magn**ify
   拡大する
   magn (magnus 偉大な) + **-ify** (facere 作る)

3. **magn**ificence
   荘厳、壮麗
   magn (magnus 偉大な) + **ific** (facere 作る) + **-ence**

4. **magn**itude
   (数量的に) 大きいこと
   magn (magnus 偉大な) + **-itude**

5. **magn**ification
   拡大図、(レンズなどの) 倍率
   magn (magnus 偉大な) + **ific** (facere 作る) + **-ation**

古典語根による語形成

語形成 manus : (L) hand 手

words

1. **mani**cure
   マニキュア
   mani (manus 手) + **cure** (cura 注意)

2. **manu**facture
   製造する
   manu (manus 手) + **fact** (facere 作る) + **-ure**

3. **manu**script
   (手書きの) 原稿
   manu (manus 手) + **script** (書いたもの)

4. **manu**al
   手を使う、手の
   manu (manus 手) + **-al**

5. e**man**cipate
   (支配・束縛などから) 解放する、自由にする
   e- (外に) + **man** (manus 手) + **-cipate**
   (capere つかむ)

mater

古典語根による語形成

語形成 mater : (L) mother 母

words

1 **alma<u>mater</u>**
母校、出身校
alma(学校) + **mater**(母)

2 **<u>matern</u>al**
母らしい、母方の
matern(mater 母) + **-al**

3 **<u>matern</u>ity**
母性、母であること
matern(mater 母) + **-ity**

4 **<u>matri</u>mony**
婚姻、結婚式
matri(mater 母) + **-mony**(状態)

5 **<u>matri</u>cide**
母親殺し
matri(mater 母) + **-cide**(殺し)

militaris

古典語根による語形成

語形成 militaris :(L) soldier 兵士

words

✓ 注意
二重下線部分は語形成の際に脱落している。

1 **milit**ant　　　　闘争者、攻撃的な、好戦的な
　　　　　　　　　　milit (militaris 兵士) + -ant (人 / ～的な)

2 **milit**ia　　　　（米）民兵
　　　　　　　　　　milit (militaris 兵士) + -ia (～人)

3 **milit**ary　　　　軍隊
　　　　　　　　　　milit (militaris 兵士) + -ary (～に関する場所)

4 **milit**arism　　　軍国主義
　　　　　　　　　　military + -ism (主義)

5 **milit**arize　　　軍国化する
　　　　　　　　　　military + -ize

minuere

古典語根による語形成

語形成 **minuere** : (L) little 小さい

words

1 **miniature** 　　　縮小模型
　　　　　　　　　　mini (minuere 小さい) + -ature

2 **minimal** 　　　　最小量[数]の
　　　　　　　　　　minim (minuere 小さい) + al

3 **minimalist** 　　　要求の最小限で妥協する人
　　　　　　　　　　minimal (minuere 小さい) + -ist

4 **minimum** 　　　　最低限度
　　　　　　　　　　mini (minuere 小さい) + -mum (最上級で名詞用法)

5 **minor** 　　　　　未成年
　　　　　　　　　　min (minuere 小さい) + -or

古典語根による語形成

語形成 mittere :(L) to send 送る

1 submit
(人・意志などを)(〜に)服従させる
sub- (下で) + **mit** (mittere 送る)

2 permit
(行為・物・事を)許す、容認する
per- (完全に) + **mit** (mittere 送る)

3 transmit
(物を)〜へ送る、伝導する、
(他人へ)病気などを移す
trans- (超え) + **mit** (mittere 送る)

4 remit
(金銭・小切手などを)〜へ送る
re- (後ろへ) + **mit** (mittere 送る)

5 emit
(液体・光・熱・においなどを)出す、放つ
e- (外に) + **mit** (mittere 送る)

古典語根による語形成

語形成 morph : (G) form 形

words

1. **a<u>morp</u>ous**
   無定形の
   a- (無しの) + **morp** (morph 形) + **-ous**

2. **ecto<u>morp</u>h**
   外胚葉性体型 [細長型] の人
   ecto- (外胚葉性) + **morp** (morph 形)

3. **endo<u>morp</u>h**
   内胚葉型 [肥満型の人]
   endo- (内胚葉性) + **morp** (morph 形)

4. **meta<u>morph</u>osis**
   (構造・本質の完全な) 変化・変形
   meta- (変化) + **morph** (morph 形) + **-osis** (状態)

5. **<u>morph</u>eme**
   形態素
   morph (morph 形) + **eme** (素)

古典語根による語形成

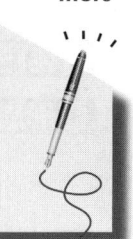

語形成 mors : (L) death 死

words

1. **mortality**
   死を免れないこと；
   死亡率；大規模な死
   mort (mors 死) **+ -al + -ity**

2. **immortal**
   不死身の、不朽の
   im- (否定) **+ mort** (mors 死) **+ -al**

3. **mortify**
   (情欲などを)制する禁欲や苦行をする
   mort (mors 死) **+ -ify** (facere 作る)

4. **mortuary**
   死体安置所；葬儀場
   mort (mors 死) **+ -uary** (~に関する場所)

5. **mortician**
   葬儀社の経営者
   mort (mors 死) **+ -ician** (~に関わる人)

movere

古典語根による語形成

語形成 movere : (L) to move 動く

words

✔ 注意
　二重下線部分は語形成の際に脱落している。

1 e<u>mot</u>ion　　　感情を呼び起こすもの
　　　　　　　　　e- (外へ) + mot (movere 動く) + -ion

2 pro<u>mote</u>　　促進する、昇格させる
　　　　　　　　　pro- (先の方へ) + mote (movere 動く)

3 de<u>mote</u>　　地位を下げる、降格させる
　　　　　　　　　de- (下へ) + mote (movere 動く)

4 com<u>mot</u>ion　　(精神的な)動揺、(政治・社会的な)動乱
　　　　　　　　　com- (共に) + mote (movere 動く) + -ion

5 <u>mo</u>bile　　動きやすさ、移動性
　　　　　　　　　mo (movere 動く) + -bile (bilis 出来る)

mutare

古典語根による語形成

語形成 mutare :(L) to change
変化する

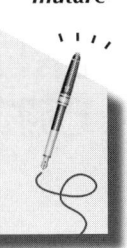

words

✔ 注意
二重下線部分は語形成の際に脱落している。

1 <u>mut</u>able
変わりやすい、移り気の
mut (mutare 変化する) + **-able** (～出来る)

2 <u>mut</u>ant
突然変異によって生じる、突然変異体[種]
mut (mutare 変化する) + **-ant**

3 <u>mut</u>ate
変化させる[する]、突然変異させる[する]
mut (mutare 変化する) + **-ate**

4 trans<u>mu</u>te
～の特質[物質、形状を変える]
trans (超えて) + **mute** (mutare 変化する)

5 trans<u>mut</u>ation
変質、変形、[生] 変成突然変異
trans (超えて) + **mut<u>e</u>** (mutare 変化する) + **-ation**

natus

古典語根による語形成

語形成 natus : (L) birth 誕生

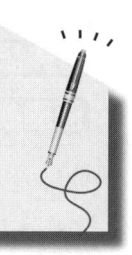

words

✔ 注意
二重下線部分は語形成の際に脱落している。

1 nativity
[the N-] キリストの降誕
nativ**e** (natus 誕生) + -ity

2 prenatal
産前の
pre- (〜の前) + nat (natus 誕生) + -al

3 postnatal
産後の
post (〜の後) + nat (natus 誕生) + -al

4 neonatal
新生児の
neo- (新しい) + nat (natus 誕生) + -al

5 innate
生まれながらの、生得の
in- (中に) + nate (natus 誕生)

古典語根による語形成

語形成 nomen :(L) name 名前

words

✔ 注意
二重下線部分は語形成の際に脱落している。

1 mis<u><u>nom</u></u>er
誤称
mis- (間違って) + nom (nomen 名前) + -er

2 <u><u>nom</u></u>enclature
(特定の学問・芸術で用いられる) 用語体系、専門語
nomen (nomen 名前) + -clare (呼ぶ) + -ture

3 <u><u>nom</u></u>inalize
名詞化する
nomin (nomen 名前) + -al + -ize

4 <u><u>nom</u></u>inate
(人を) (ある地位・選挙などの) 適任者として指名する
nomin (nomen 名前) + -ate

5 <u><u>nom</u></u>inee
受取 [名義] 人、指名された者
nomin (nomen 名前) + -ee (行為を受ける人)

古典語根による語形成

語形成 novellus : (L) new 新しい

words

✔ 注意
二重下線部分の *-e* は語形成の際に *-i* に変わっている。

1 **novel**
新奇な、新しい種類の、小説
novel (novellus 新しい)

2 **innovate**
(〜を) 革新する
in- (〜の状態にする) + nov (novellus 新しい) + -ate

3 **novice**
初心者、新参者、見習修練士
nov (novellus 新しい) + -ice

4 **noviciate**
修練者の身分、見習期間
novice (novice 見習修練士) + -iate

5 **renovation**
革新、維新、修繕、修理
re- (再び) + nov (novellus 新しい) + -ation

nuntiare

古典語根による語形成

語形成 nuntiare :(L) to present 発表する

words

1 ann**ounce**
公示する、発表する
an- (へ) + **nounce** (nuntiare 発表する)

2 an**ounce**ment
公示、告示、布告、発表
an- (へ) + **nounce** (nuntiare 発表する) + **-ment**

3 de**nounce**
公然と非難する
de- (下へ) + **nounce** (nuntiare 発表する)

4 pro**nounce**
宣言する；発音する
pro- (前方に) + **nounce** (nuntiare 発表する)

5 re**nounce**
〜を自発的に断念する、〜を捨てる
re- (元へ戻して) + **nounce** (nuntiare 発表する)

古典語根

古典語根による語形成

語形成 pater :(L) father 父

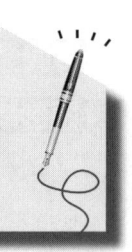

words

1. **patriarchy** — 家父長制社会
   partri (pater 父) + **-archy** (支配)

2. **patricide** — 父親殺し
   partri (pater 父) + **-cide** (殺し)

3. **expatriate** — 国籍を捨てる
   ex- (外へ) + **patri** (pater 父) + **-ate**

4. **paternalism** — 父子[家族]主義、温情主義
   pater (pater 父) + **-al** + **-ism**

5. **paternity** — 父であること、父系
   patern (pater 父) + **-ity**

patho

古典語根による語形成
語形成 patho : (G) disease 病気

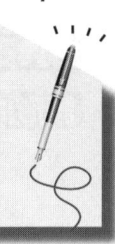

words

1 **patho**gen
病原菌、病原体
patho (patho 病気) + -gen (素)

2 **patho**genic
病原性の
patho (patho 病気) + gen (素) + -ic

3 **patho**genesis
病気の発生、発病学
patho (patho 病気) + genesis (発生)

4 **patho**logy
病理学
patho (patho 病気) + -logy (学)

5 **patho**graphy
病跡学
patho (patho 病気) + graphy (記録法)

古典語根

pathos pathein

古典語根による語形成

語形成 **pathos**: (G) feeling 感情
pathein: (G) to suffer 苦しむ

words

1 apathy
無感動、無感情
a- (無い) + **path** (pathos 感じ) + **-y**

2 antipathy
反感、毛嫌い、嫌悪感
anti- (反して) + **path** (pathos 感じ) + **-y**

3 telepathy
精神感応
tele- (遠くで) + **path** (pathos 感じ) + **-y**

4 empathy
共感能力
em- (入れる) + **path** (pathein 苦しむ) + **-y**

5 sympathy
同情
sym- (共に) + **path** (pathein 苦しむ) + **-y**

古典語根による語形成

語形成 pax : (L) peace 平和

words

✔ 注意

二重下線部分は語形成の際に脱落している。

1 pacify
(国・部族などを) 平和な状態に戻す；感情などをなだめる
pac (pax 平和) + -ify (facere 作る)

2 pacifist
平和 [不戦、無抵抗、反戦、暴力反対] 主義者
pac (pax 平和) + ify (facere 作る) + -ist (人)

3 pacifism
戦争反対、暴力否定、平和主義
pac (pax 平和) + ify (facere 作る) + -ism (主義)

4 pacification
和平工作
pac (pax 平和) + -ify (facere 作る) + -ication

5 pacifier
(乳児用の) おしゃぶり；なだめる人
pac (pax 平和) + ify (facere 作る) + -er

pedi

古典語根による語形成

語形成 pedi :(L) foot 足

words

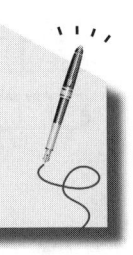

✔ 注意
　二重下線部分は語形成の際に脱落している。

1 **pedestrian**　　歩行者
　　　　　　　　　　pedestry (pedi 足) + **-ian** (人)

2 **peddler**　　　行商人
　　　　　　　　　　peddle (pedi 足) + **-er** (人)

3 **centipede**　　ムカデ
　　　　　　　　　　centi- (100) + **pede** (pedi 足)

4 **impede**　　　妨げる、進行などを遅らせる
　　　　　　　　　　im- (中に) + **pede** (pedi 足)

5 **expedition**　遠征
　　　　　　　　　　ex- (外へ) + **pede** (pedi 足) + **-ition**

pedo-

古典語根による語形成
語形成 pedo- : (G) child 子供

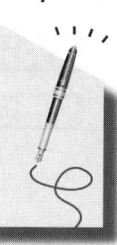

words

✔ 注意
二重下線部分は語形成の際に脱落している。

1 **pedi_atrics**　　　小児科
pedi (pedo 子供) + **-atrics** (科)

2 **pedo_logy**　　　育児学、小児科 (医学)
pedo (pedo 子供) + **logy** (学)

3 **pedo_philia**　　　小児性愛症
pedo (pedo 子供) + **-phile** (好む) + **-ia** (症)

4 **pedo_dontics**　　　小児歯科 (医学)
pedo (pedo 子供) + **don** (歯) + **tics** (科)

5 **pedi_atrician**　　　小児科医
pedi (pedo 子供) + **atric** (科) + **-ian**
(〜に関わる人)

古典語根

pellere

古典語根による語形成

語形成 pellere : (L) to drive
ある状態へ追いこむ

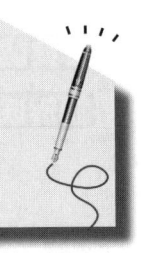

words

1 compel
(事が)(人を) 無理やりに
(〜の状態に) させる
com- (完全に) **+ pel** (pellere 押す)

2 dispel
(心配・恐怖などを) 追い払う
dis- (離れて) **+ pel** (pellere 押す)

3 propel
推進させる、(人を) かりたてる、促す
pro- (先方へ) **+ pel** (pellere 押す)

4 expel
除名する
ex- (外に) **+ pel** (pellere 押す)

5 impel
(考え・感情などが) 人を駆り立てて
何かをさせる
im- (中へ) **+ pel** (pellere 押す)

pendere

古典語根による語形成

語形成 pendere :(L) to hang
ぶら下がる

words

1 **impending** 切迫した、今にも起こりそうな
im- (上に) + pend (pendere ぶら下がる) + -ing

2 **pendant** ペンダント (首飾りなど)、シャンデリアなどのつりランプ
pend (pendere ぶら下がる) + -ant

3 **pending** 懸案の
pend (pendere ぶら下がる) + -ing

4 **pendulous** 揺れ[振動し]ている
pend (pendere ぶら下がる) + -ulous

5 **suspend** 一時中止する、下げる、つるす
sus- (下に) + pend (pendere ぶら下がる)

古典語根

phrazein

古典語根による語形成
語形成 phrazein : (G) to speak 話す

words

✓ 注意
　二重下線部分は語形成の際に脱落している。

1 phrase
句（文を構成する単位で主語・述語構造をもたない語群）
phrase (phrazein 話す)

2 phraseology
言葉遣い、表現法
phrase (phrazein 話す) + **-ology** (学)

3 aphasis
失語症
a- (無し) + **phas** (phrazein 話す) + **-sis** (症)

4 aphasic
失語症の
a- (無し) + **phas** (phrazein 話す) + **-ic**

5 dysphasia
不全失語症
dys- (障害) + **phas** (phrazein 話す) + **-ia** (病名)

古典語根による語形成

physike : (G) 身体 又は自然
of the body or of the nature

words

1　physician　　　医者、医者
　　　　　　　　　　physic (physike 身体) + -ian (〜に関わる人)

2　physics　　　　物理学
　　　　　　　　　　phys (physike 自然) + -ics (学)

3　physicist　　　物理学者
　　　　　　　　　　physic (physike 自然) + -ist (〜に関わる人)

4　physicalism　　物理主義
　　　　　　　　　　physic (physike 自然) + -al (形容詞語尾)
　　　　　　　　　　+ -ism (主義)

5　physical　　　　身体的な、肉体的な、物理的な
　　　　　　　　　　physic (physike 身体) + -al

plectere

古典語根による語形成

語形成 plectere :(L) to weave
織る

words

✓注意
二重下線部分は語形成の際に脱落している。

1 complex
複雑な
com- (共に) + **plex** (plectere 織る)

2 multiplex
多様な
multi- (多数を) + **plex** (plectere 織る)

3 duplex
二重の
du- (二つを) + **plex** (plectere 織る)

4 triplex
三重の
trip- (三つを) + **plex** (plectere 織る)

5 perplex
(人を) 〜で当惑させる
per- (通して) + **plex** (plectere 織る)

plenire

古典語根による語形成
語形成 plenire :(L) to fill 満たす

words

✔ 注意
1. 二重下線部分は語形成の際に脱落している。
2. 名詞語尾の *-y* は語形成の際に *-i* に変わっている。

1 plenty
十分、たくさん、多数
plen (plenire 満たす) + **-ty**

2 plentitude
(分量・程度などが)十分、豊富
plen (plenire 満たす) + **-ty** + **-itude** (状態)

3 plenteous
豊富な
plen (plenire 満たす) + **ty** + **-eous**

4 plentiful
ありあまるほどの、豊富な
plen (plenire 満たす) + **-ty** + **-ful**

5 replenish
元通り一杯にする、継ぎ足す、補給する
re- (再び) + **plen** (plenire 満たす) + **-ish**

古典語根

ponere

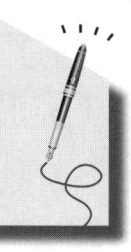

古典語根による語形成

語形成 ponere : (L) to put 置く

words

1 **opp<u>on</u>ent**
(競技、議論、ゲームなどの) 対抗者、相手
op- (対して) + **pon** (ponere 置く) + **-ent**

2 **prop<u>on</u>ent**
提案者、発議者、支持者
pro- (前方へ) + **pon** (ponere 置く) + **-ent**

3 **comp<u>on</u>ent**
構成要素
com- (共に) + **pon** (ponere 置く) + **-ent**

4 **com<u>pound</u>**
化合物、合成物
com- (共に) + **pound** (ponere 置く)

portare

古典語根による語形成
語形成 portare :(L) to carry 運ぶ

words

1 **import**
輸入
im- (中へ) + **port** (portare 運ぶ)

2 **export**
輸出
ex- (外へ) + **port** (portare 運ぶ)

3 **deport**
国外へ追放する
de- (離れて) + **port** (portare 運ぶ)

4 **support**
支える
sup- (下で) + **port** (portare 運ぶ)

5 **transport**
輸送する
trans- (超えて) + **port** (portare 運ぶ)

古典語根

古典語根による語形成

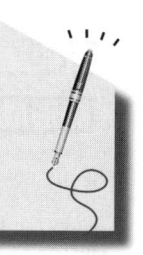

語形成 poser : (L) to put 置く

words

1. **pro<u>pose</u>**
   提案する
   pro- (前方へ) + **pose** (poser 置く)

2. **im<u>pose</u>**
   負わす、無理強いする
   im- (上に) + **pose** (poser 置く)

3. **ex<u>pose</u>**
   (危害・非難・攻撃・風雨などに) さらす
   ex- (外に) + **pose** (poser 置く)

4. **com<u>pose</u>**
   組み立てる
   com- (共に) + **pose** (poser 置く)

5. **juxta<u>pose</u>**
   (特に比較・対照のために)〜を…と並置する
   juxta- (並んで) + **pose** (poser 置く)

古典語根による語形成

語形成 potens : (L) able 力を持つ

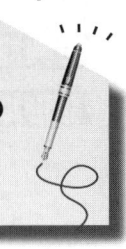

words

1. **impotent**
   無力な、生殖不能
   im- (否定) + **potent** (potens 力を持つ)

2. **omnipotent**
   全能の
   omni- (すべての) + **potent** (potens 力を持つ)

3. **potency**
   効力、有効性
   poten (potens 力を持つ) + **-cy**

4. **potential**
   潜在性のある、可能性のある
   poten (potens 力を持つ) + **-tial**

5. **potentiate**
   〜の有効性を高める
   poten (potens 力を持つ) + **-tiate**

古典語根による語形成

語形成 primere : (L) to press 押す

words

1. **depress**
   意気消沈させる
   de- (下へ) + **press** (primere 押す)

2. **express**
   表現する
   ex- (外へ) + **press** (primere 押す)

3. **impress**
   感銘をあたえる、印象づける
   im- (上から) + **press** (primere 押す)

4. **suppress**
   鎮圧する
   sup- (下へ) + **press** (primere 押す)

5. **repress**
   (宗教などを) 弾圧する
   re- (後へ) + **press** (primere 押す)

primus

古典語根による語形成
語形成 primus :(L) first 第1の

words

✓ 注意
　二重下線部分は語形成の際に脱落している。

1 **prim<u><u>ary</u></u>**　　　　　　　主要な、第一位の、最初の、主な
　　　　　　　　　　　　　　　prim<u>e</u> (primus 第1の) **+ -ary**

2 **prim<u><u>itive</u></u>**　　　　　　　原始の、太古の
　　　　　　　　　　　　　　　prim<u>e</u> (primus 第1の) **+ -itive**

3 **<u><u>Prime</u></u> Minister**　　　　首相、総理大臣
　　　　　　　　　　　　　　　prime (primus 第1の) **+ minister** (大臣)

4 **<u><u>prima</u></u> ballerina**　　　　主役の踊り子
　　　　　　　　　　　　　　　prima (primus 第1の) **+ ballerina** (踊り子)

5 **prim<u><u>itiv</u></u>ism**　　　　　　(芸術・宗教での) 原始主義、尚古主義
　　　　　　　　　　　　　　　prim<u>e</u> (primus 第1の) **+ -itiv<u>e</u> + -ism**

psych

古典語根による語形成

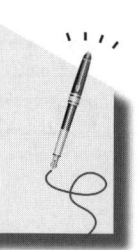

語形成 psych : (G) mind 精神、心理

words

1 **psych**ic
心霊の、霊媒
psych (精神) + **-ic**

2 **psych**ology
心理学
psych (心理) + **-ology** (学)

3 **psych**iatry
精神医学
psych (精神) + **-iatry**

4 **psych**ogenesis
心因的症状発生、心理起因、精神状態から生じる
psycho (心理) + **-gen** (発生する) + **-sis** (症状)

5 **psych**opath
精神病質者、精神が不安定な人
psycho (精神) + **-path** (pathein 病む)

古典語根による語形成

語形成 quaerere : (L) to ask 尋ねる

words

1 **inquire**
尋ねる
in- (中に) + **quire** (quaerere 尋ねる)

2 **inquiry**
情報を求めること
in- (中に) + **quir** (quaerere 尋ねる) + **-y**

3 **inquisitive**
詮索好きの
in- (中に) + **qui** (quaerere 尋ねる) + **-sitive**

4 **question**
質問
ques (quaerere 尋ねる) + **tion**

5 **questionnaire**
アンケート、質問表
ques (quaerere 尋ねる) + **tion** + **-naire**

古典語根による語形成

語形成 rodere : (L) to bite
噛む

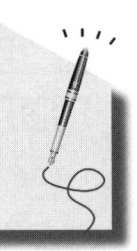

words

✓ 注意

二重下線部分は語形成の際に脱落している。

1 corrode
(金属などが) 腐食する
cor- (完全に) + **rode** (rodere 噛む)

2 corrosion
腐食作用、腐食状態
cor- (完全に) + **rode** (rodere 噛む) + **sion**

3 corrosive
腐食性の
cor- (完全に) + **rode** (rodere 噛む) + **sive**

4 erode
(河川の水などが) 岩石を浸食する
e- (外へ) + **rode** (rodere 噛む)

5 erosion
浸食作用
e- (外へ) + **rode** (rodere 噛む) + **-sion**

古典語根による語形成

語形成 rumpere : (L) to break
壊す

words

1 disrupt
混乱させる、(国家・政府などを)崩壊させる
dis- (離れて) + rupt (rumpere 壊す)

2 corrupt
堕落させる
cor- (完全に) + rupt (rumpere 壊す)

3 interrupt
中断する、邪魔する
inter- (間で) + rupt (rumpere 壊す)

4 erupt
(溶岩・火山灰などが)噴出する、
(暴動などが)勃発する
e- (外へ) + rupt (rumpere 壊す)

5 rupture
破裂、裂け目
rupt (rumpere 壊す) + -ure

古典語根による語形成

語形成 sacrare : (L) make holy
神聖にする

words

1. **sacrament**
   (カトリックの) 秘蹟
   sacra (sacrare 神聖にする) + **-ment**

2. **sacred**
   聖なる
   sacr (sacrare 神聖にする) + **-ed**

3. **sacrifice**
   (神に) いけにえを差し出すこと、犠牲的な行為
   sacri (sacrare 神聖にする) + **-fice** (facere 為す)

4. **sacrilege**
   神聖なもの[所]を汚すこと、冒瀆行為
   sacri (sacrare 神聖にする) + **-lege** (汚すこと)

5. **consecrate**
   〜を聖別する、〜を神聖にする、神聖だと宣言する
   con- (共に) + **secr** (sacrare 神聖にする) + **-ate**

sancire

古典語根による語形成

語形成 sancire :(L) make holy
神聖とする

words

1 **sanctify** 〜を神聖にする
sanct (sancire 神聖に) + -ify (facere: 為す)

2 **sanctuary** 神聖な場所、聖域、[ユダヤ教の]幕屋
sanct (sancire 神聖とする) + -uary

3 **sanctity** 聖であること
sanct (sancire 神聖とする) + -ity

4 **sanctum** 聖所、神聖な場所
sanct (sancire 神聖とする) + -um (場所)

5 **sanction** (権威筋からの) 許可
sanct (sancire 神聖とする) + -ion

sanitas

古典語根による語形成
語形成 sanitas : (L) health 健康

words

✓ 注意
　二重下線部分は語形成の際に脱落している。

1 **sanitize**　　　　　　(清掃・殺菌などで)衛生的にする
　　　　　　　　　　　　sanity (sanitas 健康) + -ize

2 **sanitary**　　　　　　衛生用の
　　　　　　　　　　　　sanit (sanitas 健康) + -ary

3 **sanitarian**　　　　　公衆衛生学者
　　　　　　　　　　　　sanitary (衛生用に関する) + -ian (〜に関わる人)

4 **sanatorium**　　　　　療養所、保養所
　　　　　　　　　　　　sanat (sanitas 健康) + -orium (場所)

5 **sanitation**　　　　　公衆衛生
　　　　　　　　　　　　sanit (sanitas 健康) + -ation

古典語根による語形成

語形成 scandere : (L) to climb 登る

words

✔ 注意
二重下線部分は語形成の際に脱落している。

1 tran<u>s</u>cend</u> (経験・理性・理解の限度を) 超える、超越する
trans- (越えて) + scend (scandere 登る)

2 a<u>s</u>cend</u> (丘、階段などを) 登る
a- (上へ) + scend (scandere 登る)

3 de<u>s</u>cend</u> 降りる、下る
de- (下へ) + scend (scandere 登る)

4 de<u>s</u>cend</u>ant (〜の) 子孫、末裔
de- (下へ) + scend (scandere 登る) + -ant (人)

5 a<u>s</u>cen<u>s</u>ion</u> 上昇 (the Ascension キリストの昇天)
a- (〜へ) + scend (scandere 登る) + -sion

scire

古典語根による語形成

語形成 scire :(L) to know 知る

words

✔ 注意
二重下線部分は語形成の際に脱落している。

1 **sci̱ence**
科学
sci (scire 知る) **+ ence**

2 **consci̱ence**
良心
con- (共に) **+ sci** (scire 知る) **+ -ence**

3 **omnisci̱ent**
全知者、神、全知の
omni- (全てを) **+ sci** (scire 知る) **+ -ent**

4 **consci̱ous**
意識がある
con- (共に) **+ sci** (scire 知る) **+ -ous**

5 **sci̱entist**
科学者
science̱ (scire 知る) **+ -tist** (人)

scribere

古典語根による語形成
語形成 scribere : (L) to write 書く

words

1 **description**
記述、説明、描写
de- (離れて) + **script** (scribere 書く) + **-ion**

2 **circumscribe**
〜の周囲に線を引く
circum- (周囲に) + **scribe** (scribere 書く)

3 **inscription**
碑文
in- (上に) + **scribe** (scribere 書く)

4 **prescription**
処方箋
pre- (前もって) + **script** (scribere 書く) + **-ion**

5 **transcribe**
(テープ・会話・講演を) 文字に起こす
trans- (〜を超えて) + **scribe** (scribere 書く)

secare

古典語根による語形成

語形成 secare : (L) to cut 切る

words

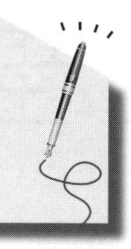

1 bi<u>sect</u>
〜を両断[二分]する
bi- (2つ) + **sect** (secare 切る)

2 dis<u>sect</u>
(人体・動植物を) 切断する、解剖する
dis- (離れて) + **sect** (secare 切る)

3 dis<u>sect</u>ion
細かく切り分けること、解体
dis- (離れて) + **sect** (secare 切る) + **-ion**

4 re<u>sect</u>ion
[外科] (特に骨の) 切除
re- (後で) + **sect** (secare 切る) + **-ion**

5 <u>sect</u>ion
切断、分割、一断面
sect (secare 切る) + **-ion**

senex

古典語根による語形成
語形成 senex : (L) old 老いた

words

✔ 注意
　二重下線部分は語形成の際に脱落している。

1 **senile**		老人の、老年の、ぼけた **sen** (senex 老いた) + **-ile**
2 **senility**		老年、老衰、ぼけ **senile** (senex 老いた) + **-ity** (抽象名詞語尾)
3 **senior**		年上の、先輩の **senior** (senex の比較級)
4 **seniority**		年上 [年長] であること **senior** (senex の比較級) + **-ity**

sentire

古典語根による語形成

語形成 sentire : (L) to feel
感じる

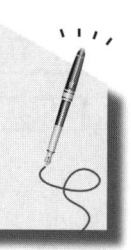

words

✓ 注意
二重下線部分は語形成の際に脱落している。

1 dis<u>sent</u>
異議を唱える
dis- (離れて) + **sent** (sentire 感じる)

2 con<u>sent</u>
同意する
con- (共に) + **sent** (sentire 感じる)

3 <u>senti</u>ment
心情
senti (sentire 感じる) + **-ment** (mentum 生じるもの)

4 <u>sens</u>itize
感じやすくする、敏感にする
sense̲ (sentire 感じる) + **-it<u>iv</u>e** + **-ize**

5 extra<u>sen</u>sory
超感覚的な
extra- (特別な) + **sens̲e** (sentire 感じる) + **-ory**

sequi

古典語根による語形成

語形成 sequi : (L) to follow 従う

words

1 conse**cu**tive
(一定の順序で間をおかず) 連続した
con- (共に) + **secu** (sequi 従う) + **-tive**

2 conse**qu**ence
結果、帰結、成り行き
con- (共に) + **sequ** (sequi 従う) + **-ence**

3 **sequ**el
(文学作品などの) 続編
sequ (sequi 従う) + **-el**

4 **sequ**ence
連続、続いて起こること
sequ (sequi 従う) + **-ence**

5 sub**sequ**ence
成り行き、結果
sub- (下に) + **sequ** (sequi 従う) + **-ence**

sidere

古典語根による語形成

語形成 sidere : (L) to sit 座る

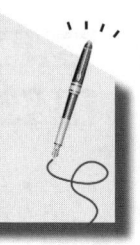

words

1 pre**sid**ent
大統領、社長、会長
pre- (prae 前面に) + **sid** (sidere 座る) + **-ent**

2 re**sid**ent
住居者
re- (後へ残って) + **sid** (sidere 座る) + **-ent**

3 dis**sid**ent
反体制の人、批判者
dis- (離れて) + **-sid** (sidere 座る) + **-ent**

4 sub**side**
(嵐、騒ぎなどが) 静まる、おさまる
sub- (下に) + **-side** (sidere 座る)

5 pre**side**
主人役を務める
pre- (prae 前面に) + **side** (sidere 座る)

古典語根による語形成

語形成 sistere : (L) to stand 立つ

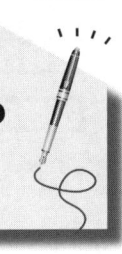

words

1 insist
強く主張する
in- (上に) + **sist** (sistere 立つ)

2 consist
成り立つ、構成される
con- (共に) + **sist** (sistere 立つ)

3 persist
自己の信念を貫く、固執する
per- (通して) + **sist** (sistere 立つ)

4 resist
抵抗［反抗］する
re- (対抗して) + **sist** (sistere 立つ)

5 subsist
(人・動物が) わずかなお金や食糧で生存する
sub- (下に) + **sist** (sistere 立つ)

solus

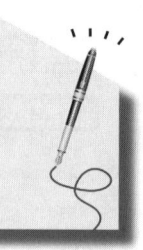

古典語根による語形成
語形成 solus : (L) lone 独りの

words

1. **sol**itude
   独居、孤独
   sol (solus 独りの) + **-itude** (状態)

2. **sol**itary
   ひとりだけの、孤独な
   sol (solus 独りの) + **-itary**

3. **sol**oist
   独居、孤独
   sol (solus 独りの) + **-ist**

4. **sol**iloquy
   独白、独り言
   sol (solus 独りの) + **-iloquy** (loqui 話す)

5. **solo**
   独奏の、独唱の、単独の
   solo (solus 独りの)

solvere

古典語根による語形成

語形成 solvere : (L) to solve 解く/溶く

words

✓ 注意
二重下線部分は語形成の際に脱落している。

1 solve
(問題・なぞなぞ等を) 解く、(物を) 溶解する
solve (solver 解く/溶く)

2 resolve
(問題などを) 解決する、
(物を構成要素に) 分解する
re- (強意) + **solve** (solvere 解く/溶く)

3 solution
(問題の) 解決、分離、解体
sol (solvere 解く/溶く) + **-ution**

4 resolution
分解、解像度、決意、決心
re- (強意) + **solve** (solvere 解く/溶く) + **-ution**

5 dissolve
(液体が物を) 溶かす
dis- (離れて) + **solve** (solvere 解く/溶く)

sonor

古典語根による語形成

語形成 sonor : (L) sound 音

words

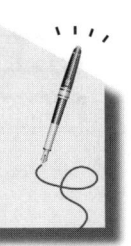

1 re<u>son</u>ance
反響、響き、残響
re- (再び) + son (sonor 音) + -ance

2 re<u>son</u>ant
(声・音などが) よく響く
re- (再び) + son (sonor 音) + -ant

3 <u>son</u>ics
音波の実用的応用を扱う工学の部門
son (sonor 音) + -ics (学)

4 <u>sonor</u>ous
響き渡る、(洞窟などが) 反響する、(声などが) 朗々とした
sonor (音) + -ous

5 ultra<u>son</u>ic
超音波の
ultra- (超えて) + son (sonor 音) + -ic

古典語根による語形成

語形成 sophos : (G) prudence
賢明さ

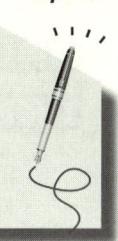

words

1 sophist
詭弁家、へ理屈を言う人
soph (sophos 賢明さ) + **-ist** (〜する人)

2 sophism
詭弁、人を惑わせる議論
soph (sophos 賢明さ) + **-ism** (特性)

3 sophistry
詭弁法、こじつけ
soph (sophos 賢明さ) + **-ist** + **-ry**

4 sophistication
洗練、精巧、世間ずれ
sophist (詭弁家) + **-ic** + **-ate** + **-ion**

5 sophomore
(高校・大学の) 二回生
soph (sophos 賢明さ) + **-omore** (愚かな)

specere

古典語根による語形成

語形成 specere :(L) to see 見る

words

1. **perspective**
   (将来の) 展望、(全体を正しく把握する) 能力、見通し
   per- (通して) + **spect** (specere 見る) + **-ive**

2. **inspect**
   検査する
   in- (中を) + **spect** (specere 見る)

3. **retrospect**
   回顧、回想
   retro- (後方を) + **spect** (specere 見る)

4. **prospect**
   見込み、公算
   pro- (前方を) + **spect** (specere 見る)

5. **circumspect**
   用心深い
   circum- (周囲を) + **spect** (specere 見る)

spirare

古典語根による語形成

語形成 spirare :(L) to breathe
息をする、神の息吹

words

1 **in**spi**r**ation
ひらめき
in- (中へ) + **spir** (spirare 神の息吹) + **-ation**

2 **re**spi**r**ator
人工呼吸装置
re- (再び) + **spir** (spirare 呼吸する) + **-ator**

3 **per**spi**re**
汗をかく
per- (通して) + **spire** (spirare 呼吸する)

4 **a**spi**r**ation
願望、聖なる志し
a- (へ) + **spir** (spirare 神の息吹) + **-ation**

5 **con**spi**r**acy
共同謀議
con- (共に) + **spir** (spirare 呼吸する) + **-acy**

古典語根

stare

古典語根による語形成

語形成 stare :(L) to stand still じっと立つ

words

✓ 注意
二重下線部分は語形成の際に脱落している。

1. **status**
   地位、身分
   sta (stare じっと立つ) + **tus**

2. **distance**
   間隔、距離
   di- (離れて) + **sta** (stare じっと立つ) + **-ance**

3. **understand**
   理解する
   under- (下に) + **stand** (stare じっと立つ)

4. **circumstance**
   周囲の事情、情況、環境
   circum- (周囲の) + **sta** (stare じっと立つ) + **ance**

5. **stable**
   ぐらつかない、安定している
   sta (stare じっと立つ) + **-able**

古典語根による語形成

語形成 sumere : (L) to take up 取り上げる

✔ 注意
二重下線部分は語形成の際に脱落している。

1 **as<u>su</u>me**
(証拠はないが) 当然のことと決めてかかる
as- (へ) + sume (sumere 取り上げる)

2 **con<u>su</u>me**
消費する、使い果たす
con- (完全に) + sume (sumere 取り上げる)

3 **pre<u>su</u>me**
推定する
pre- (前もって) + sume (sumere 取り上げる)

4 **re<u>su</u>me**
再び始める
re- (再び) + sume (sumere 取り上げる)

5 **con<u>su</u>mption**
消費
con- (完全に) + sum<u>e</u> (sumere 取り上げる) + ption

temnein

古典語根による語形成

語形成 temnein : (G) to cut
切る

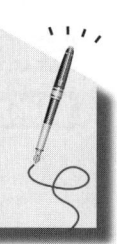

words

1 ana<u>tomy</u>
要約(重要でない部分を切り取ったもの)
ana (完全に) + **-tomy** (temnein 切る)

2 epi<u>tome</u>
要約(重要でない部分を切り取ったもの)
epi (中へ) + **-tome** (temnein 切る)

3 appendec<u>tomy</u>
虫垂切除術
appendec (虫垂) + **-tomy** (temnein 切る)

4 tonsillec<u>tomy</u>
扁桃腺摘出術
tonsillec (扁桃腺) + **-tomy** (temnein 切る)

5 prostatec<u>tomy</u>
前立腺切除術
prostatec (前立腺) + **-tomy** (temnein 切る)

tempus

古典語根による語形成
語形成 tempus : (L) time 時

words

1 **con<u>tem</u>porary**　現代の、当代の
　con- (共に) + tempor (tempus 時) + -ary

2 **con<u>tem</u>por<u>aneous</u>**　(事件などが) 同時発生した
　con- (共に) + tempor (tempus 時) + -aneous

3 **ex<u>tem</u>porize**　一時しのぎをする、〜を間に合わせで作る
　ex- (外に) + tempor (tempus 時) + -ize

4 **<u>tem</u>porary**　一時の、束の間の
　tempor (tempus 時) + -ary

5 **<u>tem</u>poral**　現世の、世俗の
　tempor (tempus 時) + -al

古典語根による語形成

語形成 tendere : (L) stretch
伸ばす

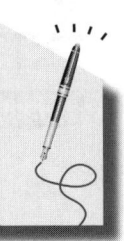

words

✔ 注意
　二重下線部分は語形成の際に脱落している。

1 **ostensible**　　　表向きは、見せかけの
　　　　　　　　　　os- (~に対して) + **tens** (tendere 伸ばす) + **-ible**

2 **extensive**　　　広範囲の、(場所が) 広い、詳しい
　　　　　　　　　　ex- (外へ) + **tend** (tendere 伸ばす) + **-sive**

3 **intensive**　　　激しい、強烈な、集中的な
　　　　　　　　　　in- (中へ) + **tend** (tendere 伸ばす) + **-sive**

4 **attend**　　　　(会合などに) 出席する
　　　　　　　　　　at- (a- へ) + **tend** (tendere 伸ばす)

5 **pretend**　　　(~の) 振りをする、(~を) 装う
　　　　　　　　　　pre- (前もって) + **tend** (tendere 伸ばす)

古典語根による語形成

語形成 tenere : (L) to hold 保つ

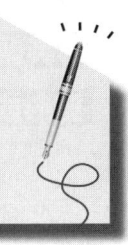

1 retain
保有する、保持する
re- (後ろへ) + tain (tenere 保つ)

2 contain
〜を (容器の中に) 含む、含有する
con- (共に) + tain (tenere 保つ)

3 sustain
維持する、持続する
sus- (下で) + tain (tenere 保つ)

4 attain
目標などを達成する、名声 (成功) などを得る
at- (a 〜へ) + tain (tenere 保つ)

5 detain
拘留する
de- (下に) + tain (tenere 保つ)

古典語根による語形成

語形成 terminus : (L) to end 終わる

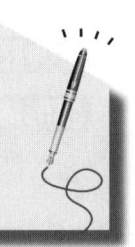

words

✔ 注意
二重下線部分は語形成の際に脱落している。

1 in**termin**able
果てしない
in- (否定) + termin (terminus 終わる) + -able

2 **termin**al
(病気が) 不治の; [名詞] (鉄道・バスの) 終着駅
termin (terminus 終わる) + -al

3 **termin**ate
終わらせる
termin (terminus 終わる) + -ate

4 **termin**ation
終了、終止
termin (terminus 終わる) + at̲e̲ + -ion

5 **termin**ator
終結させる人 [物]
termin (terminus 終わる) + -at̲e̲ + -or

terra

古典語根による語形成

語形成 terra : (L) earth, land
地球、土

words

✔ 注意
二重下線部分は語形成の際に脱落している。

1 **sub<u>terra</u>nean**　　地下の
sub- (下の) + terra (terra 土) + -nean

2 **<u>terra</u>rium**　　(植物栽培用の) ガラス器
terr<u>a</u> (terra 土) + -arium (場所)

3 **<u>terre</u>strial**　　[植] 陸生の、地球上の
terr (terra 土) + estr (estris 付属する) + -ial

4 **<u>terri</u>tory**　　領土
territ (terra 土) + -ory

5 **extra<u>terre</u>strial**　　地球外の、宇宙人
extra- (外の) + terr (terra 土) + estr (estris 付属する) + -ial

theos

古典語根による語形成

語形成 theos : (G) god 神

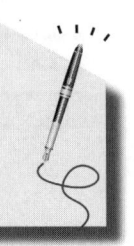

words

1. a**the**ism
   無神論
   a- (無) + **the** (theos 神) + **-ism** (論)

2. a**the**ist
   無神論者
   a- (無) + **the** (theos 神) + **-ist** (〜論者)

3. a**the**istic
   無神論の
   a- (無) + **the** (theos 神) + **ist** (人) + **-ic**

4. pan**the**ism
   汎神論
   pan- (全てに) + **the** (theos 神) + **-ism** (論)

5. en**thu**siasm
   熱中、熱狂
   en- (中に) + **thu** (theos 神) + **-siasm** (状態)

6. mono**the**ism
   一神教
   mono- (一つ) + **the** (theos 神) + **-ism** (論)

7. poly**the**ism
   多神教
   poly- (多く) + **the** (theos 神) + **-ism** (論)

thermo

古典語根による語形成
語形成 thermo：(G) heat 熱

words

1. **thermometer** 温度計；体温計
   thermo (熱) + **-meter** (計測器)

2. **thermal** 熱の
   therm (thermo 熱) + **-al**

3. **hypothermia** 低体温症
   hypo (下) + **them** (thermo 熱) + **-ia** (病名)

4. **thermotropism** 向熱性
   thermo (thermo 熱) + **trop** (tropic 〜へ向かう) + **-ism**

5. **thermosphere** 温度圏
   themo (thermo 熱) + **sphere** (圏)

古典語根

torquere

古典語根による語形成

語形成 torquere :(L) to twist
ねじる

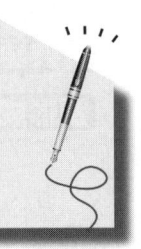

words

1 contortion
(顔・姿勢などの) ねじれ、ゆがみ、ひきつり
con- (完全に) + **tort** (torquere ねじる) + **-ion**

2 distort
(事実などを) ゆがめる
dis- (離れて) + **tort** (torquere ねじる)

3 extort
(金銭・情報などを) 暴力や脅迫によって強要する
ex- (外へ) + **tort** (torquere ねじる)

4 extortion
(金銭などの) 強要、ゆすり
ex- (外へ) + **tort** (torquere ねじる) + **-ion**

5 torture
拷問
tort (torquere ねじる) + **-ure** (動作)

toxicum

古典語根による語形成
語形成 toxicum : (G) poison 毒

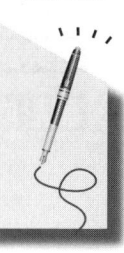

words

1 in**tox**icate
(酒・麻薬などで) 酔わせる
in- (中に) + **tox** (toxicum 毒) + **-ic** + **-ate**

2 **tox**ic
中毒性の
tox (toxicum 毒) + **-ic**

3 **tox**icity
毒性
tox (toxicum 毒) + **-ic** + **-ity**

4 **tox**icosis
中毒症
toxico (toxicum 毒) + **-sis** (症)

5 **tox**icology
中毒学
toxic (toxicum 毒) + **-ology** (学)

古典語根による語形成

語形成 trahere : (L) to draw or to pull 引く

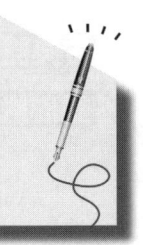

words

1 subtract
引き算をする
sub- (下に) + **tract** (trahere 引く)

2 retract
元に戻す、(意見・法令・約束を) 撤回する
re- (後ろへ) + **tract** (trahere 引く)

3 extract
引き抜く、採取する、抽出する
ex- (外へ) + **tract** (trahere 引く)

4 protract
〜を延長する、長引かせる
pro- (前方へ) + **tract** (trahere 引く)

5 attract
(人などを) 惹きつける
at- (a- へ) + **tract** (trahere 引く)

trudere

古典語根による語形成

語形成 trudere :(L) to thrust 突っ込む

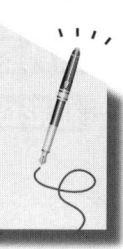

words

✔ 注意
　二重下線部分は語形成の際に脱落している。

1 in<u>trude</u>　　歓迎されないのに入り込む
　　　　　　　　in- (中へ) + **trude** (trudere 突っ込む)

2 in<u>trude</u>r　　侵入者、乱入者
　　　　　　　　in- (中へ) + **trud<u>e</u>** (trudere 突っ込む) + **-er**

3 in<u>trus</u>ion　　割り込み、押しつけ
　　　　　　　　in- (中へ) + **trud<u>e</u>** (trudere 突っ込む) + **-sion**

4 ob<u>trus</u>ion　　押し付け、強引、出しゃばり
　　　　　　　　ob- (上へ) + **trud<u>e</u>** (trudere 突っ込む) + **-sion**

5 pro<u>trude</u>　　突き出る、出っ張る
　　　　　　　　pro- (前方へ) + **trude** (trudere 突っ込む)

vacuus

古典語根による語形成

語形成 vacuus : (L) empty 空の

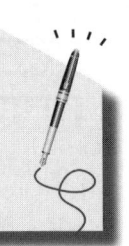

words

✔ 注意
二重下線部分は語形成の際に脱落している。

1 **e<u>va</u>cuate** 明け渡す；避難させる
e- (外へ) + vacu (vacuus 空の) + -ate

2 **<u>va</u>cate** 〜を空にする
vac (vacuus 空の) + -ate

3 **<u>va</u>cation** 休暇
vac (vacuus 空の) + ate + -ion

4 **<u>va</u>cuous** 空の、真空の
vacu (vacuus 空の) + -ous

5 **<u>va</u>cuum** 真空
vacu (vacuus 空の) + um (名詞語尾)

vadere

古典語根による語形成
語形成 vadere :(L) to go 行く

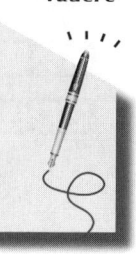

✔ 注意
二重下線部分は語形成の際に脱落している。

1 e**vade**
逃げる、避ける
e- (外へ) + **vade** (vadere 行く)

2 in**vade**
侵略する
in- (中へ) + **vade** (vadere 行く)

3 in**vas**ion
侵略
invade (vadere 行く) + **-sion**

4 per**vade**
(思想・宣伝などが) 全体に普及する、広がる
per- (通って) + **vade** (vadere 行く)

5 per**vas**ive
蔓延_{まんえん}している
per- (通って) + **vade** (vadere 行く) + **-sive**

valere

古典語根による語形成
語形成 valere : (L) value 価値ある

words

✔注意
　二重下線部分は語形成の際に脱落している。

1 **ambi<u>val</u>ent**　　相反する感情が同時に存在すること、どっちつかずの態度
　　ambi- (両方に) + **val** (valere 価値ある) + **-ent**

2 **equi<u>val</u>ent**　　同等の、同価値の
　　equi- (等しい) + **val** (valere 価値ある) + **-ent**

3 **e<u>valu</u>ate**　　評価する、見積もる
　　e- (外へ) + **valu** (valere 価値ある) + **-ate**

4 **<u>valu</u>able**　　貴重な
　　valu (valere 価値ある) + **-able**

5 **de<u>valu</u>ation**　　(通貨の) 平価の切り下げ
　　de- (降下) + **valu** (valere 価値ある) + **-at̲e̲** + **-ion**

venire

古典語根による語形成

語形成 venire :(L) to come 来る

words

1 inter**vene**
   干渉する
   inter- (間に) **+ vene** (venire 来る)

2 con**vene**
   (会議などを) 召集する
   con- (共に) **+ vene** (venire 来る)

3 pre**vent**
   (〜するのを) 妨げる
   pre- (場所的 / 時間的に前) **+ vent** (venire 来る)

4 circum**vent**
   (計略をもちいて) 包囲する、(問題などを) 避ける
   circum- (周囲に) **+ vent** (venire 来る)

5 ad**vent**
   (重要人物・事件の) 到来
   ad- (〜の方へ) **+ vent** (venire 来る)

verbum

古典語根による語形成
語形成 **verbum** : (L) word 言葉

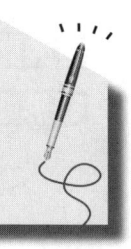

words

1. **verb**
   [文法] 動詞
   verb (verbum 言葉)

2. **verbal**
   言葉での
   verb (verbum 言葉) + **-al**

3. **nonverbal**
   言葉によらない
   non- (非ず) + **verb** (verbum 言葉) + **-al**

4. **verbalism**
   多言、ほとんど意味のない語句を並べる
   verb (verbum 言葉) + **-al** + **-ism** (行為)

5. **verbalize**
   言葉で表現する
   verb (verbum 言葉) + **-al** + **-ize**

vergere

古典語根による語形成

語形成 vergere : (L) to lean 傾く

words

✔ 注意
　二重下線部分は語形成の際に脱落している。

1 di<u>verge</u>
(一点から) 別れ出る、分岐する
di- (離れて) + **verg<u>e</u>** (vergere 傾く)

2 di<u>verge</u>nce
分岐
di- (離れて) + **verg<u>e</u>** (vergere 傾く) + **-ence**

3 con<u>verge</u>
(一点、一線に) 集まる、収束する
con- (共に) + **verg<u>e</u>** (vergere 傾く)

4 con<u>verge</u>nce
収束
con- (共に) + **verg<u>e</u>** (vergere 傾く) + **-ence**

5 con<u>verge</u>nt
(動くもの・方角・作用などが) 一点に向かう
con- (共に) + **verg<u>e</u>** (vergere 傾く) + **-ent**

古典語根

vertere

古典語根による語形成
語形成 vertere : (L) to turn 曲がる

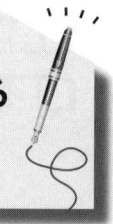

words

1 a<u>vert</u>
(不幸・災難などが) 起こるのを回避する、目をそらす
a- (〜から) + **vert** (vertere 曲がる)

2 intro<u>vert</u>
内向的な
intro- (内へ) + **vert** (vertere 曲がる)

3 extro<u>vert</u>
外交的な
extro- (外へ) + **vert** (vertere 曲がる)

4 sub<u>version</u>
(体制・権威などの) 転覆
sub- (下で) + **ver** (vertere 曲がる) + **-sion**

5 per<u>vert</u>
性倒錯者、変質者 [名詞]
per- (完全に) + **vert** (vertere 曲がる)

6 re<u>verse</u>
裏返す
re- (後へ) + **verse** (vertere 曲がる)

7 ad<u>vers</u>ary
敵国、ライバル
ad- (〜へ) + **vers** (vertere 曲がる) + **-ary**

8 ambi<u>vert</u>
外向性と内向性の中間の
ambi- (amb 両方に) + **vert** (vertere 曲がる)

9 con<u>vert</u>
転換する、改宗する
con- (共に) + **vert** (vertere 曲がる)

10 contro<u>vers</u>y
論争、議論
contro (contra 反対して) + **vers** (vertere 曲がる) + **-y**

古典語根による語形成

語形成 **verus** : (L) truth 真実

words

✓ 注意
二重下線部分は語形成の際に脱落している。

1 **verity**
真実、真実性
ver (verus 真実) + **-ity**

2 **verdict**
(陪審員の) 評決
ver (verus 真実) + **dict** (dicere 言う)

3 **verify**
(証拠・証言などによって) 真実であることを証明する
ver (verus 真実) + **-ify** (facere 作る)

4 **verification**
確証、検証、立証、証明
ver (verus 真実) + **-ify** (facere 作る) + **-ication**

5 **veritable**
本当の、真の、紛れもない
ver (verus 真実) + **-ity** + **-able**

videre

古典語根による語形成
語形成 videre :(L) to see 見る

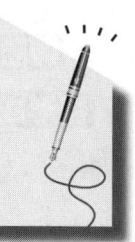

words

✔ 注意
二重下線部分は語形成の際に脱落している。

1 provide
(便宜などを) 与える
pro- (前もって) + **vide** (videre 見る)

2 envision
(特に将来のことを) 心に描く
en- (〜にする) + **vis** (videre 見る) + **-ion**

3 providence
神の摂理
pro- (前もって) + **vid** (videre 見る) + **-ence**

4 visibility
視界、可視性
vis (videre 見る) + **-ible** + **-ity**

5 visualize
心に描く
vis (videre 見る) + **-ual** + **-ize**

vita

古典語根による語形成

語形成 vita :(L) life 命

words

1. **vital**
   不可欠な、極めて重要な
   vit (vita 命) + **-al**

2. **vitality**
   活力
   vit (vita 命) + **-al** + **-ity**

3. **vitalize**
   活気を与える
   vit (vita 命) + **-al** + **-ize**

4. **viable**
   (新生児が)生きていける、(計画が)実行可能な
   vi (vita 命) + **-able** (~出来る)

5. **devitalize**
   活力を奪う
   de- (否定) + **vit** (vita 命) + **-al** + **-ize**

古典語根

vivere

古典語根による語形成

語形成 **vivere** : (L) to live 生きる

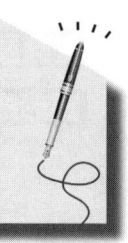

words

1 re**vive**　　再び活動させる
　　　　　　　re- (再び) + **vive** (vivere 生きる)

2 sur**vive**　　生き延びる、残存する
　　　　　　　sur- (上に) + **vive** (vivere 生きる)

3 **viv**ify　　生気をあたえる、生き生きとさせる
　　　　　　　viv (vivere 生きる) + **-ify** (facere 作る)

4 **viv**id　　生きているような、(記憶などが) 鮮明な
　　　　　　　viv (vivere 生きる) + **-id**

5 **viv**acious　　活発な、生き生きした
　　　　　　　viv (vivere 生きる) + **-acious**

古典語根による語形成

語形成 vocare : (L) to call 呼ぶ

words

1 provocation
激怒させること、挑発
pro- (前方へ) + **voc** (vocare 呼ぶ) + **-ation**

2 invoke
法律の条項、(権利などを) 発動する、神の助けを祈願する
in- (上に) + **voke** (vocare 呼ぶ)

3 revoke
(約束・許可・同意などを) 取り消す、無効にする
re- (後へ) + **voke** (vocare 呼ぶ)

4 evoke
(記憶・感情などを) 呼び起こす
e- (外へ) + **voke** (vocare 呼ぶ)

5 vocation
(カトリック) 聖職者への招命、天職（しょうめい）
voc (vocare 神から呼ばれる) + **-ation**

volo

古典語根による語形成
語形成 volo : (L) to want 欲する

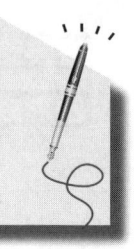

words

1 bene<u>vol</u>ent　　善意の
　　　　　　　　　　bene (善い) + **vol** (volo 欲する) + **-ent**

2 male<u>vol</u>ent　　悪意の
　　　　　　　　　　male (悪い) + **vol** (volo 欲する) + **-ent**

3 <u>vol</u>unteer　　有志、ボランティア
　　　　　　　　　　volunt (volo 欲する) + **-eer**

4 <u>vol</u>ition　　意志、決断、決意
　　　　　　　　　　vol (volo 欲する) + **-ition**

5 <u>vol</u>untary　　自発的な
　　　　　　　　　　volunt (volo 欲する) + **-ary**

volvere

古典語根による語形成

語形成 volvere :(L) to roll 回る

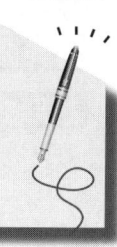

words

1 re<u>volve</u>
(～の周りを) ぐるぐる回る、回転する
re- (再び) **+ volve** (volvere 回る)

2 e<u>volve</u>
[生] ～を進化させる、徐々に発展 [展開] させる
e- (外に) **+ volve** (volvere 回る)

3 e<u>vol</u>ution
進化
e- (外に) **+ vol** (volvere 回る) **+ -ution**

4 de<u>volve</u>
(仕事・義務などを) (人に) 譲り渡す
de- (離れて) **+ volve** (volvere 回る)

5 in<u>volve</u>
関わり合う、関与する、積極的に参加する
in- (中へ) **+ volve** (volvere 回る)

vorare

古典語根による語形成

語形成 vorare : (L) to eat up むさぼる

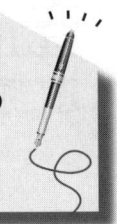

words

1 carni**vore**　　　肉食性
　　　　　　　　　carn (肉) + **vore** (vorare むさぼる)

2 herbi**vore**　　　草食性
　　　　　　　　　herbi (herb 草) + **vore** (vorare むさぼる)

3 omni**vo**rous　　雑食性
　　　　　　　　　omni (すべて) + **vore** (vorare むさぼる)

4 **vorac**ity　　　　大食
　　　　　　　　　vorac (vorare むさぼる) + **-ity**

5 **vorac**ious　　　食欲旺盛な
　　　　　　　　　vorac (vorare むさぼる) + **-ious**

造語要素
Combining Forms

✓造語要素による語形成について

　現代の英語で、新造語の要(かなめ)となっているのが、語と語をつなぐだけの語形成です。ひとつの造語要素を他の造語要素と並列させて新しい語をつくります。古典ギリシャ語と古典ラテン語は造語要素の宝庫で、主にそれらが使われます。このようにして出来る新古典複合語(*crassical compound*)と呼ばれるものには、その特徴として、語の繋ぎ目に 'o'(または、他の母音)が見られることです。そこから、普通の名詞や形容詞を接着剤 'o'(筆者造語)でもって造語要素化させ、古典造語要素と並列させて語を作ることも増えています。また古典語根から造語要素として借用されているものも多くあります。

✓ 造語要素のリスト

1.	*acro-* (G)	「先端」「頂点」「高所」	*522*
2.	*agro-* (G)	「農作」「土壌」	*523*
3.	*ante-* (L)	「前の」	*524*
4.	*-anthrop* (G)	「人間」	*525*
5.	*anthropo-* (G)	「人間」	*526*
6.	*aqua-* (L)	「水」	*527*
7.	*arch-* (G)	「首位の」	*528*
8.	*-archy* (G)	「支配」	*529*
9.	*-arium/-orium* (L)	「〜の場所」	*530*
10.	*astro-* (G)	「星」	*531*
11.	*audio-* (L)	「可聴の」	*532*
12.	*auto-* (G)	「自己の」「自らの」	*533*
13.	*bi-* (L)	「*2*」	*534*
14.	*biblio-* (G)	「本」	*535*
15.	*bio-* (G)	「命」	*536*
16.	*cardio-* (G)	「心臓」	*537*
17.	*centi-* (L)	「*100*」	*538*
18.	*chromo* (G)	「色」	*539*
19.	*chrono-* (G)	「時間」	*540*
20.	*-cide* (L)	「殺す」	*541*
21.	*cosmo-* (G)	「宇宙」	*542*
22.	*-cracy* (G)	「支配」	*543*
23.	*-crat* (G)	「支配者」	*544*
24.	*-cryo* (G)	「寒冷」「冷凍」	*545*
25.	*crypto-* (G)	「隠された」「秘密の」	*546*
26.	*deca-* (G)	「*10*」	*547*

27.	*demo-* (G)	「人々」	548
28.	*dermato-* (G)	「皮膚」	549
29.	*dys-* (G)	「不良」「障害」	550
30.	*eco-* (G)	「生物とその生活環境」	551
31.	*electro-* (G)	「電気」	552
32.	*endo-* (G)	「内部」	553
33.	*eu-* (G)	「快い」「良好な」	554
34.	*-gamy* (G)	「結婚」	555
35.	*gastro-* (G)	「胃」	556
36.	*-gen* (L)	「～を生じるもの」	557
37.	*geo-* (L)	「地球」「土地」「地面」	558
38.	*-gon* (G)	「角形」	559
39.	*-gram* (G)	「書かれた物」「～図」	560
40.	*-graph* (G)	「書かれた物」「記録する機械」	561
41.	*-graphy* (G)	「記述法」「表現法」「記録形式」「～学」	562
42.	*helio-* (G)	「太陽」「太陽光線」	563
43.	*hemi-* (G)	「半分」	564
44.	*hemo-* (G)	「血液」	565
45.	*hepta-* (G)	「7」	566
46.	*hetero-* (G)	「異なった」「違った」	567
47.	*hexa-* (G)	「6」	568
48.	*homeo-* (G)	「類似の」	569
49.	*homo-* (G)	「同一の」	570
50.	*hydro-* (G)	「水」	571
51.	*hyper-* (G)	「過度」「誇張」	572
52.	*hypo-* (G)	「下に」	573

53.	*infra-* (L)	「〜の下」	574
54.	*-itis* (L)	「器官の炎症」	575
55.	*lith-* (G)	「石」	576
56.	*-logy* (1) (L/G)	「学問」「学説」	577
57.	*-logy* (2) (L/G)	「学問」「学説」	578
58.	*-logy* (3) (L/G)	「学問」「学説」	579
59.	*-logy* (4) (L/G)	「学問」「学説」	580
60.	*-logy* (5) (L/G)	「学問」「学説」	581
61.	*-mania* (G)	「〜狂い」	582
62.	*marco-* (G)	「長い」「大きい」	583
63.	*mega-* (G)	「大きな」「巨大な」	584
64.	*meta-* (G)	「変化」「〜を超えた」	585
65.	*-meter* (G)	「計測器」	586
66.	*-metry* (G)	「測定法」	587
67.	*micro-* (G)	「微小」「拡大」	588
68.	*miso-* (G)	「憎む」	589
69.	*mono-* (G)	「単一」	590
70.	*morph* (G)	「形」「形態」	591
71.	*multi-* (L)	「多数の」	592
72.	*nano-* (L)	「10億分の1」	593
73.	*neo-* (G)	「新しい」	594
74.	*neuro-* (G)	「神経」	595
75.	*-nomy* (G)	「法則」「律」「学」「法」	596
76.	*-nym* (G)	「名前」	597
77.	*octa-* (G)	「8」	598
78.	*-oid* (G)	「〜に似る」	599

79	*omni-* (L)	「すべて」	………………	600
80	*ortho-* (G)	「正しい」	………………	601
81	*-osis* (L)	「〜症」	………………	602
82	*paleo-* (G)	「旧」「古」「原始」		603
83	*pan-* (G)	「全〜」「汎〜」		604
84	*para-* (G)	「準〜」「擬似」		605
85	*path-* (G)	「病気」「患う人」		606
86	*pedo-* (G)	「子供」	………………	607
87	*pedo-* (L)	「足」	………………	608
88	*penta-* (G)	「5」	………………	609
89	*peri-* (G)	「近い」「周りの」		610
90	*phil-* (G)	「〜を愛する」		611
91	*-phile* (G)	「〜を好む人や物」		612
92	*-phobia* (G)	「恐怖症」	………………	613
93	*phono-* (G)	「音」	………………	614
94	*photo-* (G)	「光」	………………	615
95	*physio-* (G)	「身体」	………………	616
96	*phyto-* (G)	「植物」	………………	617
97	*poly-* (G)	「多くの」	………………	618
98	*proto-* (G)	「最初の」「主要な」「原始の」		619
99	*pseudo-* (G)	「偽りの」「仮の」		620
100	*psycho-* (G)	「精神」	………………	621
101	*pyro-* (G)	「火」「熱」	………………	622
102	*quadri-* (L)	「4」	………………	623
103	*radio-* (L)	「放射線」「放射能」		624
104	*-scope* (G)	「〜を見る器械」「〜鏡」「〜検器」		625

105	*socio-* (L)	「社会」	*626*
106	*-sphere* (G)	「地球の内外の面」	*627*
107	*techno-* (G)	「技術」	*628*
108	*tele-* (G)	「遠く」	*629*
109	*tetra-* (G)	「4」	*630*
110	*theo-* (G)	「神」	*631*
111	*thermo-* (G)	「熱」	*632*
112	*-tomy* (G)	「切断」「切開」	*633*
113	*tri-* (L)	「3」	*634*
114	*uni-* (L)	「1」	*635*
115	*xeno-* (G)	「異種の」「外国の」	*636*

acro-

造語要素による語形成

acro-: (G)「先端」「頂点」「高所」

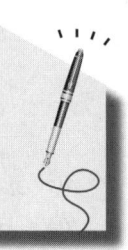

words

1 **acro**phobia
高所恐怖症
acro- + **phobia** (恐怖)

2 **acro**nym
頭文字語
acro- + **nym** (語)

3 **acro**polis
古代ギリシャ都市の中心にある丘
acro- + **polis** (都市)

4 **acro**megaly
[病] 先端肥大症
acro- + **megaly** (肥大症)

5 **acro**pathy
[病] 先端部疾患
acro- + **pathy** (病い)

agro-

造語要素による語形成

agro-: (G)「農作」「土壌」

words

1 **agro**politics
農業政策
agro- + **politics** (政策)

2 **agro**business
農企業農地経営学
agro- + **business** (企業)

3 **agro**nomics
農地経営学
agro- + **nomics** (管理)

4 **agro**biology
農業生物学
agro- + **biology** (生物学)

5 **agro**chemical
農産物から得られる化学薬品
agro- + **chemical** (化学薬品)

造語要素による語形成

ante-: (L)「前の」

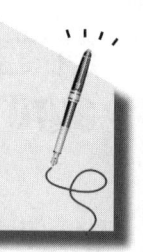

words

1 <u>ante</u>meridian　　午前中の
　　　　　　　　　　　　ante- + meridian (子午線)

2 <u>ante</u>date　　(時間的に) 先行する
　　　　　　　　　　　　ante- + date (日付け)

3 <u>ante</u>chamber　　控室
　　　　　　　　　　　　ante- + chamber (部屋)

4 <u>ante</u>bellum　　戦前
　　　　　　　　　　　　ante- + bellum (戦争)

5 <u>ante</u>-Christum　　キリスト以前
　　　　　　　　　　　　ante- + Christum (キリスト)

-anthrop

造語要素による語形成

-anthrop: (G)「人間」

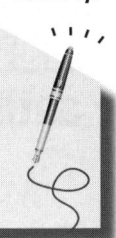

words

✔ 注意
二重下線部分は語形成の際に脱落する。

1. **phil<u>anthrop</u>y**
   慈善活動
   phil<u>e</u>- (愛する) + **anthropy**

2. **miso<u>anthrop</u>y**
   人間嫌い
   miso- (嫌う) + **anthropy**

3. **miso<u>anthrop</u>ist**
   人間嫌いの人
   miso- (嫌う) + **anthrop<u>y</u>** + **-ist** (主義の人)

4. **theo<u>anthrop</u>y**
   神人両性を有する (キリストについて)
   theo- (神) + **anthropy**

5. **the<u>anthrop</u>ism**
   キリスト神人一体説
   the- (神) + **anthrop<u>y</u>** + **-ism** (論)

anthropo-

造語要素による語形成

anthropo-: (G)「人間」

words

1 **anthropo**logy
人類学
anthropo- + **logy**(学)

2 **anthropo**id
類人猿
anthropo- + **oid**(類似)

3 **anthropo**centric
人間中心的な
anthropo- + **centric**(中心にした)

4 **anthropo**genesis
人類発生起源
anthropo- + **genesis**(起源)

5 **anthropo**morphize
人間の形態をとる
anthropo- + **morphize**(形態をとる)

6 **anthropo**phagy
食人習慣
anthropo- + **phagy**(食習慣)

aqua-

造語要素による語形成

aqua-: (L)「水」

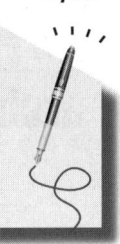

words

✔ 注意
　二重下線部分は語形成の際に脱落する。

1. **aquaculture**　　魚類の養殖
   aqua- + **culture**（養殖）

2. **aquarium**　　水族館
   aqua- + **arium**（館）

3. **aquanautics**　　(スキューバによる)海底探査
   aqua- + **naut**（航行する人）+ **-ics**（学）

4. **aqualung**　　アクアラング
   aqua- + **lung**（肺）

5. **aquamarine**　　藍青色
   aqua- + **marine**（海）

造語要素による語形成

arch-: (G)「首位の」

words

1 archrival
宿敵
arch- + rival (競争相手)

2 archvillain
大悪党
arch- + villain (悪党)

3 archfiend
大悪魔
arch- + fiend (悪魔)

4 archangel
大天使 (ガブリエル、ミカエル、ラファエル)
arch- + angel (天使)

5 archbishop
大司教 (カトリック)、大主教 (ギリシャ正教)
arch- + bishop (司教)

造語要素による語形成

-archy: (G)「支配」

✔ 注意
二重下線部分は語形成の際に脱落する。

1 mon<u>o</u>archy 専制君主制
mono- (単一の) + archy

2 hier<u>o</u>archy ピラミッド型階級性
hier- (僧侶の) + archy

3 olig<u>o</u>archy 少数独裁政治
olig- (少数の) + archy

4 the<u>o</u>archy 神権政治
theo- (神) + archy

5 patri<u>a</u>archy 家父長制社会
patri- (pater 父) + archy

-arium/-orium

造語要素による語形成
-arium/-orium : (L)「〜の場所」

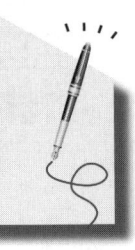

words

✔ 注意
　二重下線部分は語形成の際に脱落する。

1 audit<u>or</u>ium　　　講堂
　　　　　　　　　　　audit (聴く) + -orium

2 terr<u>ar</u>ium　　　(植物栽培用) ガラス器
　　　　　　　　　　　terr (土) + -arium

3 cremat<u>ar</u>ium　　火葬場
　　　　　　　　　　　cremat (火葬にする) + -arium

4 planet<u>ar</u>ium　　プラネタリウム、天文台
　　　　　　　　　　　planet (惑星) + -arium

5 aqu<u>ar</u>ium　　　水族館
　　　　　　　　　　　aqua (水) + -arium

astro-

造語要素による語形成

astro-: (G)「星」

words

1 **astro**logy 占星術
astro- + logy (学)

2 **astro**nomy 天文学
astro- + nomy (法則)

3 **astro**naut 宇宙飛行士
astro- + naut (航行する人)

4 **astro**metry 天体測定学
astro- + metry (計測学)

5 **astro**sphere [生] 細胞の星状球
astro- + sphere (球)

audio-

造語要素による語形成

audio-: (L)「可聴の」

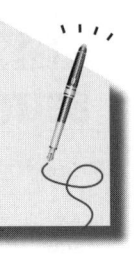

words

1. **audio**lingual — 聴覚口頭による
   audio- + **lingual** (言語の)

2. **audio**visual — 視聴覚の
   audio- + **visual** (視覚の)

3. **audio**gram — 聴力図
   audio- + **gram** (図)

4. **audit**orium — 講堂
   audit- + **orium** (場所)

5. **audio**phile — オーディオマニア
   audio- + **phile** (好む人)

造語要素による語形成

auto-: (G)「自己の」「自らの」

words

1. **auto**hypnosis
   自己催眠
   auto- + **hypnosis**（催眠）

2. **auto**graph
   自筆サイン
   auto- + **graph**（書く）

3. **auto**nomy
   自立、自治
   auto- + **nomy**（法則）

4. **auto**biography
   自叙伝
   auto- + **biography**（伝記）

5. **auto**cide
   自滅、自殺
   auto- + **cide**（殺す）

6. **auto**gamy
   自家受精
   auto- + **gamy**（結婚）

7. **auto**genesis
   自然発生
   auto- + **genesis**（発生）

8. **auto**kinetics
   自動運動
   auto- + **kinetics**（運動）

9. **auto**reverse
   自動反転装置
   auto- + **reverse**（反転）

10. **auto**cracy
    独裁政治
    auto- + **cracy**（支配）

造語要素による語形成

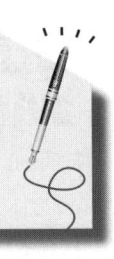

bi-: (L)「2」

words

1. **bi**polar
   二極の
   bi- + **polar** (極の)

2. **bi**metallic
   二種類の金属から成る
   bi- + **metallic** (金属の)

3. **bi**lingual
   二ヶ国語話せる
   bi- + **lingual** (言語の)

4. **bi**cameral
   二院制の
   bi- + **cameral** (部屋の)

5. **bi**centennial
   二百周年記念行事
   bi- + **centennial** (百年祭の)

6. **bi**focal
   (レンズが) 遠近両用の
   bi- + **focal** (焦点の)

7. **bi**sexual
   両性愛の
   bi- + **sexual** (性に関する)

8. **bi**ennial
   隔年の
   bi- + **ennial** (年の)

9. **bi**cycle
   自転車
   bi- + **cycle** (輪)

10. **bi**partisan
    両党連立の
    bi- + **partisan** (党の)

biblio-

造語要素による語形成
biblio-: (G)「本」

words

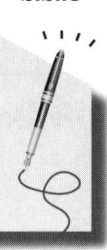

1. **biblio**graphy
   参考文献一覧表、図書目録
   biblio- + **graphy** (記述したもの)

2. **biblio**phile
   愛書家
   biblio- + **phile** (好む人)

3. **biblio**phobe
   本嫌いの人
   biblio- + **phobe** (嫌いな人)

4. **biblio**mania
   蔵書癖
   biblio- + **mania** (異常な熱中)

5. **biblio**therapy
   読書療法
   biblio- + **therapy** (療法)

造語要素

bio-

造語要素による語形成

bio-: (G)「命」

words

1. **bio**diversity
   生物多様性
   bio- + **diversity**（多様性）

2. **bio**luminescence
   生物発光
   bio- + **luminescence**（明かりを放つ）

3. **bio**degradable
   腐敗して土に還元できる
   bio- + **degradable**（分解処置できる）

4. **bio**ethics
   生命倫理学
   bio- + **ethics**（倫理学）

5. **bio**chemistry
   生化学
   bio- + **chemistry**（化学）

6. **bio**logy
   生物学
   bio- + **logy**（学）

7. **bio**metrics
   指紋認証
   bio- + **metrics**（測定法）

8. **bio**terrorism
   細菌兵器テロ
   bio- + **terrorism**（テロ活動）

9. **bio**rhythm
   生体機能周期
   bio- + **rhythm**（周期）

10. **bio**fuel
    生物燃料
    bio- + **fuel**（燃料）

cardio-

造語要素による語形成

cardio-: (G)「心臓」

✔ 注意
二重下線部分は語形成の際に脱落する。

1 **electrocardiograph** 心電図
electro- (電気) + cardio- + graph (図)

2 **cardiologist** 心臓専門医
cardio- + logist (専門家)

3 **cardiovascular** 心臓血管の
cardio- + vascular (血管の)

4 **cardioid** ハート型曲線
cardio- + oid (相似)

5 **cardiomegaly** 心臓肥大症
cardio- + megaly (肥大症)

造語要素による語形成

centi-: (L)「100」

words

✔ 注意
二重下線部分は語形成の際に脱落する。

1 **centipede** 百足(むかで)
   centi- + **pede** (足)

2 **centenarian** 百歳代の人
   centi- + **enarian** (〜代の人)

3 **centigrade** 摂氏
   centi- + **grade** (度数)

4 **centennial** 百年祭
   centi- + **ennial** (年)

5 **centimeter** 一メートルの百分の一
   centi- + **meter** (メートル)

chromo

造語要素による語形成

chromo: (G)「色」

words

1. **mono<u>chrome</u>** 単色
   mono- (単一) + **chrome**

2. **<u>chromo</u>sphere** [天] 彩層
   chromo- + **sphere** (層)

3. **<u>chromo</u>gen** [化] 色原体
   chromo- + **gen** (素)

4. **poly<u>chrome</u>** 多色
   poly- (多数) + **chrome**

5. **<u>chromo</u>lithograph** 多色石板印刷
   chromo- + **litho** (石) + **-graph** (記録法)

造語要素による語形成

chrono-: (G)「時間」

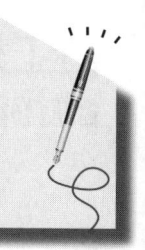

words

1. **chronoscope**
   短時間を計る電子装置
   chrono- + scope（検器）

2. **chronometer**
   時刻測定装置
   chrono- + meter（測定装置）

3. **chronology**
   年代記、年代表
   chrono- + logy（記/表）

4. **chronograph**
   時間の記録計
   chrono- + graph（記録する計器）

5. **chronobiology**
   時間生物学
   chrono- + biology（生物学）

造語要素による語形成

-cide: (L)「殺す」

words

1	**ethno<u>cide</u>**	文化同化政策 **ethno-**（民族）+ **cide**
2	**pesti<u>cide</u>**	殺虫剤 **pesti-**（害虫）+ **cide**
3	**eco<u>cide</u>**	環境破壊 **eco-**（環境）+ **cide**
4	**infanti<u>cide</u>**	幼児殺し **infanti-**（乳幼児）+ **cide**
5	**herbi<u>cide</u>**	除草剤 **herbi-**（草）+ **cide**
6	**fratri<u>cide</u>**	兄弟殺し **fratri-**（frater 兄弟）+ **cide**
7	**matri<u>cide</u>**	母親殺し **matri-**（mater 母親）+ **cide**
8	**patri<u>cide</u>**	父親殺し **patri-**（pater 父親）+ **cide**
9	**geno<u>cide</u>**	大量殺戮 **geno-**（genus 種族）+ **cide**
10	**sui<u>cide</u>**	自殺 **sui-**（自分で）+ **cide**

cosmo-

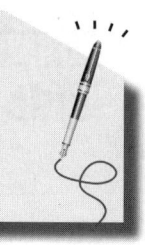

造語要素による語形成
COSMO-: (G)「宇宙」

words

1 **cosmology**　　宇宙論
　　　　　　　　　cosmo- + logy (論)

2 **microcosm**　　小宇宙、小世界
　　　　　　　　　micro- (小さい) + cosm

3 **macrocosm**　　大宇宙、全複合体
　　　　　　　　　marco- (大きい) + cosm

4 **cosmography**　宇宙構造論
　　　　　　　　　cosmo- + graphy (〜論)

5 **cosmonaut**　　宇宙飛行士
　　　　　　　　　cosmo- + naut (航行する人)

造語要素による語形成

-cracy: (G)「支配」

words

✓ 注意
　二重下線部分は語形成の際に脱落する。

1 bureaucracy
煩雑な手続き
bureau- (官庁の局) + cracy

2 democracy
民主主義
demo- (民衆) + cracy

3 meritocracy
能力主義
merito- (功績) + cracy

4 aristocracy
貴族政治
aristo- (特権階級) + cracy

5 autocracy
独裁政治
auto- (自分) + cracy

6 technocracy
技術家政治
techno- (技術) + cracy

7 adhocracy
特別委員会による運営
adhoc- (当面の問題に限る) + cracy

8 gerontocracy
長老政治
geronto- (老人) + cracy

9 plutocracy
金権政治
pluto- (富豪) + cracy

10 theocracy
神権政治
theo- (神) + cracy

造語要素による語形成

-crat: (G)「支配者」

words

1. **aristocrat**
   特権階級の人、貴族
   aristo (特権階級の) + **-crat**

2. **technocrat**
   技術家[科学者]出身の管理職
   techno (技術) + **-crat**

3. **bureaucrat**
   官僚、官僚的な公務員
   bureau- (官庁の局) + **crat**

4. **autocrat**
   独裁者
   auto- (自ら) + **crat**

5. **democrat**
   民主主義(擁護)者、[米](D-)民主党員
   demo- (民衆) + **crat**

cryo-

造語要素による語形成

cryo-: (G)「寒冷」「冷凍」

words

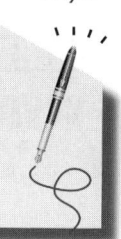

1. **cryobiology** 低温生物学
 cryo- + **biology**（生物学）

2. **cryogen** 冷却剤、冷凍剤
 cryo- + **gen**（素）

3. **cryometer** 低温計
 cryo- + **meter**（計測器）

4. **cryopreservation** 低温保存
 cryo- + **preservation**（保存）

5. **cryosurgery** 凍結手術
 cryo- + **surgery**（手術）

造語要素

crypto-

造語要素による語形成

crypto-: (G)「隠された」「秘密の」

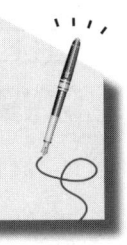

words

1. **cryptogram**
   暗号文
   crypto- + **gram**（書かれたもの）

2. **crypto-Christian**
   隠れキリシタン
   crypto- + **Christian**（キリスト教信者）

3. **crypto-analysis**
   暗号文解読法
   crypto- + **analysis**（分析）

4. **cryptograph**
   暗号作成装置
   crypto- + **graph**（記録する装置）

5. **cryptography**
   暗号技術
   crypto- + **graphy**（技術）

deca-

造語要素による語形成

deca-: (G)「10」

words

1. **deca**thlon　　十種競技
   deca- + **thlon**（競技）

2. **deca**liter　　十リットル
   deca- + **liter**（リットル）

3. **deca**logue　　十戒
   deca- + **logue**（言）

4. **deca**gon　　十角形
   deca- + **gon**（角形）

5. **deca**gram　　十グラム
   deca- + **gram**（グラム）

造語要素による語形成

demo-: (G)「人々」

words

1. **demo**cracy
   民主主義
   demo- + **cracy**（支配）

2. **demo**gogue
   民衆扇動者
   demo- + **gogue**（扇動者）

3. **demo**graphy
   人口の統計的研究
   demo- + **graphy**（記述学）

4. **demo**crat
   民主主義擁護者、[米] (D-) 民主党員
   demo- + **crat**（支配者）

5. **demo**graphics
   実態的人口統計
   demo- + **graphics**（グラフ算法）

dermato-

造語要素による語形成

dermato-: (G)「皮膚」

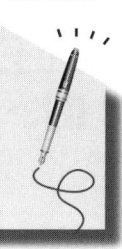

words

✓ 注意
二重下線部分は語形成の際に脱落する。

1 **dermatologist** 皮膚科専門医
   dermato- + logist (専門家)

2 **Atopic dermatitis** アトピー性皮膚炎
   Atopic dermato- + itis (炎症)

3 **dermatology** 皮膚科学
   dermato- + logy (学)

4 **dermatitis** 皮膚炎
   dermato- + itis (炎症)

5 **dermatosis** 皮膚病
   dermato- + osis (病気)

dys-

造語要素による語形成

dys-: (G)「不良」「障害」

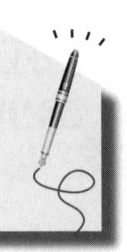

words

1 **dys**trophy
栄養障害、発育異常
dys- + **trophy**（栄養）

2 **dys**lexia
読書障害、難読症
dys- + **lexia**（語彙）

3 **dys**phonia
発声障害
dys- + **phonia**（音）

4 **dys**phonia
精神不安
dys- + **phoria**（気分）

5 **dys**graphia
書字障害
dys- + **graphia**（書字）

造語要素による語形成

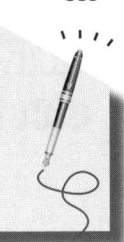

eco-: (G)「生物とその生活環境」

words

1. **ecology**
   生態学、環境学
   eco- + logy(学)

2. **ecosystem**
   生態系
   eco- + system(系)

3. **ecosphere**
   生態圏、生物圏
   eco- + sphere(圏)

4. **ecocide**
   生態系破壊、環境破壊
   eco- + cide(殺す)

5. **ecotourism**
   自然環境ツアー
   eco- + tourism(観光業)

6. **ecoactivity**
   環境保護運動
   eco- + activity(活動)

7. **ecocatastrophe**
   (汚染などによる)環境大異変
   eco- + catastrophe(大災害)

8. **ecofriendly**
   環境[生態系に]やさしい
   eco- + friendly(やさしい)

9. **ecocentric**
   環境を中心にした
   eco- + centric(中心とした)

electro-

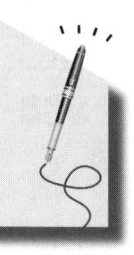

造語要素による語形成
electro-: (G)「電気」

words

1. **electro**meter
   電位計
   electro- + **meter**（計測器）

2. **electro**dynamics
   電気力学
   electro- + **dynamics**（力学）

3. **electro**kinetics
   電動学
   electro- + **kinetics**（動学）

4. **electro**acoustics
   電気音響学
   electro- + **acoustics**（音響学）

5. **electro**dialysis
   電気透析
   electro- + **dialysis**（透析）

endo-

造語要素による語形成

endo-: (G)「内部」

words

1. **endoscope**   内視鏡
   endo- + scope（検器）

2. **endodermis**   [植] 内皮
   endo- + dermis（皮膚）

3. **endogamy**   族内婚、[植] 同株他花受粉
   endo- + gamy（結婚）

4. **endocarditis**   心内膜炎
   endo- + carditis（心臓の炎症）

5. **endotoxin**   [生化] 内毒素
   endo- + toxin（毒素）

造語要素

eu-

造語要素による語形成

eu- : (G) 「快い」「良好な」

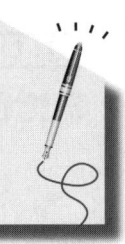

words

1 **eu**logy
賛辞、弔辞
eu- + **logy**（文章）

2 **eu**phoria
強い幸福感、多幸症
eu- + **phoria**（気分）

3 **eu**trophy
栄養良好
eu- + **trophy**（栄養）

4 **eu**phony
快い音調
eu- + **phony**（音調）

5 **eu**topia
理想郷
eu- + **topia**（郷）

造語要素による語形成

-gamy : (G)「結婚」

words

1 mono**gamy** 　　　一夫一婦婚
　　　　　　　　　　mono- (一つ) + gamy

2 poly**gamy** 　　　一夫多妻婚姻
　　　　　　　　　　poly- (多数) + gamy

3 bi**gamy** 　　　　重婚[罪]
　　　　　　　　　　bi- (二つ) + gamy

4 auto**gamy** 　　　[植]自花授精
　　　　　　　　　　auto- (自らの) + gamy

5 miso**gamy** 　　　結婚嫌い
　　　　　　　　　　miso- (嫌悪) + gamy

gastro-

造語要素による語形成

gastro-: (G)「胃」

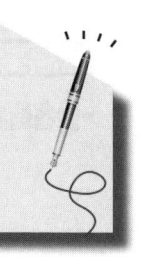

words

✓ 注意
二重下線部分は語形成の際に脱落する。

1 **gastrolith**　　　　胃結石
　　　　　　　　　　　gastro- + **lith** (石)

2 **gastropod**　　　　腹足類
　　　　　　　　　　　gastro- + **pod** (足)

3 **gastritis**　　　　　胃炎
　　　　　　　　　　　gastro- + **itis** (炎症)

4 **gastrocamera**　　胃カメラ
　　　　　　　　　　　gastro- + **camera** (カメラ)

5 **gastroscope**　　　胃内視鏡検査
　　　　　　　　　　　gastro- + **scope** (鏡)

6 **gastroscopy**　　　胃カメラ検査
　　　　　　　　　　　gastro- + **scopy** (検査)

7 **gastrotomy**　　　胃切開術
　　　　　　　　　　　gastro- + **tomy** (切る)

8 **gastrology**　　　　胃病学
　　　　　　　　　　　gastro- + **logy** (学)

9 **gastroenterology**　消化器病学、胃腸病学
　　　　　　　　　　　gastro- + **enter** (entero 腸) + **-logy** (学)

10 **gastronomy**　　　美食学
　　　　　　　　　　　gastro- + **nomy** (法則)

-gen

造語要素による語形成

-gen :(G)「~を生じるもの」

words

1 nitro**gen** 室素
nitro- (室) + gen

2 hydro**gen** 水素
hydro- (水) + gen

3 oxy**gen** 酸素
oxy- (酸) + gen

4 carcino**gen** 発癌因
carcino- (癌) + gen

5 patho**gen** 病原菌
patho- (病気) + gen

geo-

造語要素による語形成

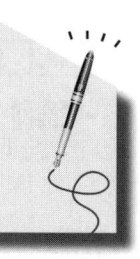

geo-: (L)「地球」「土地」「地面」

words

1 **geo**logy
地質学
geo- + **logy** (学)

2 **geo**graphy
地理学
geo- + **graphy** (記録形式)

3 **geo**thermal
地熱の
geo- + **thermal** (熱)

4 **geo**metry
幾何学
geo- + **metry** (測定)

5 **geo**tropism
向地性
geo- + **tropism** (向性)

6 **geo**centric
地球を中心とした
geo- + **centric** (中心とした)

7 **geo**morphology
地形学
geo- + **morphology** (形態学)

8 **geo**politics
地政学
geo- + **politics** (政治)

9 **geo**physics
地球物理学
geo- + **physics** (物理学)

10 **geo**strategic
地戦略的な
geo- + **strategic** (戦略的な)

造語要素による語形成

-gon : (G)「角形」

words

1. **tetragon** 四角形 **tetra-** (4) + **gon**

2. **pentagon** 五角形 **penta-** (5) + **gon**

3. **hexagon** 六角形 **hexa-** (6) + **gon**

4. **heptagon** 七角形 **hepta-** (7) + **gon**

5. **octagon** 八角形 **octa-** (8) + **gon**

6. **nonagon** 九角形 **nona-** (9) + **gon**

7. **decagon** 十角形 **deca-** (10) + **gon**

8. **polygon** 多数角形 **poly-** (多数) + **gon**

造語要素による語形成

-gram : (G)「書かれた物」「～図」

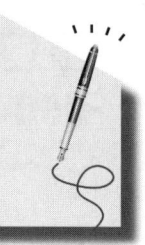

words

1 hemogram
血液図
hemo- (血液) + gram

2 mammogram
レントゲンによる乳房造影図
mammo- (乳房) + gram

3 epigram
(警句的な) 短い風刺詩
epi- (上に) + gram

4 anagram
語句の綴り変え
ana- (上、再) + gram

5 diagram
図表、図解、略図
dia- (わたって) + gram

-graph

造語要素による語形成

-graph : (G)「書かれた物」「記録する機械」

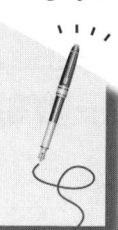

words

1 autograph
自筆署名
auto- (自分) + **graph**

2 lithograph
石版印刷
litho- (石) + **graph**

3 photograph
写真
photo- (光) + **graph**

4 homograph
同形異義語
homo- (同一の) + **graph**

5 seismograph
地震計
seismo- (地震) + **graph**

6 monograph
特定分野の問題に関する学術論文
mono- (一つのこと) + **graph**

7 pseudograph
偽造文書
pseudo- (偽り) + **graph**

8 cryptograph
暗号
crypto- (隠す) + **graph**

9 polygraph
嘘発見器
poly- (多く) + **graph**

10 idiograph
表意文字法 (覚えやすくインパクトのある言葉やフレーズを政治的スローガンとして用いる技巧)
idio- (表意) + **graph**

-graphy

造語要素による語形成
-graphy: (G)「記述法」「表現法」「記録形式」「〜学」

words

1 choreography
(バレエ・舞台舞踊の) 振り付け
choreo (振り付け) + **-graphy**

2 demography
人口統計学
demo (people) + **-graphy**

3 cinematography
映画撮影技術
cinemato (映画) + **-graphy**

4 bibliography
参考文献一覧表
biblio (本) + **-graphy**

5 photography
写真撮影術
photo (光) + **-graphy**

6 ethnography
民族誌[学]
ethno (民族) + **-graphy**

7 biography
伝記
bio (命) + **-graphy**

8 oceanography
海洋学
oceano (海洋) + **-graphy**

9 calligraphy
書道
calli (美しい) + **-graphy** (書法)

10 pornography
わいせつ文書
porno (porne 売春婦) + **-graphy**

helio-

造語要素による語形成

helio-: (G)「太陽」「太陽光線」

words

1. **helio**tropism　　[植]向日性
   helio- + **tropism**（向性）

2. **helio**lithic　　(文明・民族)太陽崇拝と石使用を特徴とする
   helio- + **lithic**（石の）

3. **helio**therapy　　日光浴療法
   helio- + **therapy**（治療）

4. **helio**centric　　太陽を中心とする
   helio- + **centric**（中心の）

5. **helio**meter　　太陽儀
   helio- + **meter**（計測器）

造語要素

造語要素による語形成
hemi-: (G)「半分」

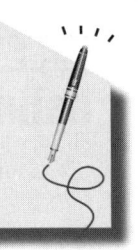

words

1. **hemi**sphere　　　半球
   hemi- + **sphere**（球）

2. **hemi**parasite　　半寄生生物
   hemi- + **parasite**（寄生生物）

3. **hemi**plegia　　　片側麻痺
   hemi- + **plegia**（麻痺）

hemo-

造語要素による語形成

hemo-: (G)「血液」

words

1. **hemophile**　　血友病患者
   hemo- + **phile** (愛する)

2. **hemorrhoid**　　痔
   hemo- + **rrhoid** (肛門の)

3. **hemorrhagia**　　出血
   hemo- + **rrhagia** (多量にでる)

4. **hemoglobin**　　血色素、ヘモグロビン
   hemo- + **globin** (globulus 小球)

5. **hemostasis**　　止血剤
   hemo- + **stasis** (停止)

6. **hemophobia**　　恐怖症
   hemo- + **phobia** (恐怖症)

造語要素による語形成

hepta- : (G) 「7」

words

✓ 注意
　二重下線部分は語形成の際に脱落する。

1 **heptachord**　　七音音階
　　　　　　　　　hepta- + chord (音階)

2 **heptathlon**　　七種競技
　　　　　　　　　hepta- + athlon (運動競技)

3 **heptahedron**　七面体
　　　　　　　　　hepta- + hedron (面体)

4 **heptagon**　　　七角 [辺] 形
　　　　　　　　　hepta- + gon (辺)

5 **heptarchy**　　七頭政治
　　　　　　　　　hepta- + archy (支配)

造語要素による語形成

hetero-: (G)「異なった」「違った」

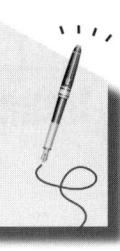

words

1. **heterogeneous** 異種の
   hetero- + geneous (生じる)

2. **heterodoxy** 異説、異端
   hetero- + doxy (説)

3. **heteronomy** 他律性
   hetero- + nomy (法則)

4. **heterogam** 異形配偶
   hetero- + gamy (結婚)

5. **heteronym** 綴りが同じ異音異議語
   hetero- + nym (語)

6. **heterophobia** 異性恐怖症
   hetero- + phobia (恐怖症)

7. **heterosexist** 同性愛者を差別する人
   hetero- + sexist (性差別する人)

8. **heterotrophy** 他家栄養の
   hetero- + trophy (栄養)

9. **heteronomous** [生] 異なる発達法則を持つ
   hetero- + nomous (法則)

造語要素による語形成

hexa-: (G) 「6」

words

1. **hexapod**　　　六脚類、昆虫
   hexa- + **pod** (脚)

2. **hexagon**　　　六角 [辺] 形
   hexa- + **gon** (角)

3. **hexagram**　　　六線星形「ダビデの星」として
   ユダヤ教のシンボル
   hexa- + **gram** (書かれたもの)

4. **hexachord**　　　六音音階
   hexa- + **chord** (音階)

5. **hexahedro**　　　六面体
   hexa- + **hedron** (面体)

造語要素による語形成

homeo-: (G)「類似の」

words

1. **homeo**stasis
   安常性
   homeo- + **stasis**(状態)

2. **homeo**pathy
   同毒療法
   hemeo- + **pathy**(病気)

3. **homeo**therm
   常温動物
   homeo- + **therm**(熱)

4. **homeo**box
   遺伝子中の共通の塩基配列
   homeo- + **box**(配列)

5. **homeo**plasia
   [医学] 同質形成
   homeo- + **plasia**(形成)

造語要素による語形成

homo-: (G)「同一の」

words

1. **homonym** — 同音同綴意義語
   homo- + nym (語)

2. **homosexual** — 同性愛者
   homo- + sexual (性に関する)

3. **homogeneous** — 同質の、均質の
   homo- + geneous (生じる)

4. **homophile** — 同性愛の人
   homo- + phile (好む人)

5. **homophobe** — 同性愛者を嫌う人
   homo- + phobe (嫌う人)

6. **homophony** — 同音
   homo- + phony (音)

7. **homogamy** — 同型配偶
   homo- + gamy (結婚)

8. **homograph** — 同形異義語
   homo- + graph (語)

9. **homophobia** — 同性愛恐怖症
   homo- + phobia (恐怖症)

10. **homomorphism** — [生] 同形性
    homo- + morph (形) + -ism

造語要素による語形成

hydro- : (G)「水」

words

1. **hydro**phobia
   恐水病
   hydro- + **phobia**（恐怖症）

2. **hydro**biology
   水生物学
   hydro- + **biology**（生物学）

3. **hydro**tropism
   [植] 向水性
   hydro- + **tropism**（向性）

4. **hydro**power
   水力発電力
   hydro- + **power**（電力）

5. **hydro**meter
   流速計
   hydro- + **meter**（計器）

hyper-

造語要素による語形成

hyper-：(G)「過度」「誇張」

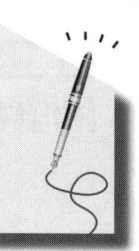

words

1. **hyperthyroid**　　　[病] 甲状腺機能の亢進症
   hyper- + thyroid（甲状腺）

2. **hyperglycemia**　　[病] 高血糖症
   hyper- + glycemia（血糖）

3. **hyperesthesia**　　 [病] 知覚過敏症
   hyper- + esthesia（知覚）

4. **hyperemia**　　　　[病] 充血
   hyper- + emia（血液）

5. **hyperthermia**　　 [病] 異常高熱
   hyper- + thermia（熱）

6. **hyperphagia**　　　[病] 過食症
   hyper- + phagia（食習慣）

hypo-

造語要素による語形成

hypo-: (G)「下に」

words

1. **hypo**thesis 仮説
   hypo- + **thesis**(説)

2. **hypo**dermic 皮下の
   hypo- + **dermic**(皮膚の)

3. **hypo**crite 偽善者
   hypo- + **crite**(区別する)

4. **hypo**thermia 低体温症
   hypo- + **thermia**(熱)

5. **hypo**stasis [哲] 根本、本質
   hypo- + **stasis**(立つ所)

造語要素

infra-

造語要素による語形成
infra- : (L)「〜の下」

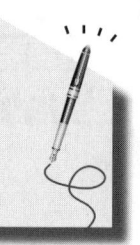

words

1. **infra**structure 下部構造
   infra- + **structure**（構造）

2. **infra**sound 可聴下音響
   infra- + **sound**（音響）

3. **infra**dignitatem 品格を下げる
   infra- + **dignitatem**（体面）

4. **infra**human 人間以下の
   infra- + **human**（人間）

5. **infra**red 赤外線
   infra- + **red**（赤）

-itis

造語要素による語形成

-itis :(L)「器官の炎症」

words

✓ 注意
1. 子音が母音に挟まれる場合には、子音を重ねる。
2. 二重下線部分は語形成の際に脱落する。

1	**tonsillitis**	扁桃腺炎 **tonsil**(扁桃腺) + **-itis**
2	**arthritis**	関節炎 **arthro**(関節) + **-itis**
3	**hepatitis**	肝炎 **hepato**(肝臓) + **-itis**
4	**carditis**	心(臓)炎 **cardio**(心臓) + **-itis**
5	**dermatitis**	皮膚炎 **dermato**(皮膚) + **-itis**
6	**bronchitis**	気管支炎 **broncho**(気管支) + **-itis**
7	**retinitis**	(目の)網膜炎 **retina**(網膜) + **-itis**
8	**stomatitis**	口内炎 **stomato**(口腔) + **-itis**
9	**pericarditis**	心臓の炎症 **pericard**(心膜) + **-itis**
10	**neuritis**	神経 **neuro**(神経) + **-itis**

造語要素

lith-

造語要素による語形成
lith- : (G)「石」

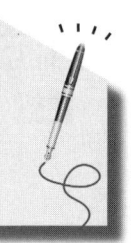

words

✔ 注意
二重下線部分は語形成の際に脱落する。

1 **lithosphere** [地質] 岩石圏
   litho- + **sphere** (圏)

2 **lithography** 石版印刷術
   litho- + **graphy** (記録法)

3 **lithograph** 石板画
   litho- + **graph** (書いたもの)

4 **lithoid** 石状の
   litho- + **oid** (類似)

5 **lithology** 結石学
   litho- + **logy** (学)

6 **monolith** 一枚岩
   mono (一つ) + **-lith**

7 **neolith** 新石器
   neo (新しい) + **-lith**

8 **megalith** 巨石
   mega (大きい) + **-lith**

9 **paleolith** 旧石器
   paleo (古い) + **-lith**

10 **zenolith** 異種の岩石片
    zeno (異種の) + **-lith**

造語要素による語形成

-logy (1) : (L/G)「学問」「学説」

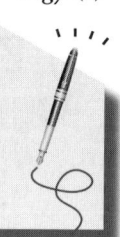

words

1. **anthropo<u>logy</u>**
   人類学
   anthropo(人間) + **-logy**

2. **eco<u>logy</u>**
   環境学
   eco(環境) + **-logy**

3. **psycho<u>logy</u>**
   心理学
   psycho(精神) + **-logy**

4. **socio<u>logy</u>**
   社会学
   socio(社会) + **-logy**

5. **ophthalmo<u>logy</u>**
   眼科学
   ophthalmo(眼科) + **-logy**

6. **kinesio<u>logy</u>**
   運動科学
   kinesio(運動) + **-logy**

7. **bio<u>logy</u>**
   生物学
   bio(生) + **-logy**

8. **toxico<u>logy</u>**
   毒物学
   toxico(毒) + **-logy**

9. **neo<u>logy</u>**
   新造語
   neo(新しい) + **-logy**

10. **immuno<u>logy</u>**
    免疫学
    immuno(免疫) + **-logy**

-logy (2)

造語要素による語形成
-logy (2)：(L/G)「学問」「学説」

words

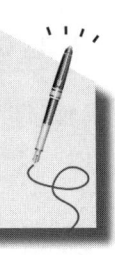

1 **thanato<u>logy</u>** 　死(生)学
　　　　　　　　　　　thanato (死) + -logy

2 **embryo<u>logy</u>** 　胎生学
　　　　　　　　　　　embryo (胚) + -logy

3 **morpho<u>logy</u>** 　形態 (語形論)
　　　　　　　　　　　morpho (形態) + -logy

4 **neuro<u>logy</u>** 　神経学
　　　　　　　　　　　neuro (神経) + -logy

5 **chrono<u>logy</u>** 　年表
　　　　　　　　　　　chrono (時) + -logy

6 **etymo<u>logy</u>** 　語源学
　　　　　　　　　　　etymo (語の原形) + -logy

7 **physio<u>logy</u>** 　生理学
　　　　　　　　　　　physio (身体) + -logy

8 **phono<u>logy</u>** 　音韻論
　　　　　　　　　　　phono (音) + -logy

9 **ornitho<u>logy</u>** 　鳥類学
　　　　　　　　　　　ornitho (鳥) + -logy

10 **gemo<u>logy</u>** 　宝石学
　　　　　　　　　　　gemo (宝石) + -logy

造語要素による語形成

-logy (3) : (L/G)「学問」「学説」

words

1 seismo**logy**
地震学
seismo(地震) + **-logy**

2 astro**logy**
占星術
astro(星) + **-logy**

3 archeo**logy**
考古学
archeo(考古) + **-logy**

4 philo**logy**
文献学
philo(愛好する) + **-logy**

5 etio**logy**
因果関係学
etio(病因) + **-logy**

6 cosmeto**logy**
美容術
cosmeto(美容) + **-logy**

7 dermato**logy**
皮膚科学
dermato(皮膚) + **-logy**

8 geo**logy**
地質学
geo(地面) + **-logy**

9 ethno**logy**
民族学
ethno(民族) + **-logy**

10 genea**logy**
家系[血統]の研究：系図、家系
genea(出生) + **-logy**

-logy (4)

造語要素による語形成

-logy (4): (L/G)「学問」「学説」

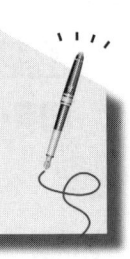

words

✔ 注意
二重下線部分は語形成の際に脱落する。

1 **meteorology**
気象学
meteoro(気象) + **-logy**

2 **radiology**
放射線医学、X線透視
radio(放射線) + **-logy**

3 **Sinology**
中国学
Sino(中国) + **-logy**

4 **entomology**
昆虫学
entomo(昆虫) + **-logy**

5 **anthology**
名詩選
antho(花) + **-logy**

6 **symbology**
象徴[表象]学、記号論
symbol(象徴) + **-logy**

7 **Egyptology**
古代エジプトの文物の研究、エジプト学
Egypt(エジプト) + **-logy**

8 **iconology**
図像解釈学
icono(図像) + **-logy**

9 **reflexology**
手足などのマッサージによって体内を治す反射法
reflexo(反射) + **-logy**

10 **ideology**
観念形態
ideo(思考) + **-logy**

造語要素による語形成

-logy (5): (L/G)「学問」「学説」

words

✓ 注意

二重下線部分は語形成の際に脱落する。

1	**methodology**	方法論 **method**(方法) +o+ -logy
2	**urbanology**	都市学 **urban**(都市) +o+ -logy
3	**futurology**	未来学 **future**(未来) +o+ -logy
4	**oceaonology**	海洋学 **oceaon**(海洋) +o+ -logy
5	**victimology**	被害者学 **victim**(被害者) +o+ -logy
6	**narratology**	文学における物語形式の理論と研究 **narrate**(物語る) +o+ -logy
7	**graphology**	筆跡学 **graph**(書く) +o+ -logy
8	**osteology**	骨学 **osteo**(骨) + -logy
9	**horology**	時計学 **horo**(時) + -logy
10	**mythology**	神話体系 **myth**(神話) +o+ -logy

造語要素による語形成
-mania : (G)「〜狂い」

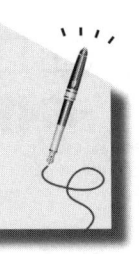

words

1 **klept**mania
盗癖
klept(盗む) + **-mania**

2 **pyro**mania
放火狂
pyro(火) + **-mania**

3 **mono**mania
一つの事への異常な熱中
mono(単一) + **-mania**

4 **biblio**mania
蔵書癖
biblio(書物) + **-mania**

5 **ego**mania
自己中心の人
ego(自己) + **-mania**

造語要素による語形成

macro-: (G)「長い」「大きい」

words

1 <u>macro</u>fossil
大型化石
macro- + fossil (化石)

2 <u>macro</u>cosm
大宇宙
macro- + cosm (宇宙)

3 <u>macro</u>biotics
(採食・粗食による) 長寿のための健康法
macro- + biotics (特定の生き方をする)

4 <u>macro</u>economics
巨視的経済学
macro- + economics (経済学)

5 <u>macro</u>molecule
巨大分子
macro- + molecule (分子)

mega-

造語要素による語形成
mega- : (G)「大きな」「巨大な」

words

1 **megadeath**	百万人の死者	**mega-** + **death**（死）
2 **megaglitch**	大きな欠陥（故障）	**mega-** + **glitch**（故障）
3 **megaphone**	拡声器	**mega-** + **phone**（音）
4 **megastructure**	巨大建造物	**mega-** + **structure**（建造物）
5 **megabucks**	大金	**mega-** + **buck**（米俗ドル）
6 **megamall**	巨大ショッピングセンター	**mega-** + **mall**（モール）
7 **megalith**	巨石	**mega-** + **lith**（石）
8 **megaload**	大量	**mega-** + **load**（荷）
9 **megadoze**	高投与量	**mega-** + **doze**（投与）
10 **megabite**	約100万バイト	**mega-** + **bite**（バイト）

造語要素による語形成

meta-: (G)「変化」「〜を超えた」

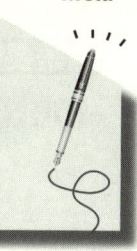

words

1. **meta**morphosis — (構造・本質の) 著しい変化
   meta- + **morphosis** (形状)

2. **meta**bolism — [生理] 新陳代謝
   meta- + **bolism** (作用)

3. **meta**stasis — [病気] 転移、変性、変形
   meta- + **stasis** (状態)

4. **meta**phor — 隠喩
   meta- + **phor** (運ぶ)

5. **meta**physics — 形而上学
   meta- + **physics** (物理)

-meter

造語要素による語形成
-meter : (G) 「計測器」

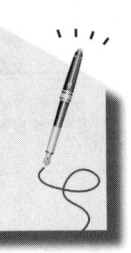

words

1. **thermometer** — 温度計、体温計
   thermo (熱) + **-meter**

2. **pedometer** — 万歩計
   pedo (足) + **-meter**

3. **barometer** — 気圧計
   baro (気圧) + **-meter**

4. **chronometer** — 精密な時計
   chrono (時間) + **-meter**

5. **hydrometer** — 液体比重計
   hydro (水) + **-meter**

6. **audiometer** — 聴力計
   audio (聴く) + **-meter**

7. **radiometer** — 放射計
   radio (放射線) + **-meter**

8. **micrometer** — 精密測定器
   micro (精密) + **-meter**

9. **magnetometer** — 磁気計
   magneto (磁気) + **-meter**

10. **seismometer** — 地震計
    seismo (地震) + **-meter**

造語要素による語形成

-metry : (G)「測定法」

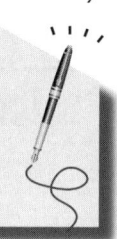

words

1. **geo<u>metry</u>** — 幾何学
   geo(地面) + **-metry**

2. **astro<u>metry</u>** — 天体測定学
   astro(星) + **-metry**

3. **socio<u>metry</u>** — 計量社会学
   socio(社会) + **-metry**

4. **micro<u>metry</u>** — 微測法、マイクロ計測
   micro(微小) + **-metry**

5. **tele<u>metry</u>** — 遠隔測定法
   tele(遠隔) + **-metry**

micro-

造語要素による語形成

micro-: (G)「微小」「拡大」

words

1 microbiology　　微生物学
　　　　　　　　　　　micro- + biology (生物学)

2 microorganism　　微生物
　　　　　　　　　　　micro- + organism (有機物)

3 microphone　　マイクロフォン
　　　　　　　　　　　micro- + phone (音)

4 microcosm　　小宇宙
　　　　　　　　　　　micro- + cosm (宇宙)

5 microstructure　　微細構造
　　　　　　　　　　　micro- + structure (構造)

造語要素による語形成

miso- : (G)「憎む」

words

1 misogamy　　　結婚嫌い
　　　　　　　　　　miso- + gamy (結婚)

2 misogyny　　　女性嫌い
　　　　　　　　　　miso- + gyny (女性)

3 misopedia　　　子供嫌い
　　　　　　　　　　miso- + pedia (子供)

4 misoanthropy　人間嫌い
　　　　　　　　　　miso- + anthropy (人間)

5 misology　　　理屈嫌い
　　　　　　　　　　miso- + logy (学)

mono-

造語要素による語形成

mono-：(G)「単一」

words

✔ 注意
　二重下線部分は語形成の際に脱落する。

1 <u>mono</u>chrome
単色
mono- + **chrome**（色）

2 <u>mono</u>theism
一神教
mono- + **the**（神）+ **-ism**（論）

3 <u>mon</u>oxide
一酸化物
mon<u>o</u>- + **oxide**（酸）

4 <u>mono</u>gamy
一夫一妻婚
mono- + **gamy**（結婚）

5 <u>mono</u>glot
一つの言語しか知らない人
mono- + **glot**（舌）

6 <u>mono</u>lith
一枚岩
mono- + **lith**（石）

7 <u>mon</u>oxide
一酸化物
mon<u>o</u>- + **oxide**（酸）

8 <u>mono</u>graph
特定分野の問題に関する論文
mono- + **graph**（論文）

9 <u>mono</u>log
独白
mono- + **log**（発話）

10 <u>mono</u>tone
短調さ、一本調子
mono- + **tone**（音）

morph

造語要素による語形成

morph : (G)「形」「形態」

words

1. **anthropo<u>morph</u>** 人間の形
   anthropo (人間) + **-morph**

2. **<u>morph</u>ology** 形態論
   morph- + **-ology** (学)

3. **<u>morpho</u>genesis** 形態形成、形態発生
   morpho- + **-genesis** (発生、起源)

4. **<u>morpho</u>phonemics** 形態音韻論
   morpho- + **-phonemics** (音韻論)

5. **roboto<u>morph</u>ic** ロボット形状の (おもちゃ等)
   roboto- (ロボット) + **-morphic**

造語要素による語形成

multi-: (L)「多数の」

words

1. **multi**faith
   多宗教の
   multi- + **faith**(信仰)

2. **multi**company
   多角経営企業
   multi- + **company**(会社)

3. **multi**millionaire
   億万長者
   multi- + **millionaire**(富豪)

4. **multi**disciplinary
   諸専門分野からなる
   multi- + **disciplinary**(専門分野の)

5. **multi**party
   複数の政党から成る
   multi- + **party**(政党)

造語要素による語形成

nano-: (L)「10 億分の 1」

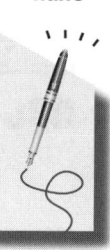

words

1. **nano**technology — 原子レベルの超微細メカニズムを製造する技術
   nano- + **technology** (技術)

2. **nano**second — 10億分の1秒
   nano- + **second** (秒)

3. **nano**plancton — 極小プランクトン
   nano- + **plancton** (プランクトン)

4. **nano**fossil — 超微小化石
   nano- + **fossil** (化石)

5. **nano**computer — 微小コンピュータ
   nano- + **computer** (コンピュータ)

neo-

造語要素による語形成

neo-: (G)「新しい」

words

1 neoconservatism 新保守主義
neo- + conservatism (保守主義)

2 neoclassicism 新古典主義
neo- + classicism (古典主義)

3 neo-Nazism 新ナチズム
neo- + Nazism (ナチズム)

4 neo-impressionism 新印象派
neo- + Impressionism (印象派)

5 neolith 新石器
neo- + lith (石)

6 neo-Platonism 新プラトン主義
neo- + Platonism (プラトン主義)

7 neo-Darwinism Weismann が唱えた進化論
neo- + Darwinism (ダーウィン説)

8 neo-Latin 近世ラテン語
neo- + Latin (ラテン語)

9 neophilia 新しがり
neo- + philia (好むこと)

10 neophobia 新しいもの嫌い
neo- + phobia (恐れ)

造語要素による語形成

neuro- :(G)「神経」

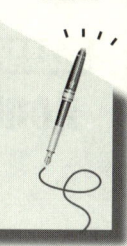

words

1 neurosis
神経症、ノイローゼ
neuro- + sis (病気)

2 neurosurgeon
神経外科医
neuro- + surgeon (外科医)

3 neurophysiology
神経生理学
neuro- + physiology (生理学)

4 neuropath
神経病患者
neuro- + path (病気の人)

5 neurology
神経学
neuro- + logy (学)

6 neurosurgery
神経外科
neuro- + surgery (外科)

7 neurophysiology
神経生理学
neuro- + physiology (生理学)

8 neuroscience
神経科学
neuro- + science (科学)

9 neuropathology
神経病理学
neuro- + pathology (病理学)

10 neurolinguistics
神経言語学
neuro- + linguistics (言語学)

造語要素による語形成

-nomy : (G)「法則」「律」「学」「法」

words

1. **astro<u>nomy</u>**   天文学
   astro(星) + **-nomy**

2. **eco<u>nomy</u>**   (国家の)経済、節約
   eco(家) + **-nomy**

3. **auto<u>nomy</u>**   自立[自主]性
   auto(自分) + **-nomy**

4. **gastro<u>nomy</u>**   美食学
   gastro(胃) + **-nomy**

5. **hetero<u>nomy</u>**   他律性
   hetero(他の) + **-nomy**

6. **taxo<u>nomy</u>**   分類法
   taxo(評価する) + **-nomy**

7. **agro<u>nomy</u>**   作物学、農学
   agro(農作) + **-nomy**

8. **anti<u>nomy</u>**   自己矛盾、二律背反
   anti(反して) + **-nomy**

9. **physiog<u>nomy</u>**   人相、面相
   physiog(外形) + **-nomy**

造語要素による語形成

-nym :(G)「名前」

words

1 acronym
頭文字語
acro(先端) + **-nym**

2 synonym
同義語
syno(同じ) + **-nym**

3 pseudonym
偽名
pseudo(偽りの) + **-nym**

4 heteronym
同綴異音異義語
hetero(異なる) + **-nym**

5 homonym
同音同綴異義語
homo(同じ) + **-nym**

6 antonym
反意[反義]語
anto(反対の) + **-nym**

octa-

造語要素による語形成

octa-: (G)「8」

words

✔ 注意
二重下線部分は語形成の際に脱落する。

1 **<u>octo</u>pus** 蛸 (たこ)
octo (octa 8) **- + pus** (足)

2 **<u>octa</u>hedron** 八面体
octa- + hedron (面体)

3 **<u>octe</u>nnial** 八年間の、八年ごとに起こる
oct<u>a</u> (octa 8) **- + ennial** (年)

4 **<u>octa</u>gon** 八角 [辺] 形
octo + gon (辺)

5 **<u>octa</u>meter** 八歩格
octo + meter (歩格)

-oid

造語要素による語形成

-oid : (G)「〜に似る」

words

✓ 注意
二重下線部分は語形成の際に脱落する。

1 alkal<u>oid</u>
アルカリ性の
alkali (アルカリ) + **-oid**

2 arachn<u>oid</u>
蜘蛛状の
arachno (蜘蛛) + **-oid**

3 andr<u>oid</u>
人造人間
andro (男性) + **-oid**

4 aster<u>oid</u>
惑星
aster (星) + **-oid**

5 cardi<u>oid</u>
ハート型の
cardio (心臓) + **-oid**

6 human<u>oid</u>
人造ロボット
human (人間) + **-oid**

7 oste<u>oid</u>
骨状の、骨に似た
osteo (骨) + **-oid**

8 crystall<u>oid</u>
結晶状の
crystal (結晶の) + **-oid**

9 derm<u>oid</u>
皮膚状の
dermo (皮膚) + **-oid**

10 spher<u>oid</u>
球状の
sphere (球) + **-oid**

造語要素による語形成

omni- :(L)「すべて」

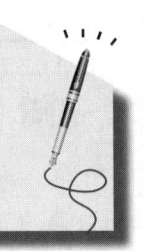

words

1. **omni**bus　　様々な条項を含む、総括的な
   omni- + **bus** (すべての人の乗り物)

2. **omni**potent　　全能の神
   omni- + **potent** (能力のある)

3. **omni**vore　　雑食動物
   omni- + **vore** (むさぼり食う)

4. **omni**present　　偏在する
   omni- + **present** (存在)

5. **omni**parity　　万物平等
   omni- + **parity** (同位)

6. **omni**science　　全知者、神
   omni- + **scient** (知る)

7. **omni**competent　　全権を有する
   omni- + **competent** (権限のある)

造語要素による語形成

ortho-: (G)「正しい」

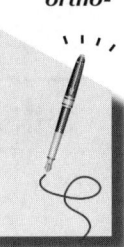

words

1. **ortho**dontics 　歯列矯正術
   ortho- + **dontics**(歯科)

2. **ortho**dox 　正統派の、正説の
   ortho- + **dox**(説の)

3. **ortho**graphy 　正しい綴り
   ortho- + **graphy**(記述法)

4. **ortho**pedics 　(特に子供の)骨格整形
   ortho- + **pedics**(子供)

5. **ortho**scopic 　[眼科]正視の
   ortho- + **scopic**(見る)

-osis

造語要素による語形成

-osis : (L)「〜症」

words

✔ 注意
二重下線部分は語形成の際に脱落する。

1 gastroptosis
胃下垂
gastropt(胃) + **-osis**

2 osteoporosis
骨粗鬆症（こつそしょうしょう）
osteoporo(骨) + **-osis**

3 tuberculosis
結核
tubercul(結核結節) + **-osis**

4 dermatosis
皮膚病
dermato(皮膚) + **-osis**

5 metamorphosis
(構造・本質) の完全な変化
meta(変化) + **morpho**(形) + **-osis**

6 hypnosis
催眠状態
hypno(催眠) + **-osis**

7 neurosis
ノイローゼ、神経症
neuro(神経) + **-osis**

8 psychosis
精神病、精神異常
psycho(精神) + **-osis**

9 sclerosis
硬化症
scler(硬い) + **-osis**

10 thrombosis
血栓症
thromb(血液の凝固) + **-osis**

paleo-

造語要素による語形成

paleo-: (G)「旧」「古」「原始」

words

1 **paleolithic**　　旧石器時代の
　　　　　　　　　paleo- + lithic (石器の)

2 **paleobiology**　　古生物学
　　　　　　　　　paleo- + biology (生物学)

3 **paleoanthropology**　古人類学
　　　　　　　　　paleo- + anthropology (人類学)

4 **paleobotany**　　古植物学
　　　　　　　　　paleo- + botany (植物学)

5 **paleogeography**　古地理学
　　　　　　　　　paleo- + geography (地理)

造語要素による語形成

pan-: (G) 「全～」「汎～」

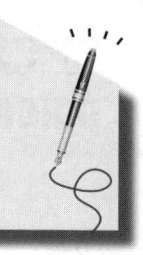

words

✔ 注意
二重下線部分は語形成の際に脱落する。

1. **pan**theism
   汎神論
   pan- + **the** (神) + **-ism** (論)

2. **pan**orama
   全景
   pan- + **h**orama (景色)

3. **pan**plegua
   四肢の麻痺
   pan- + **plegua** (麻痺)

4. **pan**carditis
   全心臓麻痺
   pan- + **carditis** (心臓炎)

5. **pan**psychism
   汎心論
   pan- + **psych** (精神) + **-ism** (主義)

para-

造語要素による語形成

para- :(G)「準〜」「擬似」

words

1 **para**medic
準医療従事者
para- + **medic**(医療)

2 **para**military
予備軍の兵士
para- + **military**(軍事要員)

3 **para**religion
疑似宗教
para- + **religion**(宗教)

4 **para**nym
まやかし類語
para- + **nym**(語)

5 **para**psychology
疑似宗教
para- + **psychology**(心理学)

path-

造語要素による語形成

path-: (G)「病気」「患う人」

words

1 socio**path**
反社会的精神病質者
socio-(社会) + **-path**

2 psycho**path**
変質者
psycho(精神) + **-path**

3 **patho**gen
病原菌
patho- + **gen**(素)

4 **patho**logy
病理学
patho- + **logy**(学)

5 neuro**path**
神経病患者
neuro(神経) + **path**

pedo-

造語要素による語形成

pedo-: (G)「子供」

words

1 <u>pedo</u>phile
小児性愛症者
pedo- + **phile**（愛する人）

2 <u>pedo</u>logy
小児科医学、育児学
pedo- + **logy**（学）

3 <u>pedo</u>baptism
幼児洗礼
pedo- + **baptism**（洗礼）

4 <u>pedo</u>dontics
小児歯科
pedo- + **dontics**（歯科）

5 <u>pedo</u>philia
小児性愛症
pedo- + **philia**（愛好症）

造語要素

pedo-

造語要素による語形成

pedo-:(L)「足」

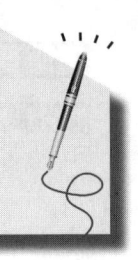

words

1 **ped**ometer　　　　万歩計
　　　　　　　　　　　pedo- + **meter**(計測器)

2 **ped**oform　　　　　足状の
　　　　　　　　　　　pedo- + **form**(形)

3 gastro**pod**　　　　　腹足類(カタツムリなど)
　　　　　　　　　　　gastro-(腹) + **pod**(pedo 足)

4 centi**ped**e　　　　　百足(ムカデ)
　　　　　　　　　　　centi-(100) + **pede**(pedo 足)

造語要素による語形成

penta-: (G)「5」

words

✓ 注意
二重下線部分は語形成の際に脱落する。

1 **penta̲gon**　　米国の国防省、五角 [辺] 形
　　　　　　　　　penta- + gon (角)

2 **penta̲hederon**　五面体
　　　　　　　　　penta- + hederon (面体)

3 **penta̲thlon**　　五種競技
　　　　　　　　　penta- + athlon (運動競技)

4 **penta̲gram**　　五辺星形 (神秘的図形と考えられた)
　　　　　　　　　penta- + gram (書いたもの)

5 **penta̲meter**　　五歩格
　　　　　　　　　penta- + meter (歩格)

peri-

造語要素による語形成

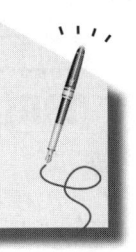

peri-:(G)「近い」「周りの」

words

1 **peri**helion
[天] 近日点
peri- + **helion**(太陽)

2 **peri**carditis
[病] 心膜炎
peri- + **card**(cardio 心臓) + **-itis**(炎症)

3 **peri**derm
[植] 周皮
peri- + **derm**(皮膚)

4 **peri**meter
(平面図形の) 周辺値
peri- + **meter**(測定値)

5 **peri**phery
周辺、外延
peri- + **phery**(辺)

造語要素による語形成

phil- :(G)「〜を愛する」

✓ 注意
二重下線部分は語形成の際に脱落する。

1 **phil**harmonic
音楽愛好の
phil- + **harmonic**(和声の)

2 **phil**anthropy
慈善活動
phil- + **anthropy**(人類)

3 **philo**gynist
女好きの人
philo- + **gynist**(女)

4 **philo**sophy
医学、法学、神学以外の全学問、哲学
philo- + **sophy**(知恵)

5 **philo**logy
文献学
philo- + **logy**(学)

-phile

造語要素による語形成

-phile : (G) 「〜を好む人や物」

words

1. **bibliophile** — 愛書家、蔵書家
   biblio (本) + **-phile**

2. **hemophile** — 血友病患者
   hemo (血) + **-phile**

3. **thermophile** — 好熱菌
   thermo (熱) + **-phile**

4. **cinephile** — 映画愛好家
   cine (映画) + **-phile**

5. **pedophile** — 小児性愛症者
   pedo (子供) + **-phile**

6. **Anglophile** — 親英家
   Anglo (英国) + **-phile**

7. **Francophile** — フランスが好きな人
   Franco (フランス) + **-phile**

8. **Germanophile** — ドイツが好きな人
   Germano (ドイツ) + **-phile**

9. **Japanophile** — 親日家
   Japano (日本) + **-phile**

10. **Sinophile** — 中国が好きな人
    Sino (中国) + **-phile**

-phobia

造語要素による語形成
-phobia : (G)「恐怖症」

words

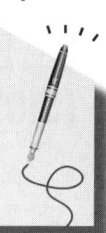

1. **xeno**phobia
   外人恐怖症
   xeno(異種) + **-phobia**

2. **claustro**phobia
   閉所恐怖症
   claustro(閉所) + **-phobia**

3. **hetero**phobia
   異性恐怖症
   hetero(異性) + **-phobia**

4. **techno**phobia
   ハイテク嫌い
   techno(ハイテク) + **-phobia**

5. **acro**phobia
   高所恐怖症
   acro(先端) + **-phobia**

6. **Islamo**phobia
   イスラム恐怖症
   Islamo(イスラム) + **-phobia**

7. **arachno**phobia
   蜘蛛恐怖症
   arachno(蜘蛛) + **-phobia**

8. **agora**phobia
   広場恐怖症
   agora(広場) + **-phobia**

9. **pyro**phobia
   火恐怖症
   pyro(火) + **-phobia**

10. **hydro**phobia
    恐水症
    hydro(水) + **-phobia**

phono-

造語要素による語形成
phono-: (G)「音」

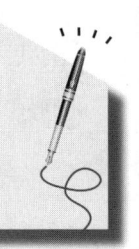

words

1 **phono**logy
音韻論
phono- + **logy** (学問)

2 **phono**graph
蓄音機
phono- + **graph** (記述する)

3 **phono**cardiogram
心音図
phono- + **cardio** (心臓) + **gram** (記述)

4 caco**phony**
耳ざわりな音
caco (悪) + **-phony**

5 sym**phony**
交響曲
sym (共に) + **-phony**

photo-

造語要素による語形成

photo- :(G)「光」

words

1. **photograph** — 写真
   photo- + **graph**（書く）

2. **photosensitive** — 感光性の
   photo- + **sensitive**（感じやすい）

3. **photojournalism** — 報道写真
   photo- + **journalism**（報道）

4. **photogenic** — 写真うつりが良い
   photo- + **genic**（遺伝子）

5. **telephoto** — 望遠の
   tele（遠隔）+ **-photo**

6. **photosynthesis** — 光合成
   photo- + **synthesis**（合成）

7. **phototropism** — 光向性
   photo- + **tropism**（向性）

8. **photoconductivity** — 光伝導性
   photo- + **conductivity**（伝導性）

9. **photosensitivity** — 感光性
   photo- + **sensitivity**（感応性）

10. **photochemical** — 光化学の
    photo- + **chemical**（化学の）

造語要素

造語要素による語形成
physio-: (G)「身体」

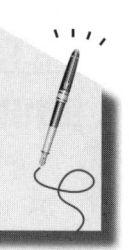

words

1. **physio**logy
   生理学
   physio- + **logy**(学問)

2. **physio**therapist
   理学療法士
   physio- + **therapist**(治療する人)

3. **physio**gnomy
   面相、人相、外形
   physio- + **gnomy**(法則)

4. **physio**metry
   身体の生理機能測定
   physio- + **metry**(測定)

5. **physio**therapy
   (マッサージや体操などによる)物理療法
   physio- + **therapy**(治療)

phyto-

造語要素による語形成

phyto-: (G)「植物」

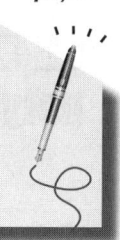

words

1. **phyto**cide
   除草剤
   phyto- + **cide** (殺す)

2. **phyto**plankton
   植物プランクトン
   phyto- + **plankton** (プランクトン)

3. **phyto**hormone
   植物性ホルモン
   phyto- + **hormone** (ホルモン)

4. **phyto**genesis
   植物発生
   phyto- + **genesis** (発生)

5. **phyto**pathology
   植物病理学
   phyto- + **pathology** (病理学)

造語要素

poly-

造語要素による語形成

poly-: (G)「多くの」

words

1	**polychrome**	多彩色の **poly-** + **chrome** (色)
2	**polygamy**	一夫多妻婚 **poly-** + **gamy** (結婚)
3	**polytheism**	多神教 **poly-** + **the** (神) + **-ism** (教)
4	**polyglot**	多言語を話す **poly-** + **glot** (舌)
5	**polygon**	多角形 **poly-** + **gon** (角)
6	**polygraph**	多元記録器 (嘘発見器) **poly-** + **graph** (記録する)
7	**polyhedron**	多面体 **poly-** + **hedron** (面体)
8	**polymorph**	多形態 **poly-** + **morph** (形)
9	**polyneuritis**	多発性神経炎 **poly-** + **neuritis** (神経炎)
10	**polysyllable**	多音節語 **poly-** + **syllable** (音節)

proto-

造語要素による語形成

proto-: (G)「最初の」「主要な」「原始の」

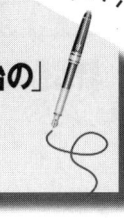

words

1 **proto**type
試作品
proto- + **type**(型)

2 **proto**galaxy
初期状態の銀河
proto- + **galaxy**(銀河系)

3 **proto**martyr
キリスト教で最初の殉教者ステファノ
proto- + **martyr**(殉教者)

4 **proto**human
原人
proto- + **human**(人間)

5 **proto**language
祖語
proto- + **language**(言語)

6 **proto**-Web
ウェブの前兆となるもの
proto- + **Web**(ウェブ)

7 **proto**star
原始星
proto- + **star**(星)

8 **proto**lithic
原石器の
proto- + **lithic**(石の)

9 **proto**zoology
原生動物学
proto- + **zoology**(動物学)

10 **proto**-Germanic
ゲルマン祖語の
proto- + **Germanic**(祖語の)

造語要素

造語要素による語形成

pseudo- : (G)「偽りの」「仮の」

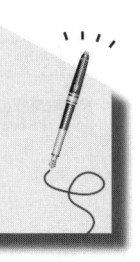

words

1. **pseudonym** 偽名
   pseudo- + **nym**（名前）

2. **pseudograph** 偽造文書
   pseudo- + **graph**（文書）

3. **pseudoevent** 公表、宣伝をねらった狂言事件
   pseudo- + **event**（事件）

4. **pseudoclassic** 古典を装う
   pseudo- + **classic**（古典）

5. **pseudodementia** 仮性痴呆
   pseudo- + **dementia**（痴呆症）

psycho-

造語要素による語形成

psycho-:(G)「精神」

words

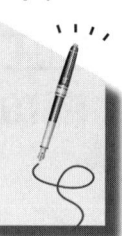

✔ 注意
二重下線部分は語形成の際に脱落する。

1. **psychology** 　　心理学
   psycho- + **logy**（学問）

2. **psychopath** 　　精神病質者
   psycho- + **path**（病質者）

3. **psychosomatic** 　　心身症患者
   psycho- + **somatic**（身体）

4. **psychoneurosis** 　　神経症、ノイローゼ
   psycho- + **neurosis**（神経）

5. **psychosis** 　　神病、精神異常
   psycho- + **osis**（症）

6. **psycholinguistics** 　神経言語学
   psycho- + **linguistics**（言語学）

7. **psychokinesis** 　　念力
   psycho- + **kinesis**（動力）

8. **psychoanalysis** 　　精神分析
   psycho- + **analysis**（分析）

9. **psychophysiology** 　精神［心理］生理学
   psycho- + **physiology**（生理学）

造語要素

造語要素による語形成

pyro-：(G)「火」「熱」

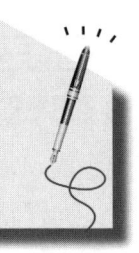

words

1. **pyrotechnics**　　　花火製造術
   pyro- + **technics**（術）

2. **pyromania**　　　放火狂
   pyro- + **mania**（熱狂者）

3. **pyrogen**　　　発熱原
   pyro- + **gen**（素）

4. **pyrometer**　　　高温計
   pyro- + **meter**（計測器）

5. **pyrophobia**　　　火恐怖症
   pyro- + **phobia**（恐怖症）

造語要素による語形成

quadri-: (L)「4」

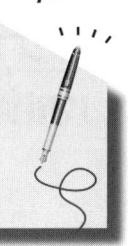

words

1 **quadr**uped
四足動物
quadru- + **ped** (ples 足)

2 **quadr**angle
四角形
quadr- + **angle** (角形)

3 **quadri**centennial
四百年目の
quadri- + **centennial** (百年目の)

4 **quadri**plegia
[病] 四肢麻痺
quadri- + **plegia** (麻痺)

5 **quadri**section
四等分
quadri- + **section** (区分)

造語要素による語形成

radio-: (L)「放射線」「放射能」

1 radiographer　レントゲン技師
　　radio- + **grapher**（写真技師）

2 radioisotope　放射性同位元素
　　radio- + **isotope**（同位元素）

3 radioactive　放射能をもった
　　radio- + **active**（活性の）

4 radiology　放射線学
　　radio- + **logy**（学）

5 radiometer　放射計
　　radio- + **meter**（計測器）

造語要素による語形成

-scope : (G)「〜を見る器械」「〜鏡」「〜検器」

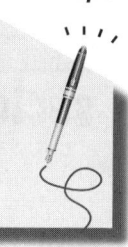

words

1. peri<u>scope</u>
   潜望鏡
   peri- (周辺) + **-scope**

2. tele<u>scope</u>
   望遠鏡
   tele- (遠い) + **-scope**

3. horo<u>scope</u>
   星占い
   horo- (十二宮図) + **-scope**

4. kaleido<u>scope</u>
   万華鏡
   kaleido- (美しい) + **-scope**

5. micro<u>scope</u>
   顕微鏡
   micro- (微小) + **-scope**

6. fiber<u>scope</u>
   内視鏡
   fiber- (繊維) + **-scope**

7. kine<u>scope</u>
   録画用ブラウン管
   kine- (動き) + **-scope**

8. endo<u>scope</u>
   内視鏡
   endo- (内部) + **-scope**

9. stetho<u>scope</u>
   聴診器
   stetho- (胸) + **-scope**

10. laparo<u>scope</u>
    腹腔鏡
    laparo- (腹) + **-scope**

socio-

造語要素による語形成

socio-:(L)「社会」

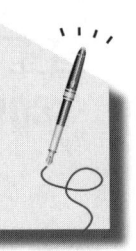

words

1. **sociopath**
   [精神医] 社会病質人格
   socio- + path(病)

2. **sociolinguistics**
   社会言語学
   socio- + linguistics(言語学)

3. **socio-economic**
   社会経済的な
   socio- + economic(経済の)

4. **sociology**
   社会学
   socio- + logy(学)

5. **sociometry**
   計量社会学
   socio- + metry(計量)

造語要素による語形成

-sphere : (G)「地球内外の面」

words

1 biosphere
生物圏
bio- (生命) + **sphere**

2 lithosphere
岩石圏
litho- (石) + **sphere**

3 magnetosphere
地磁気圏
magneto- (磁気) + **sphere**

4 stratosphere
成層圏
strato- (地層) + **sphere**

5 atmosphere
(地球や他の惑星の) 大気、大気圏
atomo (水蒸気) + **sphere**

techno-

造語要素による語形成

techno-: (G)「技術」

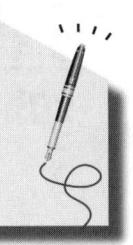

words

1 **technocrat**　　技術家出身の管理職の人
　　　　　　　　　techno- + **crat** (支配者)

2 **technophile**　　ハイテク好きの人
　　　　　　　　　techno- + **phile** (好む人)

3 **technofreak**　　技術狂
　　　　　　　　　techno- + **freak** (狂った人)

4 **technophobe**　　ハイテク嫌いの人
　　　　　　　　　techo- + **phobe** (好まない人)

5 **technophobia**　　技術不信
　　　　　　　　　techo- + **phobia** (恐怖症)

造語要素による語形成
tele- : (G) 「遠く」

words

1. **tele**pathy　　　精神感応能力
   tele- + **pathy** (感情)

2. **tele**scope　　　望遠鏡
   tele- + **scope** (〜を見る器械)

3. **tele**marketing　電話商法
   tele- + **marketing** (流通活動)

4. **tele**phone　　　電話
   tele- + **phone** (音)

5. **tele**genic　　　テレビ映りが良い
   tele- + **genic** (遺伝子の)

6. **tele**communication　電気通信
   tele- + **communication** (通信)

7. **tele**vision　　　テレビ映像
   tele- + **vision** (映像)

8. **tele**graph　　　電信、電報
   tele- + **graph** (書かれたもの)

tetra-

造語要素による語形成
tetra-:(G)「4」

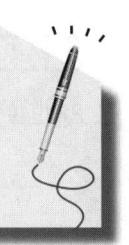

words

1. **tetragon**
   四角[辺]形
   tetra- + **gon**(角)

2. **tetrahedron**
   四面体
   tetra- + **hedron**(面体)

3. **tetralogy**
   (古代ギリシャの) 四部劇
   tetra- + **-logy**(劇)

4. **tetracord**
   四階音階
   tetra- + **cord**(音階)

5. **tetrachloride**
   四塩化物
   tetra- + **chloride**(塩化物)

造語要素による語形成

theo-: (G)「神」

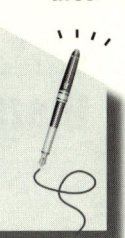

words

1. **theology**
   神学
   theo- + **logy**(学問)

2. **theocentric**
   神を中心とした
   theo- + **centric**(中心の)

3. **monotheism**
   一神教
   mono-(1) + **the**(神) + **-ism**(教)

4. **polytheism**
   多神教
   poly-(多数) + **the**(神) + **-ism**(教)

5. **theosophy**
   神智学
   theo-(神) + **sophy**(叡智)

thermo-

造語要素による語形成

thermo-: (G)「熱」

words

1. **thermometer** 温度計
   thermo- + **meter** (計器)

2. **thermophile** 耐熱性細菌
   thermo- + **phile** (好むもの)

3. **thermotherapy** 熱治療
   thermo- + **therapy** (治療)

4. **thermochemistry** 熱化学
   thermo- + **chemistry** (化学)

5. **thermodynamics** 熱力学
   thermo- + **dynamics** (力学)

-tomy

造語要素による語形成

-tomy : (G)「切断」「切開」

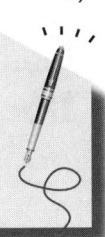

words

1 gastro<u>tomy</u>　　胃切開
　　　　　　　　　gastro- (胃) + -tomy

2 ovario<u>tomy</u>　　卵巣切除術
　　　　　　　　　ovario (卵巣) + -tomy

3 broncho<u>tomy</u>　気管支切開
　　　　　　　　　broncho (気管支) + -tomy

4 laparo<u>tomy</u>　　腹壁切開
　　　　　　　　　laparo- (腹) + -tomy

5 neuro<u>tomy</u>　　神経切離
　　　　　　　　　neuro (神経) + -tomy

造語要素による語形成
tri-:(L)「3」

words

1 triangle
三角形
tri- + angle(角形)

2 triathlon
水泳、自転車、遠距離を連続してやる競技
tri- + athlon(競技)

3 trilogy
三部劇
tri- + logy(劇)

4 tricycle
三輪車
tri- + cycle(輪)

5 trioxide
[化]三酸化物
tri- + oxide(酸化物)

uni-

造語要素による語形成

uni-:(L)「1」

words

✔ 注意
二重下線部分は語形成の際に脱落する。

1 <u>uni</u>cycle　　　　一輪車
　　　　　　　　　　　uni- + **cycle**（車輪）

2 <u>un</u>animous　　　全員異議のない
　　　　　　　　　　　uni- + **animus**（心）

3 <u>uni</u>sex　　　　　性の区別がない
　　　　　　　　　　　uni- + **sex**（性）

4 <u>uni</u>form　　　　制服
　　　　　　　　　　　uni- + **form**（形）

5 <u>uni</u>lateral　　　一方的な、一国単独行動主義の
　　　　　　　　　　　uni- + **lateral**（辺）

造語要素

造語要素による語形成

xeno-: (G)「異種の」「外国の」

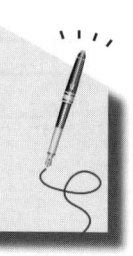

words

1 xenophile
外国人好きの人
xeno- + **phile**（好む人）

2 xenotransplant
異種間移植
xeno- + **transplant**（移植）

3 xenogamy
他花受粉
xeno- + **gamy**（結婚）

4 xenophobe
外国人嫌いの人
xeno- + **phobe**（嫌う人）

5 xenophobia
外国人恐怖症
xeno- + **phobia**（恐怖症）

定価はカバー表示

英語の「語脳」をつくる 接頭辞と接尾辞の完全ガイド

2009年3月23日　初版発行
2009年8月19日　第2刷

著　者　酒井玲子 ©
発行者　田村　雄

発行所 ㈱ 国際語学社

〒171-0042 東京都豊島区高松1-11-15 西池袋MTビル601
TEL 03(5966)8350
FAX 03(5966)8578
http://www.kokusaigogakusha.co.jp
振　替　00150-7-600193
印　刷　日経印刷株式会社

編集制作/小田実紀　制作補助/藤田陽子　名取理恵　小谷俊介
ISBN 978-4-87731-462-0　　Printed in Japan 2009.
無断複製を禁じます。

国際語学社の英語関係書籍

1 英単語の語源を知り 語彙を増やすための

英語 - 日本語 - ラテン語 語源辞典
ISBN 978-4-87731-463-7　価格：￥5,040（税込）

山中元 編著

英語の語源がわかると驚異的に語彙が増える！
一般的な英単語から、神話・宗教・音楽・動植物などの専門用語まで、約 20,000 語以上の英単語の語源がひと目でわかる学習辞典。英語語源の一つであるラテン語にあたることは、英語の深部に分け入ろうとする学習者には必須の課題と言える。いまやラテン語の知識なしには英語構造の理解を深めることは出来ないのである。
本書はかんたんに語源を見つけられる小辞典でありかつ、ラテン語への理解を深められる「ラテン語小文法」を付記してある。

---

2 ## ネイティブの「造語力」を身につける！
ISBN 978-4-87731-241-1　価格：￥2,625（税込）

酒井玲子著

英単語は「覚える」のではなく、英語語形成のルールを学ぶことで自分で作るもの。英単語のしくみを一挙大公開！英語語形成検索システム CD 付。AERA English にも紹介されました。

---

3 ## 無敵の動詞力が英語を制す。
ISBN 978-4-87731-419-4　価格：￥1,575（税込）

渡邉泰一編著

動詞は英文の意味を決定する最重要品詞ですから、動詞の意味さえ推量できれば文意をつかめる割合はグッとあがります。上手な動詞の覚え方と単語集を一冊にまとめました。

4　英語リスニングの極意「音記」

ISBN 978-4-87731-450-7　価格：¥1,575（税込）

山本大　著

いまやヒットメーカーのひとりである山本大の最新書はリスニングを飛躍的にアップさせる実践テキスト！
ただ耳を慣らすだけの従来の方法とは180度違う、リスニング学習法のコペルニクス的展開とも言える、「音読によるリスニング学習論」を展開。目からウロコの新メソッド。ＣＤ付き。
いくら聴いても聴き取れない音があるのはは、この「音記」練習を知らないから！　さあ、一刻もはやくこの「リスニングのための音読練習」を開始せよ！

5　英会話の正体

ISBN 978-4-87731-390-6　価格：¥1,365（税込）

山本大　著

「学生のころ勉強しておけばよかった…」社会にでて、だれもがつぶやく後悔のことば。無駄をそぎおとし、真にみにつく英会話学習法を具体的に伝授。

6　英会話の正体　元祖！スピードスピーキング

ISBN 978-4-87731-425-5　価格：¥1,365（税込）

山本大　著

「速く話せば、遅く聴こえる。」ひとりでできる究極の英会話練習法！
リスニング偏重では、いつまでも英語は話せない！　前作「英会話の正体」でも触れた、スピーキング練習をさらに進化させました。